살리는 것은 영이니 육은 무익하니라

### 살리는 것은 영이니 육은 무익하니라
영육 이원론으로 고통하는 한국 교회

초판 1쇄 발행 2020년 11월 16일

지은이  유태화
펴낸이  장대윤

펴낸곳  도서출판 대서
   등록  제22-2411호
   주소  서울시 서초구 방배동 981-56
   전화  02-583-0612 / 팩스 02-583-0543
   메일  daiseo1216@hanmail.net

디자인  참디자인

ISBN 979-11-86595-61-9 (03230)

\* 책 값은 뒤표지에 있습니다.
\* 잘못된 책은 교환하여 드립니다.

이 책은 신 저작권법에 의하여 한국 내에서 보호받는 저작물이므로 무단 전재와 무단 복제를 금합니다.

Photo by freepik.com

# 살리는 것은 영이니 육은 무익하니라

유태화 지음

> "
> 영육
> 이원론으로
> 고통하는
> 한국교회
> "

도서출판 **대서**

"은혜는 자연을 무시하거나 폐하여 초월하지 않고,
오히려 존중하며 회복하여 완성한다."
— 헤르만 바빙크 —

# Prologue
# 프롤로그

　영육 이원론은 한국 교회 그리스도인의 삶을 좀먹는 고질적인 문제가 아닐까 싶다. 특별히 합법을 가장한 삼분설이라는 매개를 통하여 성경에서는 낯선 영육 이원론이 한국교회에 기생한 것으로 보인다. 얼핏 보면, 인간이 영·혼·육으로 구성되어 있다는 삼분설은 데살로니가전서 5장 23절이나 히브리서 4장 12절에 근거하여 형성되는 것처럼 보이지만 실은 플라톤의 이데아계와 현상계 사이의 본질적인 반립을 근간으로, 그 이질적인 둘 사이를 중재하는 로고스라는 요소를 상정하는 사상에서부터 기인한 것으로 보는 것이 더 옳을 것이다. 삼분설에서 영은 이데아계에 선재하는 불변의 실체이고, 육은 현상계에 속하는 가변적인 실체이며, 혼은 로고스에 상응하는 실체로 파악되기 때문이다.

　한국 교회와 관련하여 삼분설을 교회 안으로 퍼트린 주역은 워치만 니(Watchman Nee, 1903-1972)라고 할 수 있을 것이다. 한국 교회의 역사에서 건전한 주석의 부재로 설교자들이 고통하고 있을 때, 무료로 문서를 배포하는 방식으로 한국 교회 설교자들의 실질적인 관심사를 사로잡았을 뿐만 아니라 그의 사상이 글로 인쇄되거나 책으로 출간되어 널리 읽히게 되면서 일반 회중까지 직접적인 영향 아래 들어가게 되었기 때문이다. 워치만 니 자신이 이미 언급했듯이 신실한 그리스도인은 육에 속한 정치, 경제, 사회, 문화,

교육, 여가, 놀이와 같은 것을 끌어안고 여기에 의미를 부여하며 살 필요가 없고, 다만 영에 속한 것, 영원에 속한 것에만 관심을 기울이면 된다고 주장하는 영육 이원론으로 빠져나가는 모습[1]은 성경적인 사유에 기반한다기보다는 철학적인 사유에 귀속된다.

삼분설자들이 호소하는 본문인 히브리서 4장 12절의 핵심적인 관심사는 좌우의 날선 검과 같은 하나님의 말씀이 전인을 하나님 앞에 드러내는 역할을 수행한다는 사실을 강조할 뿐, 육은 악하고 영은 선하며 따라서 육은 폐기하고 영적인 것에 집중하라는 식으로 읽혀서는 안 된다. 데살로니가전서 5장 23절도 마찬가지다. 그리스도 예수의 다시 오시는 날에 인간이 전인적으로 구원에 참여하게 될 것을 소망하며 범사에 헤아려 악은 모양이라도 버리고 선은 어떤 희생을 치르더라도 취하는 그런 분별된 삶을 살아서 성령이 기뻐하고 즐거워하는 온전한 인간이 되었으면 좋겠다는 권면의 말씀이다. 이 두 본문에는 어떤 형식의 영육 이원론도 게재되어 있지 않다.

삼분설을 떠나서라도 영육 이원론적인 관점은 교회의 역사에서 반복적으로 경험되곤 하였다. 전체적으로 볼 때는 플라톤적인 영향력 아래 있었던 고린도교회라든지, 헬라적인 배경에서 형성된 동방정통교회라든지 하는 신앙고백공동체 안에서 그런 흐름이 발견되기 때문이다. 가장 극단적인 형태인 영지주의의 사고방식(gnostic way of thinking)을 교회 안으로 슬그머니 가지고 들어왔던 마르시온(Marcion)의 영향력도 상당히 거세었고, 그런 잔향이 교회 안에 똬리를 틀고 지속적인 영향을 미쳐왔다고 말할 수 있다. 이러한 세속적인 관점이 성경의 몇몇 구절과 왜곡된 방식으로 얽히면서 고질적인 변형과 왜곡을 재생산하는 구조가 만들어진 것으로 보인다.

---

[1] Watchman Nee, *Love not the World* (London: Victory, 1976), 14.

한국 교회의 현실을 비판적으로 돌아보면 한국 교회가 그런 고질적인 병에 감염되어 있는 것으로 인식한 대중적인 진단이 없지 않다. 영화 《투캅스 2》에서는 배우 안성기가 분한 그리스도인 형사에게 투사되었듯이 한국 교회가 세상에서는 세상의 방식을 따라서, 그러나 교회에서는 교회의 방식을 존중하며 살아가는 것을 당연히 여기는 이원화된 삶을 수용한 것으로 묘사되기도 하였다. 사실 복음 안에서 온전한 삶으로 소환된 그리스도인이 세속화된 사회를 살아가면서 그가 직면하고 있는 세속적인 가치관을 파헤치고 기독교적인 삶을 노정하려는 마땅한 노력을 적당히 회피하려는 유혹에 직면하게 될 때, 영육 이원론이야말로 적당한 명분과 함께 취할 수 있는 선택지로 다가올 수 있을 것이다. 그리하여 세속사회에도 잘 적응하고, 교회에서도 적당히 잘 적응하는 그런 그리스도인으로 분하게 되는 것은 아닌가 싶다.

이 책에서는 바로 이러한 한국 교회의 현실을 염두에 두고서 어쩌면 이런 삶을 용인하는데 오용되었을 수도 있는 성경 말씀을 찾아 살펴보는 일을 수행한다. 이를 테면 "살리는 것은 영이니 육은 무익하니라."는 말씀이라든지, "영으로부터 난 것은 영이요, 육으로부터 난 것은 육이니라."는 말씀이라든지, "육신을 따르는 자는 육신의 일을, 영을 따르는 자는 영의 일을 생각하나니."라는 말씀이라든지, 혹은 "문자는 죽이는 것이요, 영은 살리는 것이니라."는 말씀에 기생하는 영육 이원론적인 경향을 찾아서 드러내는 일에 집중한다. 그리고 한걸음 더 나아가서 이런 본문을 창조·타락·구속·완성이라는 성경적이며 신학적인 더 크고 넓은 세계관의 스펙트럼에 집어넣은 후 오해되곤 하는 지점들을 찾아내고 바로잡는 일을 수행한다. 마치 완성된 마트료시카 인형(Matryoshka doll)을 펼쳐 놓고 작은 것부터 하나씩 외연을 입히면서 커다란 완성품으로 조립하듯이, 글을 논리적으로 전개하는 방식을 택하였다는 사실을 기억하며 읽으면 좋을 것이다.

이 책의 제1부에서는 성경을 근간으로 하여 내용을 풀어가되 필요할 경우에만 제한적으로 신학적인 설득을 꾀하는 방식으로 내용을 구성하였다. 그러나 제2부에는 몇몇 저널에 게재하거나 학회에서 발제했던 글 세 편을 수록하였는데, 제1부의 내용을 집약적으로 혹은 구조적으로 이해하려는 독자들에게 도움이 되겠다는 판단이 들어 상당한 교정을 수반하여 소개한다. 전체적으로 볼 때, 신학에 기반을 두고 설교하는 목회자나, 입문과정에서 신학을 공부하는 신학생이나, 교회학교에서 만나는 학생들에게 책임감을 갖고 다가서려는 교사들, 혹은 교회 안에서 기독교적인 삶의 이해 지평을 재확인하고 싶어 하는 성도에게도 편안하게 읽히는 그런 차원의 친숙한 글쓰기를 유지하였다. 성경에 기반하여, 그리고 건전한 기독교 사상에 기반하여 신앙생활을 하고자 하는 주님의 백성에게 유익한 내용이 되었으면 싶다.

2020년 8월 31일
방배동 연구실에서
유태화

# 목차

프롤로그 • 5

## 제1부 : 성경신학으로 읽기

첫 번째 이야기 • 13
두 번째 이야기 • 23
세 번째 이야기 • 32
네 번째 이야기 • 43
다섯 번째 이야기 • 52
여섯 번째 이야기 • 60
일곱 번째 이야기 • 68
여덟 번째 이야기 • 77
아홉 번째 이야기 • 85
열 번째 이야기 • 94
열한 번째 이야기 • 104
열두 번째 이야기 • 113
열세 번째 이야기 • 122
열네 번째 이야기 • 131
열다섯 번째 이야기 • 139

## 제2부 : 조직신학으로 읽기

열여섯 번째 이야기 : 21세기 영성의 흐름과 개혁교회의 영성 • 149
열일곱 번째 이야기 : 창조 · 타락 · 구속 · 완성의 빛에서 본 아브라함 카이퍼와
 클라스 스킬더의 문화관 • 179
열여덟 번째 이야기 : 이야기로 풀어보는 종말론 • 213

에필로그 • 242
참고문헌 • 245

# 제1부

# 성경신학으로 읽기

# 1

육으로부터 난 것은 육이요,
영으로부터 난 것은 영이니[2]

당대 이스라엘 사회에서 니고데모는 오늘날로 치면 국회의원쯤 되는 직급을 가진 인물로 볼 수 있을 것이다. 조국의 문화와 역사와 언어에 수반되는 정신을 깊이 이해하고 로마제국의 압제 하에서 고통하는 자기 백성을 마음으로 품고 살아가는 사회의 지도층 인사였을 것이다. 어려운 시기에 제국의 속국이 되어 있던 조국의 명운을 회복하려는 의중을 품었던 그는 예수라는 청년이 세상에 나타나 이스라엘 가운데 행하는 일을 이런저런 경로를 통하여 듣고는 개인적으로나 정치적으로 예수에게 깊은 관심을 갖게 되었을 것이다. 아마도 자신의 비서에게 예수의 말씀과 그가 행하는 일에 대하여 조사하도록 했을 것이다.

신뢰할 만한 비서를 통하여 수집한 정보와 평가를 담은 보고서를 받아들고 니고데모는 스스로 깊이 살피고 묵상한 끝에 손에 쥔 결과물을 가지고 마침내 예수를 한밤중에 은밀하게 찾아갔다. 아마도 자신이 품은 의중을 함께 공유할 수 있는 인물로 예수를 생각했을 것이다. 조국의 문화와 역사와 언어에 반영된 정신을 깊이 이해하고 제국의 압제 하에 고통하는 가련한 백성 사이에서 활동하는 예수에게서 조국의 미래를 엿보았기 때문일 것이다.

---

**2** 요한복음 3장 6절의 말씀을 사역한 것이다.

그는 "랍비여, 우리가 당신은 하나님께로부터 오신 선생인 줄 아나이다. 하나님이 함께하시지 아니하시면 당신이 행하시는 이 표적을 아무도 할 수 없음이니이다"라는 평가를 담은 말을 예수에게 고요한 밤에 정중하고도 분명하게 건넸다. 센머리 앞에서 일어서는 유대사회에서 니고데모가 예수에게 이 정도의 예를 갖추었다는 것은 상당한 겸양의 표현일 뿐만 아니라, 국권을 빼앗긴 조국의 진정한 해방과 자유를 꾀하는 민족의 지도자로서 하나님의 특별한 사랑을 입은 조국의 미래를 진정성 있게 엿보는 따뜻한 청년 시민운동가요, 사려 깊은 신앙부흥운동가요, 로마 제국에 대한 전략적인 사고를 가진 예수로부터 어떤 동의를 이끌어내려는 의도를 드러낸 것이다. 그와 함께 조국 이스라엘을 위한 어떤 일을 도모하려고 했을 수도 있고, 조국을 품고 활동하고 있는 자신의 정치적인 비전을 드러내고 공유함으로써 전도가 양양한 한 젊은이를 조국 이스라엘의 미래를 열어가는 설득력 있는 정치인으로 키워보고 싶었을 수도 있을 것이다. 하여간 니고데모의 방문은 예수에게는 행운이요, 가능하면 당대의 실력자인 니고데모의 심중에 들고자 애쓸 수 있는 살면서 만날 수 있는 몇 안 되는 기회인 것이다. 게다가 니고데모가 상당한 기대를 품고 자신을 찾아왔기에 만일 니고데모가 분석한 대로 활동해왔던 예수라면 그야말로 천운을 탈 수 있는 절호의 순간이었던 것이다.

이런 니고데모에게 예수께서 건넨 말씀 가운데 한 구절이 바로 "육으로부터 난 것은 육이요, 영으로부터 난 것은 영이니"라는 말씀이다(요 3:6). 여기서 예수께서 언급하시는 육은 무엇이고, 영은 무엇일까? "영으로부터 난 것"은 할 때 영은 성령을 의미하는 것이 분명하지만, "육으로부터 난 것"이라고 할 때의 육은 "무엇"을 의미할까? 문맥을 따라서 보면, 비서를 통하여 조사한 내용을 살핀 끝에 니고데모가 예수를 평가한 '기대와 관점'이 성령을 통하여 깨달은 것이 아니라, 당대의 이스라엘 백성의 지도자들이 공유하고 있는 기존의 가치관의 결과물이라는 말이다. 당대의 신실한 이스라엘 백성이 공유한 가치에 따라서 예수를 평가할 때 작동했던 가치관이 백성을 품고 미래적인 삶을 꾀하던 니고데모의 시간(in tempo)과 공간(in loco)의 한계 내에 묶여 있는 것이요, 따라서 그러한 가치관을 따라서는 예수와 그가 행하는 일이 온전히 파악될 수 없다는 것이다. 문맥에 비추어 다시 말하자면, 몸의 때를 물로 씻기듯 오직 성령께서 니고데모의 마음에 덧쌓인 기존의 가치관이라는 묵은 때를 벗겨 내시는 중생의 일(겔 36:25-27; 요 3:5)이 일어나지 않고서는 예수가 정말 누구인지, 어떤 일을 행하고 있는 것인지를 파악할 수 없다는 말이다. 결국 예수께서 니고데모의 고뇌가 반영된 자신에 대한 평가와 기대를 거절하신 것이다. 육을 따르는 생각이기 때문이다.

니고데모가 과거 이스라엘의 역사에 녹아든 하나님의 구원의 손길을 예수에게서 보면서 로마제국의 압제 하에 있는 이스라엘 민족을 해방하는 일을 수행하는 분으로 그를 파악하고 관계를 맺으려 하였으나, 예수는 그런 메시아 상을 거절하고 새로운 길을 노정하려 하였기 때문이다. 그것은 바로 하늘에서 내려온 자로서 백성의 죄를 짊어지고 나무에 달려 저주의 죽음을 죽음으로 자기 백성의 죄를 도말하여 하나님의 자녀의 길을 열어 주시는 방식으로 이스라엘 백성뿐만 아니라 이방인을 포함하여 모든 하나님의 백성들에게 진정한 해방, 진정한 구원을 주시려는 의도를 니고데모는 파악할 수 없었던 것이다. 로마의 압제에서 벗어나는 것 정도가 아니라 로마의 황제와 그 제국의 선지자를 양손에 쥐고 활동하는 사단의 권세를 파쇄하는 방식으로, 인간에게 진정한 해방과 자유를 되돌려주려고 하늘을 가르고 이 땅에 내려오신 분이라는 사실은 성령의 사역을 통해서만 깨달아 알 수 있는 차원의 내용이기 때문이다. 성령으로부터 난 자만이 도달할 수 있는 세계인 것이다.

비슷한 상황이 요한복음 6장 63절의 "살리는 것은 영이니 육은 무익하니라"는 말씀에도 반영되어 있다. 예수께서 유대 광야에 모인 5,000여 인파 한

가운데서 오병이어의 기적을 베풀었다. 민중은 이 일로 제국 애굽의 압제로부터 이스라엘 민족을 해방하고, 약속의 땅으로 이끌어내는 과정에서 허기지고 목마른 백성을 먹이고 마시게 한 광야의 지도자 모세의 위용을 예수의 얼굴에서 떠올렸다. 목마르고 허기진 민중이 호수 건너 한적한 곳으로 가셔서 백성을 피하여 쉬시던 예수를 찾아와 왕을 삼으려 하였다. 예수로부터 계속적으로 빵과 고기를 얻으려는 욕망이 드러나는 순간이다. 이에 예수께서 자신이 행할 표적은 광야에서 모세가 허기진 이스라엘 백성을 먹였던 그런 차원의 양식을 제공하는 것을 훨씬 넘어서 십자가와 부활을 통하여 자신의 살을 찢고 피를 흘림으로써 제공하실 죄 용서와 의와 생명의 확증이라는 사실을 말씀하셨다. 이러한 예수의 말씀을 이해하지 못하여 난감해 하는 몇몇 제자에게 하신 말씀이 요한복음 6장 63절이다.

"살리는 것은 영이니 육은 무익하니라"는 말씀은 이런 점에서 "육으로부터 난 것은 육이요, 영으로부터 난 것은 영이니라"는 말씀과 한 호흡을 이룬다. 떡과 고기를 먹고 배부른 민중이 계속해서 떡과 고기를 구하고 있으나, 예수께서 행한 표적의 핵심은 떡과 고기를 통하여 배부름을 얻는 차원을 넘어서 영원히 목마르거나 배고프지 않은 삶의 차원을 지향하고 있기 때문이다. 예수께서는 이 표적을 통하여, 예수의 살과 피를 먹고 마심으로써, 즉 십자가와 부활의 예수와 연합됨으로써 죄에서 해방되고 의와 생명을 얻어 영원한 삶에 이르게 될 수 있는 그 지점을 안내하는 바, 그 지점에는 성령을 통해서만 도달할 수 있을 뿐, 눈에 보이는 빵과 물고기에 마음을 빼앗기는 것으로는 이를 수가 없다는 말씀을 하고 있는 것이다. 다시 말하여, 비록 예수의 표적을 통해서 떡과 고기를 먹고 배부른 상태에 이를 수는 있으나, 성령으로 아니하고는 이 일을 행하시는 예수가 실로 누구인지, 그가 행하신 일이 진실로 무엇을 지시하고 드러내는 것인지 알 수 없다는 말이다. 여전히 먹고 사는 문제, 즉 육신의 정욕과 안목의 정욕과 이생의 자랑인 재물과 명예와 권력을 따라서만 마음이 움직이는 상태가 바로 육을 따르는 상태인데, 이런 차원에만 머물러 있는 것은 궁극적인 삶에 이르는데 아무런 유익도 가져오지 못한다는 말이다.

정리하여 말하면, 성령을 통해서만 나무에 매달려 저주의 죽음을 죽음으로 백성의 죄를 도말하시고, 율법에 일절 순종한 분으로 부활하여 의와 생명을 가져오시는 그리스도 예수를 알게 되는 바, 그리스도 예수 안에서 죄에서 해방되고 의와 생명을 얻게 되는 일이 일어나는 사실을 알 수 있게 되는데(요 3:10-21), 니고데모는 요한복음 3장의 상황에서는 아직 그 핵심에 도달하지 못하는 상태에 있다는 것이다. 그런 이유로 육에 속한 사람이라는 말이다. 몇몇 제자와 일반 추종자들이 오병이어의 표적을 광야에서의 만나 사건의 재현 정도로만 파악할 뿐, 그리스도 예수께서 십자가에서 살을 찢고 피를 흘려 가져올 죄로부터의 용서와 의와 생명을 획득하는 일과 연관되는 것으로, 혹은 그를 먹고 마심, 곧 성령 안에서 그와 연합함으로써 죄 용서와 의와 생명의 확보에 이르게 되는 것으로까지는 연결하지 못하는 상태에 머물러 있는 것이다. 누군가 이런 상태의 깨달음에 머물러 70이요 강건하면 80인 자신의 삶을 제아무리 열정적으로 소비하더라도, 이러한 삶은 영원한 삶에 이르는 일에 아무런 유익도 가져올 수 없다는 것이다. 살리는 것은 영이요, 육은 무익하기 때문이다.

이와 매우 유사한 이해를 바울에게서도 볼 수 있다. 고린도전서 2장 14절에 보면 "육에 속한 사람(ψυχικὸς ἄνθρωπος)은 하나님의 성령의 일들을 받지 아니하나니 그에게는 어리석게 보임이요, 또 그는 그것들을 알 수도 없나니 그러한 일은 성령을 통해서만 분별 가능함이니라"는 말씀이 기록되어 있다. 여기서 육에 속한 사람은 성령이 없는 사람(the man without the Spirit, NIV)을 의미하는데, 고린도전서 1장과 2장의 문맥에 비추어 보면 지혜를 자랑하는 헬라인이나 제국 애굽에서 해방하여 이끌어낸 백성에게 모세를 통하여 광야에서 드러낸 하나님의 능력을 자랑하는 전통적인 유대인일 가능성이 매우 농후하다. 이런 사람에게는 하나님의 성령의 일, 성부께서 아담의 타락 이래로 이루어 오신 일, 그리고 이 모든 날 마지막에 아들 안에서 이루어진 일, 즉 십자가의 도가 어리석은 일이나 연약한 일로 받아들여질 뿐이라는 말이다. 하나님의 성령의 일, 곧 십자가의 도가 헬라인의 지혜를 능가할 뿐만 아니라 유대인의 능력을 뛰어넘어 하나님의 구원의 지혜와 능력을 드러내는 일로 깨달아 받아들일 수 있는 길은 오로지 성령을 통해서만 가능하다는 것이다. 그 일을 깨닫지 못하고 여전히 헬라의 지혜에 붙잡혀서 구원의 지혜로서 십자가의 도를 거절하거나 유대인의 능력적인 메시아 관에 사로잡혀 구원의 능력으로서 십자가의 도를 부인하는 자는 바로 육에 속한 사람, 곧 성령이 없는 사람이라는 것이다.

성령께서 바울의 "연약한" 그러나 "성실한" 선포[3]를 붙잡아 사용하여 고린도에 살고 있는 사람의 마음에서 이 지역에 거주하는 사람의 관행과 관습과 가치관을 몸의 때를 물로 씻듯 그 마음에서 씻어내어 깨끗하게 만들어 주실 때에야, 고린도인 가운데 누군가 비로소 십자가에서 드러난 하나님의 지혜가 사람의 지혜를 능가하고, 약함에서 드러난 십자가의 도가 사람의 강함을 뛰어넘는 구원의 지혜와 능력을 드러낸다는 사실을 읽어낼 수 있다. 바로 이러한 맥락에서 바울이 고린도전서 2장 4-5절의 "내 말과 내 전도함이 지혜의 권하는 말로 하지 아니하고 다만 성령의 나타나심과 능력으로 하여 너희 믿음이 사람의 지혜에 있지 아니하고 다만 하나님의 (지혜와) 능력에 있게 하려 하였노라"는 고백을 할 수 있었던 것이다. 하나님에게서 떠나 자신의 관행을 형성하며 살아온 고린도인이 자신의 마음의 묵은 가치관을 성령을 통하여 씻어낼 때에야 비로소 십자가에 못 박혀 죽고 부활로 썩지 않고 육

---

[3] 이 말은 바울이 설교 준비에 열중하지 않았다거나 혹은 그가 준비한 설교가 함량 미달이었다는 말이 아니라, 그가 준비한 설교는 입술을 통하여 선포되어지는 순간에 그리고 누군가에게 들려지는 순간에 그가 준비하고 의도한 것을 훨씬 능가하여 누군가의 삶에 매우 구체적으로 적용되어 삶을 설명하고 새롭게 형성하는 성령론적인 차원을 갖는다는 의미로 사용하는 것이다. 실제적인 예를 들자면, 사도행전 16장 14-15절에서 보듯 바울의 설교를 듣는 루디아로 하여금 바울이 선포하는 말씀에 집중하게 하고, 루디아의 마음을 비추어 그 말씀의 의미를 구체적으로 적용하여 주시는 성령의 사역을 언급할 수 있을 것이다.

되지 않고 병약하지 않으며, 성령이 온전히 거하는 몸을 다시 입은 그리스도 예수를 구원에 이르게 하는 하나님의 지혜로 받아들이게 될 것이라는 말이다.

언급한 세 본문에서 영과 육은 바로 이러한 차원에서 사용되는 언어이다. 기본적으로 실체로서 "육은 악하고 영(혼)은 선하다"라는 차원의 영육 이원론적인 사고를 받아들이는 것이 아니라, 오히려 그 핵심에는 "인식론적인 전환 가능성"이 핵심적인 쟁점으로 가로놓여 있다. 인간이 자연상태에서 스스로의 지혜나 능력으로는 예수가 누구이며 어떤 일을 행하는지, 그리고 어떤 일을 행했는지를 깨달아 알 수 없다는 것이다. 대중적인 언어로 표현하자면 인간은 자신의 지혜를 스스로 계발하여 예수를 주와 그리스도로 믿을 수 없다는 것이다. 예수를 주와 그리스도로 믿으려면 예수가 누구인지 어떤 일을 행하신 분인지를 지적인 차원에서 알아야 하고, 정서적인 차원에서 공감이 이루어져야 하고, 의지적인 측면에서 따르기로 결정하는 의지의 작용이 함께 수반되어야 한다. 지·정·의의 총체적이고 통합적인 움직임이 없으면, 구원에 이르는 믿음이 형성되지 않는 것이다. 네덜란드의 신학자 헤르만 바빙크(Herman Bavinck, 1854-1921)는 인식론적인 작용에 있어서 인간의 '정신'의 기능을 주의력을 가지고 강조한다. 정신이 하나님의 계시를 받아들이는 매개이기 때문이다.[4] 성령을 통하여 정신이 새로워지지 않으면 계시를 수납할 수 없다는 사실을 매우 주의 깊게 강조하고 있기 때문이다. 도이여베르트(Herman Dooyeweerd, 1894-1977)는 헬라적인 정신과 물질, 영(혼)과 몸의 이원론을 제거하고 전인적인 실체로서 인간 실존의 좌소가 마음임을 강조하기 위해서 '정신'을 '마음'이라고 불렀다. 그러니까 마음이 새로워지는 것, 이것이 바로 중생이라는 사실에서 도이여베르트는 히브리적인 사유(요

---

[4] Herman Bavinck, *Gereformeerde Dogmatiek*, 박태현 역, 『개혁교의학』 I (서울: 부흥과개혁사, 2011), 693-696. 상세한 논의를 위하여 유태화, "헤르만 바빙크의 인식론 연구-인식론의 구조와 인간 정신의 기능을 중심으로," in 『한국개혁신학』 44(2014): 202-233을 보라.

3:3-7; 겔 36:25-27)를 잘 파악해서 받아들인 것이다.

   신학적으로 조금 더 진척시켜 말하자면, 중생은 마음에 좌소(坐所)를 둔 하나님의 형상(Imago Dei)이 새로워지는 것과도 깊이 관련되어 있다. 개혁신학자들은 일반적으로 골로새서 3장 10절의 "새 사람을 입었으니 이는 자기를 창조하신 이의 형상을 따라 지식에까지 새롭게 하심을 입는 자니라"는 말씀에서 하나님의 형상의 구성요소로 '지식'을 꼽았고, 에베소서 4장 23-24절의 "오직 심령으로 새롭게 되어 하나님을 따라 '의'와 진리의 '거룩'함으로 지으심을 받은 새 사람을 입으라"는 말씀에서, '의'와 '거룩'이라는 두 핵심 가치를 찾아서 하나님의 형상의 세 요소를 이루었다. 이로써 일반적으로 하나님의 형상은 '지혜'와 '의'와 '거룩'이라는 셋으로 제안되곤 하였다.[5] 중생, 곧 성령으로 인하여 마음이 새로워진다는 말은 하나님의 형상이 새로워지는 것과 깊이 연결되어 있다. 성령을 통하여 마음이 새로워지는 것, 곧 중생하게 되면 지혜가 똑바로 작동하여 그리스도 예수 안에서 죄인을 구원하시는 하나님의 경륜을 파악하고, 의가 올바로 작동하여 그 하나님의 경륜에 열정적으로 공감하게 되며, 거룩이 합당하게 작용함으로써 하나님의 뜻을 행하려는 신실한 의지가 작용하게 되기 때문이다. 성령을 통하여 이 세 요소가 통합적으로 작용함으로써 그리스도인이 구원에 이르는 믿음을 형성하는 것이다.

   의미를 조금 더 명확하게 하기 위하여 부연하자면, 마음이 새로워지는 것은 히브리적인 개념에서는 전인적인 삶의 전환을 의미하는 것이다. 헬라적인 세계관에서 보듯이 마음이 육체와 영(혼)의 이원론적인 구조에로 회귀하여 육체를 배제한 영(혼)이나 정신에로의 환원을 의미하는 것이 아니다. 지금까지 견지했던 낡은 세대의 세계관을 버리고, 성령께서 열어 보여주시는

---

[5] Louis Berkhof, Systematic Theology(London: The Banner of Truth Trust, 1971), 207.

새로운 관점을 갖게 되는 결정적인 계기인 중생과 함께 기존의 가치관을 따라서 자신의 삶을 형성하는 그런 삶으로부터 돌아서서 그리스도 예수 안에서 새로운 인간을 형성하시는 하나님의 경륜을 깨닫고, 그 경륜에 일치하는 삶에로 새롭게 자신을 노정하는 것이 바로 히브리적인 개념에서 마음이 새로워지는 것이다. 이제는 자신과 자신의 삶 전반을 그리스도 예수 안에서 새롭게 해석하고 새롭게 형성해가는 결정적인 전환을 받아들이는 삶이 바로 성령으로부터 난 삶인 것이다.

이것이 니고데모에게도 요구되고, 광야의 떡과 물고기를 먹고 배부른 백성이나 몇몇 제자들에게도 필연적이며, 고린도에 거주하는 시민들에게도 일어나야 한다는 말이다. 성령으로 인하여 이들의 지 · 정 · 의가 새로워져야만 십자가의 도, 즉 하나님의 성령의 일이 드러내는 구원의 능력과 구원에 이르게 하는 지혜를 발견할 수 있다는 것이다. 화목제물이신 그리스도 예수의 인격과 사역 안에서 죄의 용서에 이르게 된다는 사실과 의와 생명에로 확정된다는 사실(롬 3:21-31, 4:25)을 성령 안에서 깨달아(롬 5:5) 깊은 감사와 함께 고난에도 불구하고 하나님을 아빠 아버지로 부르는 삶(롬 8:11-17)에로 돌아선다는 것이다. 죄와 사탄의 지배에 갇혀서 종노릇하던 죄인을 건져내어 그의 사랑의 아들의 나라로 옮겨주시기 위하여 속전으로 바쳐진 그리스도 예수와 연합함으로써 그리스도인은 사탄의 권세에서 해방되어 부활하신 그리스도 예수와 함께 자신의 생명이 보좌에 앉혀진 것(골 1:13, 3:1-3)을 성령을 통하여 깨닫고, 하나님께 속하여 의와 생명을 이루는 삶을 감사함으로 살아가게 된다.

이렇게 보면 그리스도인은, 원칙상 육에 속한 사람이 아니라 성령에 속한 사람이다. 이것은 매우 중요한 인식의 전환을 구성한다. 이것이 세례라는 핵심 가치를 통하여 그리스도 예수와의 연합이 의미하는 종말론적인 전망을 설명하려는 로마서 6장의 지배적인 관심사임은 불문가지다. 그리스도 예수와 합하여 죄와 사탄의 권세에서 벗어나 의와 하나님의 통치 아래로 옮겨왔다는 사실을 매순간 인식하면서 살아가야 하는 새로운 피조물이 바로 그리스도인이기 때문이다. 이 결정적인 전환이 말씀을 통하여(벧전 1:3-4, 13—25) 성령 안에서 그리스도 예수와 연합되면서 실존적으로 모든 그리스도인에게 일어난다는 것이다. 이 결정적인 시점이 바로 마음이 새로워지는 중생이고, 이런 점에서 중생은 반복되는 일이 아니다. 이것은 성령으로 말미암아 일어난 그리스도 예수 안에서의 새로운 출생이며, 그리스도 예수에게 접붙여져 하나님의 형상이 회복되어 작동하기 시작한 것이며, 그리스도 예수 안에서 기존의 가치관이라는 묵은 때가 벗겨져 마음이 새로워진 상태인 것이다. 아우구스티누스(A. Augustinus, 354–430)는 이것을 중생이라고 불렀고, 칼빈(J. Calvin, 1509–1564)도 이런 이해를 성실하게 받아들였다. 이 사건은 비가역적이고 순간적이며, 종말론적인 사건이다. 성경을 읽을 때 이런 기초적인 문법을 잘 숙지하면 불필요한 오해나 도를 넘어서는 적용이나 불필요한 인간적인 열심을 피할 수 있다. 거듭난 그리스도인은 이미 이 강을 건너온 사람이다(요 5:24).

# 2. 살리는 것은 영이니, 육은 무익하니라[6]

이 글에서는 그리스도 예수 안에서 형성하는 삶이 왜 성령에 속한 삶인지를 보다 근원적으로 살펴보는 일을 통하여, 니고데모나 광야의 주린 백성이나 고린도인을 넘어서 한국 교회 혹은 한국 교회 그리스도인의 삶을 조망하는 지점까지 진행하려고 한다. 과연 한국 교회 혹은 한국 교회 그리스도인은 그리스도 예수 안에서 하나님께서 행하신 일에 대하여 깊은 성찰을 하고 그 성찰에 근거할 뿐만 아니라 일치하는 방식으로 자신의 삶을 형성하고 있는지, 아니면 표면적으로 보기에 그럴듯한 경건을 내세우고 빙자하여 또 다른 육을 추구하는 어처구니없는 삶을 살아감으로써 그리스도인의 삶의 신비인 그리스도 예수의 온전함과 완전함을 실제로 부인하고 있는 것은 아닌지 살펴볼 필요가 있다고 생각되기 때문이다. 영으로 시작하였고, 영에 속한 삶을 살아간다고 외치지만 그 속에는 육의 소욕이 가득한 역설적인 처지에 있지는 않은지 확인할 필요가 없지 않기 때문이다.

사도 바울은 양심의 요구 앞에 선 이방인의 "가련한" 실상(롬 1:18-32)과 율법의 요구 앞에 선 유대인의 "위선적" 한계(롬 2:17-3:20)를 구체적으로 묘사하면서, 그 중간에 이렇게 판단하게 되는 중요한 원칙을 드러낸다. 이방인

---

[6] 요한복음 6장 63절의 말씀을 인용한 것이다.

의 경우 율법 곧 양심에 새겨진 법에 일치하는 삶을 살아가는 자에게는 하나님께서 영생을 주시고 유대인의 경우도 두 돌판에 새겨진 말씀에 일치한 삶을 살아가면 영생을 주실 것이지만, 그 반대의 결과를 내면 진노와 분노로 심판하시겠다고 선언하기 때문이다(롬 2:6-9). 토마스 라이트(Thomas Wright)는 이 본문을 그리스도인에게 적용되는 말씀으로 읽으면서 칭의의 미래를 언급하지만, 초점을 좀 벗어난 읽기를 시도하는 듯하다. 좁게는 로마서 2장 16절의 말씀을 끌어들여서, 넓게는 로마서 구조의 재편을 통해서 자신의 주장을 세우는데 매우 작위적이다.[7] 성경은 그냥 자연스러운 구조를 따라서 읽는 것이 좋다. 근접한 문맥을 중시하면서 읽는 것이 일차적이기 때문이다.

사실 이것은 바울이 전개하는 로마서 5장 12-21절의 이해의 반영이기도 하다. 한 사람의 불순종으로 말미암아 죄가 세상에 들어오고, 죄로 말미암아 사망이 모든 사람에게 이른 사건을 염두에 두어야만 읽히는 본문이기 때문이다. 첫 아담을 통하여 이런 일이 일어나기 전에는 인간은 원래 율법/양심을 따라서 선을 추구하며 살아갈 능력이 있었다. 이것을 신학적으로는 행위언약 하의 인간이라고 부른다. 토마스 라이트는 자신의 책 『칭의를 말하다』에서 "행위언약"을 수용하기를 거절하였다.[8] 그는 성경을 읽어나갈 때 아담과 하나님 사이에 체결된 언약에서 출발하지 않고, 아브라함과 하나님 사이에 체결된 언약에서부터 출발한다. 이렇게 함으로써 창조 때에 열린 의롭고 완전한 세계라는 차원을 의도적으로 없애는 것이다. 『성전신학』이라는 책을 쓴 그레고리 비일(Gregory K. Beale)도 이런 영향을 받아서 타락이라는 사건이 발생하기 이전에도 에덴동산을 제외한 다른 창조세계에는 공허와 혼돈과 흑암이라는 극복해야 할 세력이 존재하는 것처럼 상정하고는 아담의 실수는 이러한 외부 세력으로부터 에덴동산을 지켜내지 못한 것으로 언

---

[7] 톰 라이트, 『칭의를 말하다』, 최현만 역 (평택: 에클레시아북스, 2013), 245-250.
[8] 톰 라이트, 『칭의를 말하다』, 180-181.

급하여 창조의 상태를 저급하게 묘사함으로써 하나님이 은혜로 개입할 여지를 확보하게 되는 것이다. 애초부터 창조세계가 그 자체로 구속을 필요로 하는 것처럼 의도적으로 이끌어내고는 곧바로 아브라함으로 붙여서 은혜로 공허와 혼돈과 흑암이라는 상태에 진입하는 하나님을 끌어오는 것이다.[9] 이렇게 되면 애초에 하나님과 아담 사이에 체결된 행위언약의 위상은 가볍게 제거되는 것이며, 로마서 5장 12-21절 사이에 등장하는 아담-그리스도론적인 긴장 구조가 깨지는 결과에 이르게 되고, 하나님과 아브라함과의 사이에서 체결된 "은혜언약"이 중심을 차지하는 결과에 이르게 되고 만다.

토마스 라이트나 그레고리 비일의 제안과는 달리 로마서 2장 6-9절의 선언은 바로 타락하기 이전 아담이 하나님과의 관계에 행위언약의 당사자로서 있을 때 주어진 약속을 따라서 혹은 그 약속을 반영하여 말한 것이다. 창조세계가 열리던 애초의 시대에는 시내산에서 주어진 실정법으로서 율법의 구체적인 조항은 필요 없었다. 왜냐하면 아직 타락하지 않았고, 타락에 수반되는 그런 상황이 연출되지 않았기 때문이다. 그러나 적극적인 측면에서 "계명"이 주어져 있었다는 사실은 너무나 분명하게 계시되어서 부인할 수 없다. 삼위 하나님은 창조행위를 통하여 당신의 의중을 매우 분명하게 드러내셨기 때문이다. 우주와 그 가운데 만물을 창조하신 삼위 하나님만을 섬겨야 한다는 사실(1), 하나님은 초월자라는 사실(2), 하나님은 또한 내재자라는 사실(3), 따라서 하늘에서도 바다 깊은 곳에서도 피할 수 없이 대면하게 되는 하나님을 즐거워하고 영화롭게 해야 한다는 사실(4), 그리고 그 하나님을 중심으로 결혼하여 자녀를 낳아 하나님 중심의 삶을 따라 양육하고(5), 서로 우애하는 사회를 구성하며(6), 가정을 통하여 인간의 삶의 규범을 일깨우고 공유하며(7), 정당하게 생산하고 분배하여 공의와 사랑이 입을 맞추는 사회구조를 만들어내고(8-9), 무엇보다 탐심을 멀리하며 살아가야 한다(10)는 사

---

[9] 그레고리 비일, 『성전신학』, 강성열 역 (서울: 새물결플러스, 2016), 31-162, 특히 150-162.

실을 하나님께서 계시로 아담에게 일러주셨고, 하나님의 형상을 따라 창조된 아담은 하나님의 그 제안을 지·정·의를 통하여, 마음을 다하여 받아들였다. 인간이 계명 안에서 주되신 하나님 앞에 서고, 하나님은 계명 안에서 인간을 영원한 삶으로 축복하는 언약의 관계가 설정되었던 것이다. 계명 안에 머물러 있으면 생명이, 벗어나면 분노와 진노의 심판이 이르게 되는 언약이 체결되었는데, 그것이 바로 행위언약이다. 로마서 2장 6-9절의 말씀은 바울이 하나님께서 아담과 체결한 행위언약의 약속을 다시 끄집어내어 재확인하는 말씀인 것이다.

행위언약은 로마서 5장 12절에서 확인하듯이 아담의 불순종으로 깨졌다. 그러나 행위언약 그 자체가 사라진 것은 아니다. 오히려 로마서 5장 14절에서 확인하듯이 인간이 죽는다는 사실에서 아담과 그의 후손은 행위언약의 저주 아래 갇혔다고 보아야 한다. 행위언약은 지금도 카랑카랑하게 그 위세를 드러내고 있다는 말이다. 하나님은 인간을 향하여 주신 뜻을 굽히신 일이 없다. 지금도 행위언약의 약속이 작용하고 있을 뿐만 아니라 새 하늘과 새 땅에서도 성령 안에서 심비에 새겨진 채로 실현되어 존속하게 될 것이다. 당연히 이 세대의 역사를 최종적으로 평가하시는 그리스도 예수의 재림의 날에도 행위언약이 작동할 것이다. 그날에 신자와 불신자 모두가 그리스도 예수의 심판대 앞에 서게 될 것이다. 그리고 준거로서 행위언약을 따라서 마음과 언어와 행위에 흔적을 남긴 인간의 삶을 최종적으로 심판하실 것이다. 바로 이런 의미로 사도 바울이 로마서 2장 16절을 언급하고 있는 것이다. 하나님이 그리스도 예수로 말미암아 사람들의 은밀한 것을 심판하시는 그날이라는 말은 이런 차원을 배제하지 않는다. 오히려 적극적으로 끌어안고 있기 때문이다.

원칙상, 그리스도 예수 안에서 하나님께서 사람들의 은밀한 죄를 드러내어 심판하시는 일은 두 단계로 일어난다. 첫 단계는 초림을 통해서 드러난다. 행위언약의 저주 아래 있는 이 세대 한가운데, 즉 이 모든 날 마지막에 하나님의 아들이 등장하였고(히 1:1-3), 어둠 가운데 실존하는 인생들 한 가운데 성육신하였다(요 1:1-14). 하나님의 말씀 그 자체이신 그리스도 예수는 하나님의 온전한 말씀을 드러내었다(마 5:17-20). 그리스도 예수는 하나님 사랑, 이웃 사랑의 핵심 가치를 구현하는 것이 인간의 삶의 근본임을 일깨우러 오신 것이다. 행위언약의 근본을 다시 인간의 실존에로 끌어내는 것이다. 이런 점에서 율법은 거룩하고 신령한 것이라는 바울의 이해가 예수의 그것과 일치하는 것을 확인하게 된다. 그리고 예수는 행위언약과 관련하여 두 가지 일을 수행하셨다. 첫째는 무죄한 자로서 죄인의 죄가 되셔서(고후 5:21) 행위언약의 저주를 대신 담당하시어 죽음에 넘겨지셨다. 행위언약의 저주 아래 있는 "나"의 죄를 대신 처리하시고 나에게서 멀리 옮겨주신 것이다. 둘째는 죄인인 "나"를 위하여 행위언약을 온전히 준수하시어 의와 생명을 벌어 내 몫으로 챙겨놓으셨다. 이로써 누구든지 그리스도 예수 안에 있으면 죄와 사망에서는 해방되고 의와 생명은 선물로 덧입는 것이다. 바울이 로마서 5장 18절에서 언급한 "그런즉 한 범죄로 많은 사람이 정죄에 이른 것 같이 한 의로운 행위로 말미암아 많은 사람이 의롭다 하심을 받아 생명에 이르렀느니라"는 말씀은 이런 이해 구조에서 언급한 것이며, 이런 이유로 예수는 행위언약의 또 다른 당사자였다고 말할 수 있다.

로마서 3장 21절-4장 25절에 걸쳐 있는 바울의 중요한 논증은 바로 이 사실을 드러낸 것이다. 3장에서는 화목제물이신 그리스도 예수 안에서 인간의 죄가 덮이고(expiation), 하나님의 진노는 풀어지며(propitiation),[10] 결과적으로 하나님과 인간 사이에 화해(reconciliation)가 일어났다는 사실을 언급하였고, 4장에서는 그 일이 율법의 행위에서가 아니라 바로 그러한 약속이 맨 처

---

[10] L. Morris, *The Apostolic Preaching of the Cross*(London: Tyndale, 1965), 144-213, C. E. B. Cranfield, *A Critical and Exegetical Commentary on the Epistle to the Romans I*(Edinburgh: T & T Clark, 1975), 214-218.

음에 주어진 아브라함에게서 확인하듯이 하나님의 약속을 믿음으로써 일어 난다는 사실, 즉 그리스도 예수 안에서 죄로부터 해방되고 의와 생명을 가진 자로 인정된다는 바로 그 약속을 신뢰함으로써 구원 곧 하나님과 화해된 삶(롬 5:1)을 누릴 수 있다고 예증하고 있는 것이다. 그리고 초대교회에 널리 받아들여졌던 "예수는 우리가 범죄한 것 때문에 내어줌이 되고 또한 우리를 의롭다 하시기 위하여 살아나셨느니라"는 말씀(롬 4:25)을 언급함으로 논의를 마감하는 것이다. 바로 이와 같은 일이 십자가에 못박힌 그리스도 예수 안에서 일어났다는 사실을 죄인이 듣게 될 때, 성령께서 죄인의 마음을 비추사 자신이 얼마나 저주받을 자인지를 깨달아(롬 5:5) 그리스도 예수와 합하여 죄에 대하여 죽고, 의와 생명을 향하여 살아나는 일이 일어나게 된다. 로마서 6장에서 바울이 "세례"를 예증으로 구체적으로 설명하였듯이 실제로 심판을 받고, 사망에서 생명으로 옮겨지는 일이 일어나는 것이다. 이것이 바울이 로마서 2장 16절에서 언급하는 심판의 첫 단계이다.

심판의 두 번째 단계는 그리스도 예수의 재림 때에 펼쳐진다. 죄인인 나를 대신하여 심판을 받고, 부활하여 의와 생명을 선물로 주신(롬 5:18; 골 3:1-5) 그리스도 예수께서 행하신 일은 사실은 실존적이고 개인적이며 교회에만 알려진 비밀이요 신비인데, 이것이 그리스도 예수의 영광스러운 재림의 날에, 그가 최후의 심판의 자리에 앉아 신자와 불신자 모두를 자기 앞에 모으고 행위언약을 따라서 심판을 수행하시는 과정에, 행위언약의 당사자로서 행위언약의 저주를 걷어내고 약속을 얻어 그것을 믿음으로 상속하여 고난 가운데서도 그리스도 예수를 신앙하며 주로 섬겼던 자들에게(롬 8:12-17) 최종적이고 공개적이며 법적인 확증을 해주는 것이다. 이들은 죄와 사망에서는 해방된 자들이요, 의와 생명을 향하여는 살아난 자들이었음을 인정해 주시는 것이다. 고린도후서 5장에서 확인하듯이 눈에 보이는 겉사람을 따라서는 후패한 자들이었으나 믿음을 따라서는 생명에 참여한 자들이었음을(고후 5:4) 만천하에, 특별히 그들을 비웃고 조롱하던 자들 앞에서 확인해 주는 것이다. 세상의 질서 한가운데서 내주하시면서 미래 생명을 보증하시는 성령의 인도를 따라서 세상의 질서를 딛고서는, 탄식하는 삶을 살아온 그리스도인의 원통함을 신원하여주시는 것이다. 그러나 행위언약의 당사자인 그리스도 예수 밖에 있는 자들에게는 율법이나 양심을 따라서 마음과 언어와 행위로 지은 모든 죄가 숨김없이 드러나 비가역적인 사망에 처해지게 될 것이다. 이것이 사도 바울이 언급한 로마서 2장 16절 말씀의 두 번째 차원이다.

칭의의 미래적 유보를 언급하는 토마스 라이트나 김세윤의 치명적인 문제는 예수 그리스도의 인격과 사역의 통일성을 깨트린다는 것이다. 그가 초림 때에 오셔서 하신 약속을 재림 때에도 변함없이 지키시는 신실한 중보자 그리스도 예수의 인격과 사역의 통일성을 해체하는 일을 벌이기 때문이다. 하이델베르크 신앙교육서 제52문답이 아주 명확하게 언급하듯이[11] 최후의 심판대에서 심판하시는 그리스도 예수는 우리가 범죄한 것 때문에 내어줌이 되고 우리를 의롭다 하기 위하여 부활하신 바로 그 동일한 분(the very same person)이라는 사실을 해체하는 방향으로 신학을 전개하는 것은 신학사의 흐름을 읽지 못하는 어리석은 일일 뿐이다. 그리스도 예수가 온전한 대속의 희생제물임과 온전한 순종을 이루신 분임을 제거하는 어떤 신학도 온전하지 않다. 그분 안에서 온전한 속죄가 일어난다는 사실, 그분 안에서 온전한 의와 생명이 선물로 주어진다는 사실을 의심하는 어떤 경건주의자의 열심도 욕심일 뿐이다. 이론상으로는 의심하지 않으나 그 실천에서 그리스도 예수 안에 거하는 것으로는 뭔가 부족한 듯이 설교하고 가르치는 개인의 내면으로 몰입된 경건주의적 열심도 경건한 불신앙일 뿐이다.

---

[11] 제52문에서 "그리스도께서 살아 있는 자들과 죽은 자들을 심판하러 오실 것은 당신에게 어떤 위로를 줍니까?" 라고 묻고, 답하기를 "내가 어떠한 슬픔과 핍박을 당하더라도 전에 나를 대신하여 하나님의 심판대 앞에서 서시사 내게 임한 모든 저주를 제거하신 바로 그분이 심판자로서 하늘로부터 오시기를 머리 들어 기다립니다. 그가 그의 모든 원수들 곧 나의 원수들은 영원한 멸망으로 형벌하실 것이며 나는 그의 택함을 받은 모든 사람들과 함께 하늘의 기쁨과 영광 가운데 그에게로 이끌어 들이실 것입니다" 라고 답한다. 독립개신교회 교육위원회, 『하이델베르크 요리문답』(서울: 성약출판사, 2004), 81-82에서 인용.

그리스도 예수 한 분만으로 만족하지 않고 그것에 무엇인가를 덧대는 일, 이것이 바로 바울이 골로새서에서 경고하는 거짓된 경건인 것이다. 골로새 교회의 문맥에서 보면 꾸며낸 겸손, 천사 숭배, 먹고 마시는 것, 절기, 안식일, 할례가 있고, 한국 교회의 문맥에서 보면 구체적인 삶의 필요를 벗어난 금식의 특성화, 일상에서의 헌신과 제자도를 의도하지 않는 기도의 만사형통화, 정성을 쌓듯 하늘을 향하여 정성을 쌓아올리는 일천번제 운운하는 새벽기도의 특수화, 각종 구호를 비롯한 특정 신앙고백공동체의 개인의 우상화와 같은 이런 일들을 과장하여 마음을 빼앗기게 만들고, 정작 붙들어야 할 머리이신 그리스도 예수는 붙잡지 않는 기이한 현상을 사도 바울은 통렬하게 꾸짖는다(골 2:6-23). 그리스도 예수 밖에서 지금까지 추구하던 "세상의 원리"(세상의 초등학문)에 대하여 죽었거든 어찌하여 세상에서 하던 것 같이 각종 규례에 빠져들어 스스로 굴레를 만들어 씌우는가라고 장탄식을 하지 않는가. 한때 쓰이고 없어질 때가 되면 죽어 떠나게 될 사람의 명령과 교훈을 본받아 따라가는 일은 자의적 숭배와 자의적 겸손과 자의적 몸을 괴롭힘에는 지혜로운 듯 보이나, "오직 육체의 소욕을 따르는 것을 금하는 데는 조금도 유익이 없느니라"(골 2:23)는 바울의 외침이 오늘 한국 교회의 목회현장에 메아리로 울리지 않는가 말이다. 은혜로 시작하여 율법으로 마치는, 영으로 시작하여 육으로 마치는 일의 실상이 바로 이런 것이지 않겠는가. 마음의 눈을 떠서 믿음의 주요 온전케 하시는 예수 그리스도를 바라보라. 믿음이 없는 자여!

바울은 고린도후서 5장 7절에서 "이는 우리가 믿음으로 행하고(By Faith) 보는 것으로 행하지(Not by Sight) 아니함이로라"고 언급하는데, 여기에 믿음의 실상이 있다. 하늘 보좌에 감추어진 생명을 가진 자임에도 불구하고, 썩지 않고 쇠하지 않고 망하지 않는 생명을 가진 자임에도 불구하고, 후패한 몸 안에 거하는 자신의 실존을 직면하면서도 보증으로 우리에게 주신 성령을 힘입어 다시 새롭게 눈을 들어서 믿음으로 그리스도 예수의 다시 오심을 소망하는 삶이 바로 믿음으로 행하는 삶인 것이다. 바로 이 믿음을 가지고 살아갈 때, 사실은 몸 안에 있든지 몸을 떠나든지 별문제가 되지 않는다는, 그런 차원의 믿음으로 성장해 가는 것이다. 사나 죽으나 주님을 기쁘시게 하는 삶을 추구하는 자에게는 그리스도 예수의 심판대도 두렵지 않은 것이다. 오히려 이런 믿음 안에서 살아온 삶이 최종적으로 긍정되는 그날을 소망하며 담대하게 서는 것이다(고후 5:7-10). 이러한 삶의 지향과 그 지향에 수반되는 구체적인 순종이 일상에서 일어나기를 소망하는 삶이 영으로부터 난 삶인 것이다(고후 5:5).

# 3

육신을 따르는 자는 육신의 일을,
영을 따르는 자는 영의 일을 생각하나니[12]

앞에서 언급했듯이 그리스도 예수 안에서 자신의 삶을 새롭게 노정하는, 죄에서부터 해방되고 의와 생명을 상속하여 성령 안에서 마땅한 자유에 이르는 삶을 추구하는 것이야말로 영으로부터 난 삶인 것은 분명하나 그것이 그렇게 간단하지가 않다. 바울은 그리스도 예수와의 연합으로 칭의의 "이미"에 참여하였으나 칭의의 "아직 아니"를 기다리는 실존으로서 그리스도인의 모습을 포착하여 그 실존의 적나라한 내면을 묘사하기 시작하는데, 그것이 바로 로마서 7장이다. 로마서 7장에 보면, 한 인간이 등장한다. 선을 행하기를 희망하는데 그 희망에도 불구하고 희망하는 바 선을 행하기보다는 원하지 않는 바 악을 행하는 인간이다(롬 7:19). 이것은 로마서 1장 18절로부터 3장 20절 사이에 등장하는 그리스도 예수 밖에 있는 인간을 의미한다기보다는 로마서 3장 21절부터 4장 25절 사이에 일어난 일에 이미 참여한 인간으로 이해되어야 한다. 그리스도 예수 안에서 죄와 사망에서 해방되고 의와 생명에로 확정되어 하나님과의 관계에서 화해된 인간이라고 보는 것이 자연스럽다(롬 5:1, 12-21). 그리고 로마서 6장에서 확인하듯이 세례라는 상징 행위에 참여함으로써 그리스도 예수와 연합하여 죄와 사망의 영역에서부터 의와 생명의 영역으로 옮겨온, 따라서 이제는 자신의 모든 지체를 통

---

[12] 로마서 8장 5절의 인용이다.

하여 의를 드러냄으로써 하나님의 다스림과 지배를 받아야만 하는 바로 그 인간을 언급하는 것이기 때문이다. 법정적인 면에서 의인으로 확정되고, 동시에 그런 삶을 향하여 노정된 바로 그 인간 실존을 언급하는 것이 자연스러운 문맥임을 고려할 때 그렇게 읽힐 수밖에 없지 않은가 싶다.

문제는, 율법이나 양심을 따라서가 아니라, 그리스도 예수 안에서 이런 새로운 삶의 정황에 섰으면서도 실존적으로는 여전히 육신의 소욕에 이끌리는 자기 자신을 보게 된다는 점이다. 로마서 7장 23절의 "내 지체 속에서 한 다른 법이 내 마음의 법과 싸워 내 지체 속에 있는 죄의 법으로 나를 사로잡는 것을 보는도다"라는 말씀은 위에서 언급한 인간의 내적인 고민의 중요한 지점을 환기시키는 말씀이다. 로마서 6장에서 확인하였듯이 그리스도 예수와 합하여 죄와 사망이 다스리고 지배하는 영역에서 의와 하나님이 다스리고 지배하는 영역으로 확정되기는 하였으나, 여전히 죄에게 자신의 지체를 드려 죄의 다스림을 받고 종노릇하려는 강렬한 의지를 경험하고 있기 때문이다. 이것이 바로 그리스도 예수 안에서 죄와 사망에서 해방되고 의와 생명을 선물로 받아 하나님의 자녀된 자의 내적인 실상인 것이다. 로마서 1장 18절로부터 3장 20절 사이에 놓인 인간이나 바울이 아니라, 그리스도 예수 안으로 들어온 인간이나 바울이 자신의 내면적인 경험을 실존적으로 드러내고 있다고 보아야 한다. 이것을 경험하는 바울은 마치 죄가 자신 안에 거하며 살고 있는 것처럼 언급한다(롬 7:17).

여기서 주의할 필요가 있는 부분은 로마서 7장 23절의 죄의 법을 따르려고 하는 것과 하나님의 법을 따르려고 하는 것은 한 동일한 자아의 내적인 상태를 의미하는 것이라는 점이다. 죄의 법을 따르려는 내가 있고, 하나님의 법을 따르려는 내가 있어서, 두 다른 내가 있는 것처럼 빠져나가면 안 된다는 것이다. 한 동일한 나 안에서 두 다른 세력이 활동하고 있는 상태를 언급하는 것이다. 그래서 내가 육신의 세력에 이끌려 죄의 법에 지배되어 굴종하게 되든가, 아니면 하나님의 법에 지배되어 자신의 지체를 드리게 되든가 하는 그런 내적인 갈등이 한 동일한 자아 안에서 충돌하고 있는 상태인 것이다. 법적인 면에서는 하나님의 소유된 백성이나 실제적인 삶의 현실에서는 죄의 법을 지향하고 있는 현실인 것이다. 아파트를 새로 구입하여 법적인 절차를 완료하고 열쇠를 받아 그 집 문을 열고 들어갔더니, 현실은 전 집주인의 흔적으로 가득한 것과 마찬가지인 것이다. 현실적으로 그 집의 내부를 자신의 취향대로 구조화하고 적절한 비품을 구비하여 자신만의 에토스(ethos)가 담긴 주거공간으로 만들어 내야 하는 그런 상황과 유사한 것이다. 그리스도 예수로 하나님의 백성이 되었으나, 자신 안에는 여전히 옛 질서에 속한 것들로 가득한 것이다. 쓰레기를 치우고 구조를 새롭게 짜고 내용물을 새롭게 채워야 하는 상태인 자신을 보게 되는 것이다. 그래서 죄의 법을 향하는 자신이나 하나님의 법을 향하는 자신이나 한 동일한 자신이며 따라서 자신의 삶에 대한 실존적인 책임은 자신에게 있는 것이다. 이 사실을 적당히 회피하면 자기도 모르는 사이에 죄와 의 사이의 선택적 책임을 신앙의 삶에서 몰아내는 구원파의 일원이 되는 것이다.

   이런 실존적인 선택의 기로에 서 있는 한 그리스도인은 사실은 과거의 관습에 더 가까운 실존이라는 사실을 깊이 통찰할 수 있어야 한다. 지금까지 20년 혹은 30년, 혹은 40년이라는 긴 세월에 걸쳐서 형성되어 온 죄와 사망의 관습이 관성처럼 자신의 의식과 삶을 지배하는 것이다. 그래서 그리스도 예수 안에서 새롭게 발견한 의식을 가지고 그것에 걸맞은 삶을 만들어 내고 싶으나 오랜 습관이 자신의 삶을 과거의 삶으로 너무나 자연스럽게 이끌어 내곤 하는 경험을 하게 되는 것이다. 새로운 내용으로 새로 구입한 집을 채우지 않으면, 그 몰골이 시간이 지날수록 더 형편없어지게 된다. 거미줄이 끼고 먼지가 쌓이면서 시간이 지날수록 무질서의 지수가 더 높아지는 형국이 되고 마는 것이다. 죄와 사망, 그리고 그 배후에 있는 사탄이 나간 이후 새로운 무엇으로 채워지지 않으면 처음 상황보다도 더 못한 어떤 상태로 방치될 수 있다는 것이다. 죄의 법으로 이끌리는 자신의 자아를 붙잡아 세우고, 하나님의 법으로 이끌리게끔 작용하는 내적인 새로운 힘이 필요한 시점에 서 있다는 것이다.

무질서에서 새로운 질서에로의 이런 전환점이 바로 로마서 8장 1절이 시작되는 시점이다. "그러나 이제는"이라는 선언과 함께 열리는 로마서 8장에서 육신의 소욕에 너무나 자연스럽게 이끌림으로써 할 수 없었던 일, 즉 죄의 법을 극복하고 하나님의 법에 일치하는 삶을 일구어내는 일을 시작하는 비결이 소개되고 있기 때문이다. 무죄하신 그리스도 예수께서 죄인들 한가운데 오셔서 육신을 따르는 삶을 살아가는 죄인을 대신하여 죄인의 죄가 되어 죽으심으로써 그 죄인을 죄와 사망에서 해방하시어(롬 8:3), 그로 하여금 더 이상 육신의 소욕을 따르지 않고 성령의 소욕을 따라서 살아감으로써 하나님의 법의 요구가 실현되도록 만들어 주셨다고 말하기 때문이다. 법적으로 소유한 집에서 옛 흔적을 지워내고 새로운 질서로 충만하게 채워가는 일에 결정적인 역할을 하시는 분이 바로 성령이라는 사실을 비로소 구체적으로 일깨워주는 것이다. 성령이 바로 로마서 7장에서 탄식하는 그리스도인으로 하여금 죄의 법으로 이끄는 육신의 소욕을 딛고 하나님의 법으로 향하는 삶을 실제로 살아내게 하는 결정적인 일을 수행하신다는 것이다(롬 8:4-11).

로마서 7장에서 자신의 내면을 보면서 원하는 바 선은 행하지 않고, 원하지 않는 바 악을 행하려는 탄식하는 인간이 올바르게 노정되도록 일하시는 분이 바로 성령이시다. 바울은 육신의 소욕에 이끌리는 인간에게 궁극적인 답은 성령이라고 말하고 있는 것이다(롬 8:9). 그런데 로마서에서 성령이 처음으로 언급되는 곳은 바로 로마서 5장 5절에서다. 죄의 자리에서 빠져나와 하나님과 화해된 백성인 그리스도인이 현실의 환란 가운데서도 하나님의 영광스러운 구원의 미래를 소망하며 살아갈 수 있는 것은, 하나님께서 그리스도인에게 주신 성령으로 말미암아 하나님의 사랑이 부어진 때문이라는 것이다(롬 5:5). 이 일이 현실적으로는 하나님과의 관계에서 연약한, 죄인된, 그리고 원수된 상태에서 주어진 일이다(롬 5:6-11). 죄인이 그리스도 예수 안에서 하나님과 화해된 것은 율법을 준수함으로써가 아니라 은혜로, 믿음으로 주어진 선물인 것을 다시 한 번 확인하게 되는데, 이것을 실존적으로 일깨우는 이가 바로 칭의되어 하나님의 자녀가 된 자에게 종말론적인 선물로 주어지는 성령이라는 것이다(갈 4:6). 이렇게 칭의되고 화해되어 하나님의 자녀된 자에게 주어진 종말론적인 선물로서 성령이 칭의의 "이미" 뿐만 아니라 "아직 아니"까지 줄곧 자녀 안에 내주하시면서 부단히 종말론적인 미래 소망을 향하여 실존을 개방시켜 주신다는 것이다(고후 5:5).

로마서 5장 5절에서 이렇게 성령을 처음 언급한 후에 바울은 성령이 그리스도인이 된 사람 안에서 어떻게 일하시는지에 대하여는 아직까지 구체적인 설명을 시도하지 않았다. 그리고 연약한, 죄인된, 그리고 하나님과 원수되었던 죄인이 그리스도 예수 안에서 하나님의 자녀로 변화된 후 성령이 그 안에 오셔서 하나님의 사랑을 부으신다는 말씀의 의미가 무엇인지 구체적으로 드러내는 본문이 바로 로마서 8장이다. 바울은 성령을 하나님의 영으로, 동시에 그리스도의 영으로(롬 8:9) 묘사하는데 이는 로마서 5장 5절에서 성령께서 그리스도인에게 부어주시는 하나님의 사랑과 관련하여 매우 중요한 의미를 갖는다. 그 실상이 무엇인지 조금 더 구체적으로 설명하는 곳이 고린도전서 1장과 2장이다. 그리스도 예수, 곧 세상의 비밀이신 그리스도 예수 안에서 하나님께서 성취해 오신 하나님의 구원에 이르는 지혜와 능력은 사실 아담의 타락 이후로 긴 세월 동안 인애로 일구어 오신 일이다. 유다와 며느리, 기생 라합, 다윗과 우리야의 아내, 므낫세의 배교와 같은 위기에도 불구하고 백성의 부끄러움을 자신의 어깨에 걸머지면서 일구어 오신 죄인을 향한 하나님의 뭉근한 사랑을 그 내면의 심층에서부터 읽어내신 분이 바로 성령이시라는 사실을 바울이 명확히 설명하고 있다(고전 2:9-10). 뿐만 아니라 성령은 마리아의 몸에서 예수가 잉태되는 순간으로부터 종말론적인 아담인 예수 안에서 내주하신 분이요, 메시아로 임직하면서도 예수와 함께 일하신 분이요, 예수께서 죽음에 넘기우실 때조차도 함께하신 분이며(히 9:14), 부활하여 보좌 우편에 앉으시기까지 함께하신 분이며(롬 1:4; 행 2:33-35), 마침내 구속의 일을 성취함으로써 파송하여 제자들 안에 영원히 내주하기까지 늘 예수와 동행하신 분이었다. 성령은 그리스도 예수께서 일생 바울을 사랑하사 바울을 위하여 자신을 버리신 분임을 잘 알고 계신다(갈 2:20). 바로 이런 의미에서 바울이 그리스도인 가운데 계시는 성령이 하나님의 마음과 그리스도 예수의 사랑을 마음 가운데 부어주시는 분이라고 말할 수 있었던 것이다(롬 5:5).

이런 내용을 로마서 8장의 문맥으로 가져와서 이해하면, 하나님의 영의 인도를 받는 자가 하나님의 아들이며(롬 8:14), 아들이신 그리스도의 영을 받았으므로 하나님을 아빠 아버지라고 부르는(롬 8:15) 그런 자리로 그리스도인을 이끌어내는 분이 바로 성령인 것이다. 여전히 연약하고 죄인되고 하나님과의 관계에서 행한 일이 아무것도 없는, 과거 자신의 삶을 돌아보면 하나님을 아빠 아버지라고 부르기에는 너무나 죄송하고 부끄러운 자리에 빠져있는 그리스도인의 영혼에게 성령께서 아버지와 아들의 사랑을 구체적으로 드러내어 인격적으로 설복하시는 것이다. 아버지와 아들과 성령, 삼위 하나님께서 얼마나 그리고 어떻게 죄인인 너를 섬기셨는지를 보여 주시고 그 사실을 실존적으로 받아들이게 하시는 것이다.

성령께서 바로 이 핵심적인 사역을 하시는데, 목회자의 설교가 필요하다. 성령께서는 설교를 사용하여 이 은혜를 일깨우시기 때문이다. 성령께서 이 일을 직접 하지 않으시고 설교자와 동역하신다. 그래서 목회자를 세우고, 은혜의 수단으로서 설교와 성례를 맡기신 것이다. 목회자가 죄인을 향한 성부의 끈질긴 사랑, 죄인을 구속하시는 성자의 사랑, 그 사실을 일깨우시는 성령의 사역을 설교를 통하여 잘 드러내야 그리스도인이 성령 안에서 하나님의 사랑의 설복을 경험하게 되는 것이다. 이런 성령의 사역을 통하여 그리스도인의 영혼이 용기를 내어, 하나님을 아빠 아버지라고 부르며 고백하는 자리에 이르게 된다.

그런가 하면, 내주하시는 성령의 사역에도 불구하고 육신의 소욕을 끊지 못하고 얽매이는 경우도 없지 않다. 그리스도인으로서는 마땅히 빌 수 없는 것을 빌고 있는 어처구니없는 상황에 빠지는 수도 없지 않기 때문이다. 그리스도인이 이런 경우에 빠질 때 성령께서는 근심하고(엡 4:30), 질투하며(약 4:5), 탄식하신다(롬 8:26). 여기서 생각해 보아야 할 부분이 성령의 내주를 가진 그리스도인이 이런 상황에 내몰리면 성령께서 내주를 포기하시고 그리스도인을 떠나시는가, 하는 질문이다. 여기서 깊이 살펴보아야 하는 것은 성령께서 도대체 어떤 근거에서 그리스도인 안에 들어와서 내주하게 되는가 하는 것이다. 요한복음 7장 37-39절의 말씀에 비추어 보면 성령께서 그리스도인 안에 들어와 내주할 수 있는 근거는 그리스도 예수께서 영광을 얻으시는 것에서 성립한다. 그리스도 예수께서 영광을 얻으시는 것은 요한복음 12장 23절, 17장 1-3절에서 보듯이 십자가의 죽음에 기인하여 부활에 이르는 일과 직결된다. 바로 이 일이 완성되자마자 성령이 내려와 "내주하는 일"이 뒤따를 것이 예고되었고(요 14:16-17), 실제로 요한복음 20장 22절에서 보듯이 부활하신 그리스도 예수께서 성령을 친히 제자들에게 주시어 거하게 하신 것으로 요한복음서 안에서는 성취되었다.

그러나 성경의 전체적인 문맥에서 보면, 히브리서 9장 24절에서 보듯이 승천하여 하늘의 성소에 들어가 하나님의 얼굴 앞에 자신의 속죄를 보이고, 사도행전 2장 33-35절에서 확인하듯이 보좌 우편에 앉으심으로써 요한복음 17장 1-5절에서 언급했던 영광에 오르자마자 성령을 아버지께 청구하여 파송하는 일을 수행하셨다(행 2:1-4). 정리하여 말하자면 성령이 그리스도인 안에 내주하게 된 것은 그리스도 예수의 속죄 사역의 완성에 근거한 일이다. 따라서 그리스도 예수의 속죄가 완전한 것처럼 성령의 내주도 그 자체로 완전한 것이며, 자연스럽게 성령의 내주도 영원한 성격을 갖게 된다. 이런 점에서 성령의 내주는 그리스도 예수 안에서 주어진 구원의 보증으로서의 성격을 갖게 되는 것이다(고후 5:5, 1:21-22). 바로 이러한 차원에서 바울은 로마서 8장 11절의 "예수를 죽은 자 가운데서 살리신 이의 영이 너희 안에 거하시면 그리스도 예수를 죽은 자 가운데서 살리신 이가 너희 안에 거하시는 그리스도의 영으로 말미암아 너희 죽을 몸도 살리시리라"는 말씀을 할 수 있었던 것이다. 성령은 그리스도인 안에서 자신의 내주를 영원히 거두지 않으신다.

그렇다면 데살로니가전서 5장 19절의 "성령을 소멸하지 말라"는 말씀은 어떻게 이해되어야 하는가? 소멸하지 말라는 단어는 엄밀한 의미에서는 성령의 "불꽃을 끄지 말라"는 말로 이해하는 것이 정확하다. 성령 그 자체를 소멸하여 내어버릴 수 있다는 말이 아닌 것이다. 원래 하나님은 소멸되지 않는 존재이고(딤전 6:16), 여기에는 성부와 성자뿐만 아니라 성령도 포함된다. 성령은 소멸되지 않는 분이다. 그러나 성령이 그리스도인 안에 내주하시지만 불꽃처럼 타오르지 않을 수 있음은 확인할 수 있다. 이런 측면에서 성령을 근심하게 하지 말라거나(엡 4:30), 혹은 성령을 시기하게 하지 말라거나(약 4:5), 혹은 성령의 충만을 받으라는 말씀이 가능할 것이다(엡 5:18). 그리스도인은 성령을 근심하게 하는 자리에 이르거나 혹은 그런 상태에 머무르는 삶에서 벗어나야 한다. 왜냐하면 성령 안에서 구속의 날까지 인치심을 받았기 때문이다(엡 4:30). 이런 면에서 보면, 성령의 내주를 가진 그리스도인이 성령을 다시 임하시도록 구하는 것은 옳지 않은 일이다. 왜냐하면 그리스도 예수의 속죄에 근거하여 그리스도인 안에 내주하시는 성령은 어떤 경우에도 내주를 거두는 일은 하지 않기 때문이다. 성령이 다시 오시기를 간구하는 것은 내주하시는 성령을 슬프게 하는 일이다. 내주하고 있는

데, 자꾸 다시 오라고 하면 당황스럽지 않겠는가. 나갔다가 다시 들어올 수도 없고 말이다. 지식을 따라서 성령을 구하는 삶이 필요하다. 얼마나 더 어리석은 자리에 머물러 뜬금없는 기도를 할 것인가.

오히려 지식을 따라서 경건을 추구하는 자는 로마서 8장에서 확인하듯이 성령의 인도함을 받는 삶을 힘써야 한다. 로마서 8장 13-14절에서 언급하듯이 "너희가 육신대로 살면 반드시 죽을 것이로되 영으로써 몸의 행실을 죽이면 살리니 무릇 하나님의 영으로 인도함을 받는 그들은 곧 하나님의 아들이라"고 하였다. 그리스도 예수 안에서 하나님과 화해함으로써 하나님의 아들이 된 그리스도인은 내주하시는 성령의 인도를 따라서 자신의 삶을 단장해야 하는 존재이다. 성령의 사역을 통하여 하나님의 사랑에 깊은 감동을 경험하면서 자신의 육체의 행실에 재갈을 물리면 성령의 열매를 맺는 삶을 살아갈 수 있다는 것이다.

과연 경건한 그리스도인이 그토록 강렬하게 갈구하는 성령의 강렬한 인도하심을 경험하는 길이 무엇일까? 이에 대하여 매우 중요한 통찰을 제공하는 이가 바울이다. 에베소서 5장 18절에서 에베소교회를 향하여 "성령의 충만"을 권고하는 바울이 동일한 내용의 권고를 골로새교회를 향하여 드러낼 때는 골로새서 3장 16절에서 확인하듯이 "그리스도의 말씀이 너희 속에 풍성히 거하여"라는 말로 대체하는데, 이로써 성령 충만함에 이르는 길은 그리스도의 말씀이 그리스도인 안에 풍성하게 거하도록 하는 것과 다르지 않다는 사실을 드러내고 있다는 사실에 주목할 필요가 있다.

동일한 맥락의 권면을 성령을 소멸하지 말라고 권면하는 데살로니가전서 5장 19-22절에서도 확인하게 되는데, 성령을 소멸하지 않는 길은 예언의 말씀, 곧 자기 자신에게 들려지는 하나님의 말씀을 멸시하지 않고 오히려 하나님의 말씀을 통하여 제안되는 내용에 비추어 자신의 삶을 해석하는 것이다. 이 해석에 근거하여 올바른 것은 어떤 희생을 치르더라도 선택하고, 악한 것은 그 모양이라도 취하지 않는 결정을 내리며 자신의 삶을 바로 세울 때, 내주시는 성령이 크게 감동하시고 그 감동이 결단하는 그리스도인의 심령에 파장을 일으키어 성령이 주시는 감동으로 감동하기에 이르는 것이다. 성령의 기쁨이 나의 기쁨이 되고, 성령의 탄식이 나의 탄식이 되는 일이 일어나는 것이다. 성령의 인도함을 받는 일은 하나님의 말씀에 자신의 삶을 묶어 매는 일과 다르지 않고, 그렇게 하나님의 말씀에 온전히 순종할 때에 그리스도인은 성령의 인도와 임재를 크게 그리고 가깝게 경험하며 살아갈 수 있는 것이다.

바로 이런 차원에서 로마서 8장 16-17절의 "성령이 친히 우리 영으로 더불어 우리가 하나님의 자녀인 것을 증거하시나니 자녀이면 후사 곧 하나님의 후사요 그리스도와 함께한 후사니 우리가 그와 함께 영광을 받기 위하여 고난도 함께 받아야 할 것이니라"는 말씀을 할 수 있었던 것이다. 그리스도인이 구체적인 삶의 현장에서 어려움과 고난에도 불구하고 하나님의 말씀을 따라서 자신의 실존을 노정하려는 결단을 수행할 때, 성령의 증언하시는 사역이 보다 더 확실하고 깊숙하게 드러나게 된다는 것이다. 말을 바꾸어서 하면 영으로써 육신의 행실을 죽이는 삶을 살아가면, 성령이 그리스도인의 영과 더불어 하나님의 자녀인 것을 친히 증언하여 주신다는 것이다. 로마서 7장의 "오호라 나는 곤고한 자로다, 누가 이 사망의 몸에서 나를 구원하리요"(25절)라고 외치는 그리스도인은 자기 자신 안에서 눈으로 보고 있는 현실, 즉 원하는 바 선을 행하기보다는 원치 않는 바 악을 향하여 이끌리고 있는 자기 자신의 현실을 성령 안에서만 딛고 설 수 있는데, 그것은 구체적인 삶의 현실에서 하나님의 말씀에 비추어 옳은 것은 옳다, 그른 것은 그르다는 온전한 선택을 수행함으로써 성령의 인도를 따르는 삶을 통해서 가능하다는 것이다. 이런 점에서 그리스도인 안에 있는 악을 지향하는 육신의 소욕과 선을 지향하는 성령의 소욕 사이의 힘의 균형은 평행선을 유지하는 것이 아니라, 균형이 깨져서 일시적으로는 육신의 소욕에로 기울어지기도 하지만 궁극적으로는 성령의 소욕을 향하여 기울어진다는 것이다. 바로 이 지점에서 그리스도인은 육신의 소욕을 벗어버리고 성령의 소욕을 입어야 하는 것이다. 자신의 내면을 육신의 소욕에게 져서 육신의 소욕이 좌지우지 하도록 내버려 둘 것이 아니라 성령의 소욕을 따라서 하나님의 형상이 날마다 새로워지는 방향으로 선회해야 하는 것이다.

# 4
## 문자는 죽이는 것이요, 영은 살리는 것임이니라[13]

　로마서 8장 27절의 "마음을 살피시는 이가 성령의 생각을 아시나니 이는 성령이 하나님의 뜻대로 성도를 위하여 간구하심이니라"는 말씀을 주목해 볼 필요가 있다. 특별히 그리스도인 안에 내주하시는 성령이 탄식하는 사역을 통하여 그리스도인 안에서 이루시고자 하는 바가 무엇인지 알려주는 말씀이기 때문이다. 그것은 바로 "하나님의 뜻"이다. 전체적으로 볼 때 바울의 논의가 로마서 8장에서는 성부와 성자와 성령 안에서 베풀어지는 구원의 궁극적인 승리를 노래하면서 마감되고(롬 8:31-39), 일종의 삽입 장으로서 9-11장에서는 이러한 구원의 경륜이 이스라엘 백성과의 관계에서 어떤 의미를 갖는 것인지에 대하여 길게 논의한 후에, 로마서 12장에서 다시 8장의 논의 내용에로 이어지는 형태로 전개되어진다. 특별히 그리스도인을 향하여 "하나님의 선하시고 기뻐하시고 온전하신 뜻이 무엇인지 분별하도록 하라"(롬 12:2)고 권면하는 것에서, 성령과 동행하는 삶을 살아가야 하는 그리스도인이 추구해야 하는 하나님의 뜻이 무엇인지에 대한 논의에로 다시 복귀하는 모습이 관찰되기 때문이다.

　로마서 12장에서 15장에 걸친 바울의 권면을 묵상하면서 읽을 때 하나님

---

[13] 고린도후서 3장 6절의 인용이다.

을 사랑하는 삶, 이웃을 사랑하는 삶이 무엇인지 깊이에서부터 끌어올려 일러주는 산상수훈의 정취를 느끼게 된다. 그리스도 예수를 머리로 하여 형성된 새 언약의 공동체로서 교회를 향한 바울의 권면에서 두 돌판에 기록하여 주신 하나님의 말씀을 발견하게 된다. "삶의 근본이신 하나님을 근간으로" 하여 교회에서나(롬 12:3-21) 세상에서나(롬 13:1-7) 그분의 주권을 인정하고 분별하여 살아가라는 말씀에서는 첫 돌판의 울림이 발견되고, 로마서 13장 8-10절에서는 두 번째 돌판에 기록된 말씀이 명시되는데 교회에서나(롬 14:1-23) 사회생활을 할 때(롬 15:1-21) 선교적 긴박감을 가지고 자신을 살피며(롬 13:11-14) "이웃 사랑의 삶"을 지혜롭고 신실하게 살아갈 것을 권면하고 있다고 생각된다. 이런 점에서 보면 그리스도인이 삶의 정황에서 발견해야 하는 "하나님의 선하시고 기뻐하시고 온전하신 뜻"은 삶의 규범으로서 십계명에 준한 삶이라고 말하는 것이 옳다. 사실 십계명은 창조와 함께 드러난 그리고 구속을 통하여 재확언된 하나님의 불변의 뜻이다. 홍해를 건넌 이스라엘 백성의 삶의 현실이 우상을 숭배하고 간음하며 도적질하는 삶의 정황에 있었기 때문에 그런 조항과 함께 주어진 것일 뿐 계명의 핵심은 명확하기 때문이다. 하나님 사랑, 이웃 사랑의 실제적인 구현을 의도한 것이기 때문이다.

예수께서 산상수훈을 말씀하시는 과정에 하나님과 인간 사이에 서 있는 그 선지자로서 자신을 드러내셨다고 생각된다. 그동안 선지자들을 통하여 여러 모양과 여러 부분으로 조상들에게 말씀해 오신 하나님께서 이 모든 날 마지막, 즉 종말에 아들로 말씀하시기를(히 1:1-2), 즉 하나님과 인간 사이의 전권을 쥔 예수를 통하여(마 11:27) 말씀하시기를 기뻐하셨기 때문이다. 이런 측면에서 마태복음 5장 17-20절에서 하신 "내가 율법이나 선지자를 폐하러 온 줄로 생각하지 말라. 폐하러 온 것이 아니라 완전하게 하려 함이라. 진실로 너희에게 이르노니 천지가 없어지기 전에는 율법의 일점일획도 결코 없어지지 아니하고 다 이루리라. 그러므로 누구든지 이 계명 중 지극히 작은 것 하나라도 버리고 또 그같이 사람을 가르치는 자는 천국에서 지극히 작다 일컬음을 받을 것이요 누구든지 이를 행하며 가르치는 자는 천국에서 크다 일컬음을 받으리라. 내가 너희에게 이르노니 너희 의가 서기관과 바리새인보다 더 낫지 못하면 결코 천국에 들어가지 못하리라"는 말씀을 잘 이해하는 것이 필요하다.

이 말씀은 예레미야 31-33장이나 에스겔 36장의 맥락에서 읽어야 한다는 제안이 없지 않은데, 상당히 중요한 통찰이 반영되었다고 생각한다. 에스겔 36장이나 예레미야 31-33장에 보면, 지금껏 이스라엘 백성이 두 돌판에 새겨진 말씀을 손에 들고서 자신의 삶을 살아왔다면, 새 언약이 체결되는 날에는 그 말씀이 성령을 통하여 심비에 새겨지고 성령을 통하여 그 말씀의 중심을 깨닫게 되는 일이 일어날 것이라고 예언되어 있다(렘 31:31-34; 겔 36:27). 이런 방식으로 "너희는 내 백성이 되고 나는 너희의 하나님이 되는 일"이 일어나게 될 것이라고 언급하시는데(렘 31:33; 겔 36:28), 이런 획기적인 결과를 가져온 사건이 바로 그리스도 예수와 하나님과의 관계에서 언약이 체결되어 성취되는 일, 즉 십자가와 부활과 승천과 보좌에 앉으심을 통하여 구속이 확정되고 그에 뒤따라 일어난 성령의 강림 사건이다. 예수께서 선지자로서 하나님의 뜻을 드러내시고 제사장으로서 백성의 죄를 속량하시며, 왕으로서 성령을 파송하시어 당신의 통치를 드러내 개인의 구원을 이루어 내시고 교회를 세우심으로써 이러한 일이 개인과 교회 안에서 구현되도록 하신 것이다.

이러한 구속사적인 진전에서 볼 때, 그리스도 예수께서 말씀하신 산상수훈은 그리스도 예수로 말미암아 구원에 참여한 공동체인 교회의 구성원에게 주신 삶의 법인 것이다. 산상수훈은 창조와 구원의 하나님을 중심에 두고 범사에 이웃을 사랑하며 살아가는 종말론적인 구원공동체의 삶의 규범이다. 이것은 모세가 시내산에서 하나님의 말씀을 백성들에게 선포하였듯이 예수께서 산 위에 올라가서 선포하시는 하나님의 말씀이다. 그런데 이 말씀은 어떤 새로운 말씀이 아니라 모세를 통하여 이미 주어진 말씀의 진의를 새롭게 드러내는 말씀이다. 원래 하나님께서 자기 백성에게 주신 삶의 법으로서 율법의 진정한 가치를 설파하시는 말씀이어서 시내산에서 주어진 말씀과 본질에 있어서 다르지 않다. 그런데 사람들이 이미 받아서 가지고 있는 말씀의 본질에 들어가지 못하는 것은 (그 말씀에 수건이 드리워져 있기 때문이요, 또한) 그 말씀을 읽는 사람들의 눈에 수건이 드리워져 있기 때문이다(고후 3:14-15). 이 수건이 벗겨져서 그 율법의 본질을 읽어내는 일은 그리스도 예수의 영을 가진 자가 될 때, 그리하여 그리스도 예수를 믿을 때에 이루어진다는 사실을 바울이 강조하고 있는데(고후 3:16-17), 이런 점에서 바울은 예레미야나 에스겔을 통하여 알려진 새 언약의 배경에서 사태를 읽어가고 있는 것이다(고후 3:6).

성령으로 말미암아 세례를 받아 중생함으로써 머리이신 그리스도 예수의 지체가 되어 지속적으로 성령을 마시며 살아가는 구원의 공동체인 고린도교회도(고전 12:13), 결국은 그리스도 예수 안에서 구원의 하나님의 영광을 환하게 드러내는 삶, 곧 율법의 중심을 구현하는 삶을 성령 안에서 이루는 공동체로 서야 하는 종말론적인 공동체인 것이다. 바로 이러한 맥락에서 예수는 마태복음 5장 17-20절에 걸쳐 있는 말씀을 하신 것이다. 율법을 그리스도 예수 안에서 파악하지 않으면, 그리고 성령의 중생케 하시는 은총을 힘입지 않고서 읽으면(겔 36:25-27), 율법은 죽이는 것으로 기능하게 되는 것이다(고후 3:6). 성령께서 죄인의 마음에서 바벨론의 세계관으로 찌든 묵은 때를 물로 씻듯 씻어서 새롭게 하시지 않으면 율법의 심장부(마 22:36-40)에 도달할 수가 없다는 것이다. 즉, "네 마음을 다하고 목숨을 다하고 뜻을 다하여 주 너희 하나님을 사랑하라 하셨으니 이것이 크고 첫째 되는 계명이요 둘째는 그와 같으니 네 이웃을 네 몸과 같이 사랑하라 하셨으니 이 두 계명이 온 율법과 선자자의 강령이니."(마 22:37-40)는 율법의 중심에 이를 수 없다는 것이다.

　동일한 논의가 갈라디아서에서도 발견된다. 갈라디아교회에 율법을 가지고 그리스도인을 혼란스럽게 하는 외부인이 들어왔던 모양이다. 그리스도 예수를 믿음으로 하나님과 화해되는 구원의 복음을 바울을 통하여 듣고 칭의되어 하나님의 자녀들이 되었는데, 그런 확신을 갖고 살아가는 갈라디아교인들 사이에 들어온 외부인들이 율법 준수를 놓고 논란을 제기한 것이다. 구원의 상태에 계속적으로 머물러 있으려면 "유대인의" (조문으로서) 율법을 준수해야 한다거나 혹은 유대인들이 금과옥조로 여기는 신분표지와 같은 몇 가지 조항을 복음에 추가하여 준수하는 일이 필요하다고 흔들었던 모양이다. 이에 대하여 바울은 외부인들보다 한걸음 더 나아가서 율법 그 자체는 구원의 길로써 전혀 작동하지 않는다는 사실을 일깨우고, 몽학선생(초등교사)으로서 율법 아래 있으면(갈 3:23-25) 율법의 정죄로 저주받은 자로 간주될 뿐이라고 강조한다(갈 3:10). 바울은 바로 그러한 율법의 저주 아래 있던 죄인인 자신을 대신하여 율법 아래 나서서 죄인인 자신을 대신하여 저주의 죽음을 죽으사 죄와 사망에서 건져내신(갈 3:13), 그리고 아들의 영을 자신의 마음에 보내주시어 아바 아버지라고 부르게 하신 분은 그리스도 예수라는 사실을 붙잡았다(갈 4:6). 그리고 율법의 정죄 아래 있던 자신은 오로지 율법의 저주로부터 자신을 건져내시고, 율법을 성취하여 그 약속인 의와 영생을 자신의 몫으로 정해 주신 그리스도 예수를 믿음으로만 구원에 이를 수 있다는 사실을 자신의 경험에서부터 역설한 것이다. 그리고 지금껏 그 사실을 금과옥조로 하여 살아오고 있다고 고백한다(갈 2:20). 오로지 그리스도 예수 안에서만 하나님의 새 언약의 백성이 될 수 있었고, 이런 점에서 율법은 구원의 길로써 전혀 소용이 없는 것이요 죽은 조문에 불과한 것이라고 자신의 의중을 확연하고 단호하게 드러낸 것이다.

　마치 아브라함이 율법을 준수함으로 구원에 이른 것이 아니라 하나님의 약속을 믿음으로(창 15:1-6), 예수께서 "너희 조상 아브라함은 나의 때 볼 것을 즐거워하다가 보고 기뻐하였느니라"(요 8:56)고 언급하셨듯이, 약속하신 아들들 가운데서 유일한 아들이신 그리스도 예수를 바라보고 믿음으로써 약속에 참여하게 된 것이라는 사실을 바울이 강조하면서 약속에 참여함으로써 구원에 이른 때로부터 약 430년이 지난 다음에서야 비로소 율법이 주어지지 않았으냐고, 그런데 어찌 율법이 구원의 길로써 작용하였겠느냐고 일갈하였던 것이다(갈 3:16-17). 구원에 참여하는 것은 아브라함에게 주신 약속과 그 약속의 성취, 즉 성령을 통하여 그리스도 예수에게 인격적으로 참여함으로써만 가능한 것임을 역설하는 것이다. 몽학선생으로서 율법은 그 자체로 죄인이 얼마나 저주받은 자인지를 확인하는데 소용될 뿐, 구원의 길로써는 무능하다는 것이다(갈 3:19). 다만 그리스도 예수 안에서만 칭의되어 하나님의 아들이 되고, 아들이기에 아들의 영을 받아 하나님을 아바 아버지라고 부르짖는 삶을 경험할 수 있을 뿐이라고 바울은 갈라디아교인들을 다시 새롭게 각성시킨다(갈 4:1-7).

그러나 바울이 갈라디아교인들에게 율법을 소개하는 것이 몽학선생적 차원에서 마감되지 않는다는 사실에 주목해야 한다. 오히려 갈라디아교회에 가만히 들어와서 율법의 조문을 퍼트리며 오직 은혜의 복음, 오직 믿음으로 말미암는 구원의 기초를 흔들어 놓으려는 유대주의자들, 즉 율법을 그리스도 예수 안에서 새롭게 읽어내지 못하는 그들에 대하여 바울은 너희야말로 육체의 소욕을 따라서 이스마엘을 얻은 하갈의 자손일 뿐이요 반면에 그리스도 예수를 믿음으로만 구원에 이른 갈라디아교인들이야말로 하나님의 약속을 따라서 이삭을 얻은 진정으로 자유한 여인의 자손이라고 말할 수 있지 않겠느냐고 풍유를 들어 비판하면서(갈 4:21-31) 그리스도 예수 안에서 진정한 자유에 이른 자들의 삶의 법으로서 율법을 끄집어내어 적극적으로 언급하고 있기 때문이다(갈 5:14). 조문에 얽매이는 율법 아래 서 있으면 육체의 소욕만 더 명확하게 드러나고 역동할 뿐이며, 성령을 통하여 수건이 벗겨지고 그리스도 예수 안에서 율법의 저주로부터 벗어난 자들에게 비로소 율법의 중심 요구가 성취되는 삶이 가능하게 된다고 말하고 있다. 성령 안에서 율법의 중심 요구를 성취하면서 살아가는 바로 이것이 성령의 아홉 가지 열매가 맺히는 삶이라고 언급함으로써 바울은 율법을 다시 그리스도인의 삶의 규범으로 굳게 세운다(갈 5:16-26).

정리하면, 율법이 허물과 죄로 죽은 죄인에게 구원의 길로써 작용할 수는 없으나, 그리스도 예수 안에서 율법의 저주에서 해방되고 성령 안에서 하나님을 아빠 아버지라고 부르는 구원에 이미 참여한 자들에게 있어서는, 즉 하나님의 마음을 알아가고 반응하며 하나님의 자녀의 영광에 이르는 과정에서는(고후 3:17-18), 규범으로써 유용하게 작용한다는 것이다. 조문으로서의 율법 곧 유대주의자들의 신분표지로서 율법이 아닌 하나님의 마음의 표현으로서의 율법 곧 그리스도인의 삶의 규범으로서의 십계명은 금지의 부분으로만 구성되어 있지 않고 적극적인 약속을 담고 있기에, 성령 안에서 그 약속을 향하여 부단히 자신을 개방하는 삶을 살아갈 때 매우 자연스럽게 성령의 아홉 가지 열매가 맺혀서 그리스도 예수의 성품을 이루는 삶을 살아가게 된다는 것이다. 왜냐하면 성령의 아홉 가지 열매를 온전히 구현했던 유일한 인물이 바로 율법의 중심요구를 자신의 삶에서 이루어내신 그리스도 예수이기 때문이다. 이런 점에서, 바울도 그리스도 예수로 칭의되고 아들의 영의 내주를 가진 그리스도인은 삶 가운데서 성령의 인도를 따라서 율법의 중심이 성취되는 삶을 살아감으로써 서기관과 바리새인의 의보다 더 나은 의를 이루며 살아갈 수 있다는(마 5:17-20) 예수의 선포와 동일한 맥락의 교훈을 붙잡았다고 말할 수 있다.

이런 점에서 앞에서 제기하였던 로마서 8장 27절의 "마음을 살피시는 이가 성령의 생각을 아시나니 이는 성령이 하나님의 뜻대로 성도를 위하여 간구하심이라"는 말씀에서 성령의 인도를 따르는 그리스도인이 추구해야 할 하나님의 뜻은 간절한 기도 혹은 비밀한 하나님과의 만남에서 받은 것으로서 하나님의 말씀에서는 발견할 수 없는 어떤 새로운 뜻이라기보다는 이미 율법을 통하여 주어진 하나님의 뜻을 의미하는 것임이 분명해진다. 로마서 12장으로 연결되어지는 내용을 따라서 다시 설명하자면, 세속화된 로마사회에서 내주하시는 성령의 인도를 따르는, 그리하여 하나님이 기뻐하시는 거룩한 산 제사로 자신을 하나님 앞에 드리기를 힘쓰는 그리스도인은 로마 제국의 가치관을 따라서 살 것이 아니라 마음을 다시 새롭게 함으로 변화를 받아 하나님의 선하시고 기뻐하시고 온전하신 뜻을 분별하는 삶을 살아가야 하는데 바로 그것이 율법의 중심을 파고드는 삶인 것이다. 하나님을 사랑하고 하나님을 추구하는 자는 다시 새롭게 하나님을 향하여 마음을 날마다 정돈하면서 실제 삶 가운데서 "네 이웃을 네 자신과 같이 사랑하라 하신"(롬 13:9) 그 삶을 추구하면 되는 것이다. 왜냐하면 "이 두 계명이 온 율법과 선지자의 강령"(마 22:40)이기 때문이다. 이것이 성령에게 속하여 성령을 추구하며 살아가는 자의 삶이다.

이런 점에서 바울과 그 일행은 그 마음에 성령으로 말미암아 하나님의 율법이 기록된 사람들이며, 이들을 통하여 복음을 받아들인 고린도교회의 교인들도 그 마음에 먹으로 쓴 것이 아니라 성령으로 쓴 율법이 기록된 사람들인 것이다(고후 3:1–3). 성령이 없는 문자로서 율법은 사람을 죽이는 몽학선생적인 것이로되, 성령 안에서 그리스도 예수와 연합됨으로써 구원에 참여한 그리스도인의 마음에 새겨진 율법은 살리는 기능을 수행하는 것이다. 그 중심에서부터 하나님 사랑, 이웃 사랑이라는 율법의 중심을 향하여 지속적으로 걸어 들어가는 성령의 인도를 경험하고 있기 때문이다. 이런 의미에서 바울은 "문자는 죽이는 것이요, 영은 살리는 것임이니라"(고후 3:6)고 말할 수 있었던 것이다.

이런 말씀을 읽을 때 바울이 "문자로서의 말씀"과 "문자를 초월하는 성령"

사이에 "간격"을 벌리고, 둘 사이에 마치 어떤 반명제라도 있는 것처럼 의도하지 않았다는 사실을 놓치면 안 된다. 오히려 고린도전서 2장 15절에서 읽는 것처럼 성령의 인도를 받는 사람은 모든 것을 판단하나 자기는 아무에게도 판단을 받지 않는 견고한 근거를 말씀 안에서 찾을 수 있는 것이다. 왜냐하면 성령 안에서 눈에서 수건이 벗겨진 그리스도인은 율법 안에 드러난 그리스도의 마음을 알고 살아가는 사람이기 때문이다(고전 2:15-16). 하나님을 중심으로 사랑하고, 이웃을 자신처럼 사랑하는 삶을 살아가는 사람이 누구에게 판단을 받겠는가. 오히려 사도행전 2장 47절의 "하나님을 찬미하며 또 온 백성에게 칭송을 받으니 주께서 구원 받는 사람을 날마다 더하게 하시니라"는 말씀에서 확인하듯이, 성령을 선물로 받아 그 마음에 성령이 내주하는 그리스도인의 삶에는 희년, 곧 하나님 사랑, 이웃 사랑의 삶이 구현되는 것이다. 이것이 성령을 따르는 그리스도인의 공동체의 실상인 것이다. 이런 점에서 영을 추구하는 삶은 결코 문자와 성령 사이를 이원론적으로 구조화하지 않는다. 성령을 머금은 말씀은 그리스도인의 삶 전부를 향하여 녹아들어와 전인적인 삶의 현실을 녹여내기 때문이다.

# 5

문자는 죽이는 것이요,
영은 살리는 것임이니라[14]

"문자는 죽이는 것이요, 영은 살리는 것임이니라"라는 말씀의 진의를 풀었던 글에 이어서 동일한 이야기를 한국 교회가 직면한 다른 차원에서 한번 살펴볼 필요가 있을 듯하다. 한국 교회 내에 일반적으로 역동하는 오해 가운데 하나가 구약은 율법이요, 신약은 복음이라는 관점일 것이다. 어느 교회 부목사님이 주일 오후예배 때 소선지서 강해를 쭉 해 왔다. 어느 날엔가 당회원 한 분이 당회석상에서 왜 부목사님은 복음을 전하지 않고 주일마다 율법을 선포하느냐고 문제제기를 했다고 고민하던 어느 담임목사님이 생각나는데, 이는 비단 그 교회만의 문제가 아닐 것이다. 교회사적으로 보면 이런 오해는 사실 그 연원이 상당히 오래되었다. 영지주의(Gnosticism)의 교훈을 교회 안으로 가지고 들어왔던 마르시온(Marcion)에게까지 소급해 올라갈 수 있기 때문이다. 마르시온은 구약은 율법이요 율법을 근간으로 활동하시는 하나님은 진노와 심판의 하나님이요 물질을 창조한 자요, 몸을 구성한 열등한 분임에 반하여, 신약은 복음이요 복음을 근간으로 활동하시는 하나님은 위로와 구원의 하나님이요 정신을 창조한 자이며 영혼을 구원하는 우월한 분이라고 주장함으로써 구약과 신약 사이에 반립명제를 세워 하나님을 분리하고, 물질과 몸을 악한 것으로 규정하고 정신과 영혼은 선한 것

---

[14] 고린도후서 3장 6절의 인용이다.

으로 정의하였다. 이런 생각을 가진 그는 구약의 전체 내용을 그리스도인의 삶과 상관없는 것으로 제한하고, 신약도 바울서신과 누가복음의 일부만을 제외하고는 모두 폐기하는 입장을 드러냈다. 결과적으로 물질과 정신 사이에, 몸과 영혼 사이에 실체적 이원론을 상정하고, 물질과 몸은 악한 것으로 정신과 영혼은 선한 것으로 이원화하는 길을 열어놓았던 것이다.

영지주의자들은 일반적으로 말해서 구속주를 영지주의적인 관점에서 특징적으로 해석하였는데, 구속은 창조에 반한 것으로서 그리스도 예수는 창조에 기반한 존재가 아니라 구속에 기반한 존재로서 이해되어야 한다고 강변하였다. 구속은 창조를 배제할 수밖에 없다고 본 것이다. 마르시온을 논박하는 일에 큰 공헌을 세운 이레네우스(Irenaeus)의 글에 따르면 영지주의자인 마르시온의 구속주는 인간의 영혼을 구속하는 일에만 소용된다고 보았고, 따라서 진정한 성육신을 부인하는 가현설적인 기독론(docetic christology)을 추구했던 것으로 알려진다. 물질이라든지 육체라든지 하는 것은 벗어버리거나 극복되어야 할 대상으로 간주되는 것이 자연스러웠던 것이고, 따라서 구속주도 그런 범주에서 고안되어야만 했을 것이다. 그러나 이레네우스는 마르시온이 전개한 성경 읽기의 방법론을 거절하였고, 오히려 신구약의 통일성을 강조하여 하나님의 동일성을 확고하게 붙잡았고 바로 그 하나님이 물질과 정신, 몸과 영혼을 함께 창조하신 분임을 강조하기에 이르렀다. 특별히 이레네우스는 에베소서 1장 10절의 "하늘에 있는 것이나 땅에 있는 것이 다 그리스도 안에서 통일되게 하려 하심이라"는 말씀에 근거하여 그리스도 예수 안에서의 만유총괄갱신(recapitulatio mundi)을 역설하였던 것이다. 이는 기독교 가치관 형성에 매우 긴요한 공헌이었던 것으로 평가되는 중요한 지점이다.

이러한 마르시온의 이해와는 달리, 하나님의 말씀으로서 구약이나 신약은 율법과 복음을 공히 내포한다는 사실을 기억할 필요가 있다. 일반적으로 말하여 이것이 루터신학에 비하여 개혁신학이 갖는 강력한 특징이다. 알리스터 맥그래스(Alister E. McGrath)는 마르시온의 흔적을 가진 종교개혁자로서 루터(M. Luther)를 지목한 바가 없지 않은데, 사실 상당한 일리가 없지 않다.[15] 왜냐하면 루터의 성경 이해 방식에서 율법과 복음을 마주세우는 것에서 끝내려는 시도가 없지 않기 때문이다. 루터는 바울의 율법 이해에서 "몽학선생적인 차원"의 율법은 매우 강조하여 율법 앞에 선 인간이 죄인임을 명징하게 드러내고, 그 결과로서 복음 안에 계시된 그리스도 예수 안에서의 죄로부터의 해방과 의와 생명을 얻음에 이르도록 죄인을 일깨우고 인도하는 일에 대하여는 맹렬하게 강조하였다. 그러나 루터는 그렇게 그리스도 예수 안에서 죄에서 해방되고 의와 생명을 얻어 하나님의 자녀가 된 자들이 어떻게 살아가야 하는지에 대한 "구체적인 규범"으로서의 율법의 기능에 대하여는 거의 언급을 하지 않았다. 홀로코스트이후(Post-Holocaust) 루터신학자 가운데 루터도 율법의 "규범적인 쓰임새"를 강조했다고 해석하는 파울 알트하우스(Paul Althaus, 1888-1966)와 같은 루터신학자[16]도 없지 않으나, 이는 매우 정치적인 신학을 의도적으로 전개할 뿐 사실은 그렇지 않다.

루터는 그리스도 예수 안에서 몽학선생으로서의 율법의 기능이 사실상 종식된다고 보았고(롬 10:4), 이제는 하나님의 아들이 된 연유로 그리스도인 안에 주어진 성령(갈 4:6)의 인도를 따라서 얼마든지 그리스도인다운 삶을 살아갈 수 있다고 역설하였다. 이런 점에서 루터는 그리스도인의 실존 전체를 성령의 직접적인 인도 아래 두었다고 말할 수 있다. 심지어 루터는 이렇게 성령의 인도를 받는 그리스도인에게 있어서 산상수훈은 삶의 법이라기보다는 보다 더 강화된 율법이라고 생각하였고, 따라서 그리스도인이 되었음에도 불구하고 보다 더 강화된 율법 앞에서 자신의 무능함을 발견하고 다시 새롭게 그리스도 예수 안에서의 칭의를 경험하지 않으면 안된다고 가르

---

15 A. E. McGrath, *Christian Theology. An Introduction*(Oxford: Blackwell Publishers Ltd, 2001), 163.
16 파울 알트하우스, 『마르틴 루터의 신학』, 구영철 역 (서울: 성광문화사, 1994), 355-386.

쳤다. 루터의 이런 강조점을 잘 파악하였던 20세기의 신학자 파울 틸리히(Paul Tillich)는 이것을 "영속적인 칭의"라고 불렀다. 루터는 보다 더 강화된 율법으로서 산상수훈은 적극적인 삶의 지평으로 그리스도인을 개방하는 것이 아니라, 부정적으로 얼마나 심각한 죄인인지를 확인하는 쪽으로 기능하는 것처럼 생각하였던 것이다. 동일한 이해가 한국 교회의 신학적인 기초를 놓은 박윤선의 마태복음 산상수훈 주석에서도 관찰된다. 불행하게도 박윤선의 영향을 받은 보수적인 한국 장로교회 안에서도 이러한 경향의 이해가 대체적으로 발견된다.

이렇게 되면 통합적인 삶의 성화라는 차원은 매우 약화되고, 영혼의 내적인 상태에 몰입하게 되는 내성주의적인 경건주의(introspective pietism)로 편향되는 일이 뒤따라 일어나게 된다. 루터가 그리스도 예수 안에서 제공되는 은혜 곧 죄와 사망에서 해방되고 의와 생명을 덧입는 "놀라운 교환"(commercium admirabile, der wunderbare tausche)의 복음을 회중에게 선포하면서, 회중은 "유대인이나 헬라인이나 자유자나 종이나 남자나 여자나 할 것 없이 모두가 그리스도 예수 안에서 하나이니라"(갈 3:28)는 사실을 주일마다 기념하며 기쁨과 즐거움을 누렸는데, 월요일부터 토요일까지 봉건제도의 구조 아래서 종노릇하는 자신의 모습을 직면하면서 사회적 불평등에 눈을 뜨고 문제의식을 갖게 되는 자리에 이르게 되었다. 어느 날엔가 회중이 루터에게 교회에서 선포되는 이 화해의 복음, 평화의 복음이 삶의 실질적인 영역으로 확장되어야 하지 않겠느냐는 질의를 하면서 실제적인 사회 변혁 운동을 제안하였는데, 명민했던 루터는 이것이 결과적으로는 사회적 무질서로 빠져나가 대규모의 유혈사태로 이어질 위기를 깨닫게 되었다. 이때 비로소 성령의 인도를 따르는 삶만으로는 회중에게 대하여 구체적이고 실존적인 삶의 안내를 온전히 할 수 없다는 사실을 인식하게 되었다. 성령의 인도에만 맡기고 율법의 규범적인 차원을 이끌어내지 않으면 예기치 않은 혼란이 일어날 수 있다는 사실을 직면하게 된 것이다. 이런 차원의 고민을 성령의 사역 안으로 이끌어낸 이가 요한 칼빈(John Calvin)이고, 칼빈의 사유는 루터를 지나서 성경 그 자체 내에서 찾아낸 것으로서 앞의 글에서 논의했던 바이다.

매우 흥미롭게도 영지주의자에게서도 이런 경향, 내면으로, 영으로, 편향되는 경향을 발견하게 된다. 영지주의라는 말은 의미의 다중성에도 불구하고 일반적으로 성령을 통한 어떤 특별한 깨달음에 이르러야만 하는데, 그것이 바로 구약은 율법이고 신약은 복음이라는 사실, 구약의 하나님과 신약의 하나님이 다르다는 사실, 구약은 물질적이요 신체적인 특징을 지녀서 열등한 반면에 신약은 정신적이요 영적인 특징을 띤 우등한 것이라는 사실을 깨닫는데 이르는 것이다. 그래서 구약적인 것은 폐기하고 신약적인 것만을 받아들이는, 그리스도 예수의 사역도 그런 범주에서만 받아들이는, 그런 차원의 세계관을 가져야 한다고 성경을 해석하는 운동을 영지주의적 기독교라고 부르는 것이다. 성령의 인도를 따라서 성경을 읽으면 바로 이러한 차원의 눈을 뜨게 되고, 그리하여 성경의 비의(秘意)에 도달하여 각성한 영지를 가진 지도자가 된다고 그 시대의 그리스도인을 왜곡되게 미혹하였던 것이다. 이레네우스는 영지주의자들의 이러한 성경해석이 사도들의 성경해석과 다르다는 논점을 끄집어내고 그들의 성경해석을 공박하면서, 그 시대의 그리스도인을 그들의 미혹으로부터 지켜냈던 것이다.

오늘날도 신구약의 통일성을 깊이 묵상하지 못하고 읽고 적용하는 미력한 그리스도인이 없지 않다. 그리스도인의 삶에서 율법 그 자체를 폐기하는 방식으로, 반대로 그리스도인의 삶을 성령에만 묶어 매는 방식으로 어떤 신령한 비전을 추구하는 쪽으로 몰아가는 경향이 없지 않기 때문이다. 특별히 예레미야 33장 2-3절의 "일을 행하는 여호와, 그것을 지어 성취하는 여호와, 그 이름을 여호와라 하는 자가 이같이 이르노라. 너는 내게 부르짖으라. 내가 네게 응답하겠고 네가 알지 못하는 크고 비밀한 일을 네게 보이리라"

는 범주의 말씀을 문맥을 벗어나서 의도적으로 내세우면서 기도하고 간구하게 만든다. 그러면 마치 보통의 남들이 접근할 수 없는 어떤 특별한 영적인 비전에 참여할 수 있는 것처럼, 보통의 그리스도인은 들여다볼 수 없는 어떤 특별한 영적인 세계로 진입한 그리스도인이 될 수 있는 것처럼, 그 특별한 세계에서 하나님과 영교하면서 신령한 비전을 이끌어 낼 수 있는 것처럼 행세할 수 있다는 식의 영적인 안내를 하는 사람을 과거의 한국 교회 전반에서 어렵지 않게 보아왔고, 거창하게 시작하여 사사로운 내용으로 점철되는 『지렁이의 기도』[17]에서 보듯이 아직도 짐짓 그런 것처럼 뇌까리는 영적인 듯 영적이지 않은 그런 사람을 볼 수 있다. 어떤 사람은 생수로, 어떤 사람은 예언으로, 어떤 사람은 안찰로, 어떤 사람은 하늘의 터치로, 어떤 사람은 안수 시 상담을 빙자하여 이와 같은 일을 행하는데 아시아에도 있고, 아프리카에도 있고, 로스앤젤레스에도 있고, 코스타리카에도 있다.

이런 흐름은 초대 교회가 형성되던 때로부터 늘 교회 주변에서 일어나곤 했던 일이다. 고린도교회의 열광주의자들 안에서도, 예언운동을 축으로 한 몬타너스운동에서도, 종교개혁 시대의 성령일방론자들인 퀘이커주의자들에서도, 계몽주의 한가운데서 일어난 경건주의자들에게서도, 슐라이어마허(F. D. E. Schleiermacher, 1768-1834)의 흐름을 계승한 오순절성령운동에서도, 은사주의를 추구하는 기도원주의자들에게서도 늘 이런 현상은 부록처럼 따라다니곤 했으니까 말이다. 문제는 이런 운동이 일어나는 곳에서는 박ㅇㅇ, 문ㅇㅇ, 유ㅇㅇ, 이ㅇㅇ, 이ㅇㅇ, 김ㅇㅇ, 변ㅇㅇ와 같은 이들로 대변되는 불건전한 기독교운동이 파생되었고, 거의 대부분 비정상적인 열매와 함께 마감되곤 하였다는 사실을 유념할 필요가 있다. 왜냐하면 성령의 역사와 그리스도인의 주관적인 상태는 항상 분명하게 구별되는 것이 아니기 때문이다. 여기에 개인적인 욕망, 목적, 사익이 항상 똬리를 틀고 들어와 자리 잡

---

[17] 김요한, 『지렁이의 기도』(서울: 새물결플러스, 2017).

을 수 있는 개연성이 존재하기 때문이다. 객관적인 기준으로서 하나님의 말씀이 뒷전으로 밀려나가고 주관적인 체험의 범주로 빠져나가면 좌표나 혹은 부표를 상실한 채 항해하는 것과 진배없는 위태로운 상황에 내몰리게 되곤 하기 때문이다.

20세기 들어서 언급할 수 있는 대표적인 흐름인 오순절운동은 얼핏 보면 영육통합적인 운동인 것처럼 보이지만, 사실은 몸을 포함하여 물질적인 삶의 중요성을 언급했다는 점에서 그렇게 보일 뿐, 그런 상태를 추구하는 출발점에서 이미 성경적인 범주를 벗어나고 있다는 사실을 간과한 운동임을 성찰할 필요가 있다. 프린스턴 신학교의 핫지 석좌교수로 일했던 다니엘 밀리오리(Daniel L. Migliore)가 예리하게 비판했던 것처럼 기독론으로부터 분리된 성령론을 추구한다는 점에서 매우 위험스러운 주관적인 영적체험의 범주로 돌아서고 있기 때문이다.[18] 그리스도 예수 안에서 하나님께서 행하신 구원의 신비와 연결되어 있는 성령의 사역을 언급하지 않고, 그런 범주에서 벗어나 그리스도인 각자가 개인의 영적인 체험 그 자체를 탐닉한다는 점에서 이미 성경적인 성령 사역의 범위를 위험스럽게 벗어나고 있다는 것이다. 이런 유형의 영의 활동에 이미 익숙한 남미나 아프리카, 아시아나 오세아니아와 같은 대륙에서 이런 유형의 성령의 사역이 불길처럼 일어나는 이유를 비판적으로 성찰할 필요가 있다. 단순히 성령의 사역을 통하여 교회가 일어난다는 사실에 만족할 것이 아니라, 그 교회에서 일어나고 있는 일이 무엇인지를 성찰하지 않으면 이미 바울이 고린도교회를 끌어안고 고민하는 영적인 안타까움을 공감하지 못하는 위험한 사역자의 길에 들어선 것이나 진배없는 것이다. 한국 교회의 상황을 보아도 그렇다. 한국 사회의 전반적인 특성인 샤머니즘이라는 기반에서 성령의 사역이 접목되었기 때문에 쉽사리 교회가 일어나긴 하였으나, 그렇게 세워진 교회 안에 하나님의 섭리에 대한

---

18 다니엘 밀리오리,「기독교조직신학개론」, 장경철 역 (서울: 장로교출판사, 2001), 241-252.

피조물로서 그리스도인의 긴장감이나 외경심과 같은 것은 어느 순간에 사라지고 어떻게 하면 그 하나님을 힘입어 범사에 형통하고 건강해질 것인가에만 관심을 집중하는 이상스러운 교회로 전락하고 만 것은 아닌가 싶기 때문이다.

오순절운동이후(Post-Pentecostalism)의 21세기 한국 교회를 목양하는 젊은 목회자가 한국 교회의 미래를 열어 가는데 있어서 마음 속 깊은 곳에 새겨야 할 가치가 무엇일까, 고민이 필요한 시점이다. 선배들이 걸었던 걸음을 단순히 되밟아보자고 제안하는 것은 옳지 않다. 기반이 없던 열악한 시대에 나름의 최선을 다했던 고마운 선배들의 어깨 위에 서서 과거와 미래를 엮어 가는 큰 그림을 만들고 그 안에서 현재를 도전하는 혜안이 필요한 시점이다. 이 도전이 시작되는 지점이 "율법-복음-율법"을 포괄하는 하나님 말씀이라는 객관적인 토대에 있어야 한다고 믿는다. 바울이나 베드로나 요한이나 야고보나 아볼로나 할 것 없이 그들의 선교와 목회에서 근간은 항상 하나님의 말씀이라는 객관적인 이해 지평에 서 있었다. 하나님의 말씀의 높이와 깊이와 넓이와 길이가 충분하게 드러나는 곳에서 성령의 역동적이고 포괄적이며, 실존적이고 종말론적인 사역이 일어났던 것이다. 하나님의 말씀의 선포도 단순하게 성경, 예배, 기도 뭐 이런 동어반복적인 범주의 단순화가 아니다. 한 손에는 21세기라는 실존을 움켜쥐고, 다른 한 손에는 그 안에서 고군분투하는 그리스도인이 어떻게 이 실존을 기독교적인 방식으로 살아낼 수 있을까를 붙잡고 집요하게 물고 늘어지는, 바로 그런 범주에서 성경에로, 기도에로 이끌어 낼 수 있는 그런 차원의 선포가 살아나야 한국 교회를 다시 일으켜 세우고, 교회에 대한 매력을 느끼는 새로운 사람을 받아들이는 일이 일어나게 할 수 있을 것이다. 기본에 충실하되, 그 다양한 스펙트럼을 죽이지 않는 포괄성이 요구되는 시점에 서 있기 때문이다. 한국 교회는 신생교회가 아니로되 신생에 버금가는 도전이 필요한 교회이기 때문이다.

# 6

문자는 죽이는 것이요,
영은 살리는 것임이니라[19]

앞글에서 통합적인 성령의 인도를 받으려면 "율법-복음-율법"의 구조를 견지해야 한다고 언급했는데, 이에 대한 보다 진전된 혹은 보다 구체적인 혹은 보다 적극적인 이야기를 할 필요가 있을 것이다. "율법-복음-율법"을 조금 완전한 용어로 풀어쓰면 "몽학선생으로서 율법-복음-규범으로서 율법"으로 표현될 수 있다. 여기서 조금 집중해서 파악할 내용은 "몽학선생으로서의 율법"과 "규범으로서의 율법"이란 용어가 동원되는데 이 둘이 실제로 서로 다른 것인가라는 부분이다. 사실 율법은 하나뿐이다. 몽학선생으로서의 율법과 규범으로서의 율법, 이렇게 두 다른 율법이 있는 것이 아니라는 말이다. 오히려 하나의 동일한 율법이 두 다른 기능을 수행한다고 말하는 것이 옳을 것이다.

동일한 율법이 두 다른 기능을 수행할 수밖에 없는 것은 공동체의 상황 때문이다. 율법이 선포되어야 하는 곳은 사실 일차적으로 교회공동체이다. 교회공동체는 두 다른 종류의 회중이 함께 공존하는 곳이다. 하나는 거듭난 회중이고, 다른 하나는 거듭나지 않은 회중이다. 이런 두 다른 회중이 실제적으로 공존하는 곳이 지역에 기반을 둔 교회다. 이 글을 읽고 있는 모든 지

---

[19] 고린도후서 3장 6절의 인용이다.

체가 출석하고 회집하는 교회가 바로 이런 현실을 끌어안고 있다고 보아야 한다. 이것은 예수의 가르침에서도(마 13:24-30), 가시적인 교회와 비가시적인 교회를 구별하는 아우구스티누스나 칼빈의 관점에서도 파악되는 특징이다. 지역에 실존하는 구체적인 교회는 사실상 혼합된 몸(corpus permixtum)이라는 사실을 깊이 인식하는 것이 목회자에게는 매우 중요한 일일 것이다.

그러나 이러한 회중을 목양하면서 그 회중 하나하나를 거듭난 그리스도인인지 아닌지를 감별하는 것은 섣부르고 옳지 않은 일이다. 칼빈이 언급했듯이 이러한 행위는 그리스도인이라고 자신을 소개하는 사람의 양심의 성소를 들여다보는 결례일 것이다. 한국 교회 언저리에서 활동하는 어떤 선교 단체들에서 하듯이 이 지점을 들여다보고 확인하려는 태도를 교회에서 수용하게 되면 그 교회는 오래지 않아서 좌초하고 말 것이다. 바로 이런 상황에서 목회자가 혹은 신자들의 어머니로서 교회가 할 수 있는 최선의 봉사가 무엇일까 깊이 고민해 보아야 한다. 그것은 바로 율법과 복음으로 구성되어 있는 하나님의 말씀을 봉사하는 것이다. 하나님의 말씀이 회중에게 주어질 때, 율법이 거듭나지 않은 회중에게는 몽학선생으로써, 거듭난 회중에게는 규범으로써 기능하게 되는 것이다.

거듭나지 않은 회중에게 율법이 선포될 때 성령께서 그 선포된 율법을 듣는 회중의 실제 모습을 적나라하게 드러내실 것이다. 이런 성령의 역사를 통하여 자신이 얼마나 저주받을 죄인인지를 자신을 비추고 있는 거울인 율법을 통하여 확인하게 되어, 복음 안에 계시된 그리스도 예수 안에서 주어지는 죄 용서와 의와 생명의 길을 바라보게 될 것이다. 반면에 거듭난 그리스도인에게 율법이 선포될 때 성령께서 그 율법의 거울 앞에 회중을 세우시고 하나님의 자녀된 자로서 정상적인 삶을 살아가고 있는지를 확인할 수 있도록 할 것이다. 혹여나 올바르지 않은 삶의 자리로 밀려나 있다면 규범으로서 율법에 비추어 자신의 삶을 새롭게 노정하면서 그리스도 예수와의 실존적인 연합에로 다시 돌아서게 되는 일을 실행할 수 있게 될 것이다.

다시 말해, 거듭나지 않은 회중은 몽학선생으로서의 율법의 고발과 정죄 앞에서 자신의 죄인됨을 발견하게 되고, 이 절체절명의 곤경에서 해방되는 길을 복음 안에 계시된 그리스도 예수 안에서 발견하게 된다. 그리스도 예수 안에서 율법의 정죄로부터 해방될 뿐만 아니라 의와 생명을 덧입는 일이 일어나게 되기 때문이다. 죄와 사망의 종된 자리에서 의와 하나님의 종된 삶의 자리로 전환되어 하나님의 자녀됨의 영광에 이르게 되는 일이 일어나기 때문이다. 그러나 거듭난 회중에게 율법이 선포되면 그리스도 예수 안에서 새롭게 형성된 자신의 존재와 삶의 구체적인 형국이 올바른 지점에 서 있는 지를 확인하게 되어 다시 그리스도 예수 안에서 자신을 부르신 하나님의 자녀로서의 올바른 삶을 재인식하고 추스르게 되는 일이 뒤따르게 된다.

이것이 은혜의 수단을 두 방향으로 사용하시는 성령의 구체적인 사역이다. 하나님께서 한편으로 그리스도 예수 안에서 성령을 통하여 당신의 자녀를 불러내시는 방법이며, 다른 한편으로 그런 방법으로 자녀가 된 자들을 지속적으로 양육하시는 방식이다. 이렇게 그리스도 예수 안에서 성령을 통하여 불러내어 당신의 백성을 삼아놓았으나, 그리스도인이 아직도 연약하기 때문에 다시 새롭게 이 사실을 확인할 필요가 발생하곤 한다. 인간의 기억력이 그리 지속적이지 않아서인지, 혹은 그리스도인이 살아가는 삶의 정황이 그렇게 호락호락하지 않아서인지 하나님은 일주일의 육 일은 힘써 회중에게 맡겨진 모든 일에 힘쓰되 하루는 회집하여 이 사실을 묵상하고 새롭게 할 것을 명하셨다. 이것이 창조주이시며(출 20:8-11) 구속주이신(신 5:12-15) 하나님께서 자신의 회중에게 엄중하게 말씀하신 매우 긴요한 명령이다.

사실 회중은 두 가지 문제에 매일 부딪힌다. 하나는 사도 바울도 하나님의 모든 자비하심으로 로마의 회중에게 환기하였듯이 그리스도인은 깊이 생각하여 하나님께 기쁨이 될 거룩한 산 제사를 자신의 사지백체(四肢百體)를 통하여 드려야 할 존재라는 점이다(롬 12:1). 사실 이것은 그리스도인의 당위이다. 그런데 그리스도인은 이 사실을 망각할 여지가 없지 않은 존재이다. 인간의 기억력이 그렇게 좋지 않다. 그래서 그 기억을 새롭게 만들어 주어야 한다. 적어도 일주일에 하루 정도는 이 근원적인 지점을 확인해 주어야 하는 정도의 존재가 바로 인간인 것이다. 물로 씻듯 성령으로 씻긴 인간의 정신, 혹은 인간의 마음이 다시 영과 육의 온갖 더러운 것으로 오염될 가능성이 상존하기 때문이다(고후 7:1). 인간의 정신 혹은 마음에 심긴 하나님의 형상이 다시 오염될 여지가 없지 않기 때문이다. 하나님을 올바르게 알 수 있는 능력, 그 하나님과 바른 관계를 맺을 수 있는 능력, 하나님의 뜻을 따라서 살아갈 능력이 약해져서 제대로 발휘될 수 없는 상황이 발생하기 때문이다.

그것은 주일을 회중과 함께 보내며 하나님의 백성임을 다시 새롭게 확인하고 난 후 월요일부터 토요일까지 힘써 자신에게 주어진 일을 수행하는 삶의 현장이 그렇게 녹록하지 않기 때문이다. 그리하여 바울이 여러분 그리스도인이여, 이 세대를 본받지 말고 오직 마음을 새롭게 하여 변화를 받아서 하나님의 선하시고 기뻐하시고 온전하신 뜻이 무엇인지 분별하도록 하라고 권면하는 것이다(롬 12:2). 인간의 마음이 마치 해변에 만들어놓은 모래성과 같아서 처음에는 선과 윤곽과 형태와 강조점이 명확하지만 시간이 흐르면서 바람에 날리고, 발길에 차이고, 파도에 씻기면서 선과 윤곽과 형태와 강조점이 서서히 소실되는 것과 마찬가지의 형국에 처해 있는 것이다. 월요일부터 토요일까지 세속적인 세상에서 세속적인 가치관과 방법론이 횡횡하는 가운데 자신의 생계를 넘어서 하나님이 받으실만한 예배로 자신의 삶을 성화시키는 상태로 나아가는 것은 그렇게 단조로운 과정이 아닐 것은 자명하지 않겠는가. 이것이 회중이 직면하는 또 하나의 문제인 것이다.

이런 과정에서 승천하여 보좌에 계신 그리스도 예수의 부재에도 불구하고 성령으로 말미암아 그리스도 예수께서 내 마음에 살아 활동하도록 해야 하는데(고후 3:17), 다시 말하여 나를 사랑하사 나를 대신하여 자신을 주신 그리스도 예수를 성령 안에서 마음에 간직하고 죄에서 해방되고 의와 생명에 속한 자로 살아감으로써 하나님께 영광을 돌려야 하는데(갈 2:20; 고후 3:18), 너희 갈라디아교회의 어리석은 교인들은 그 삶이 어떤 유대인들의 율법을 통한 선동에 흔들리곤 하지 않느냐는 것이다(갈 3:1). 마음을 새롭게 하여 성령 안에 머물러 있어야 하는데, 오히려 그 마음이 어리석어져서 육체의 소욕을 따라서 살아가려는 흔들림이 웬 말이냐는 것이다(갈 3:3). 성령이 탄식하고 근심하고 질투하는 자리에로 거듭난 마음이 일시적으로나마 다시 떨어질 수 있는 가능성이 상존하는 그런 삶의 정황 가운데 그리스도인이 놓여 있다는 것이다.

바로 이런 이유로 하나님께서 자기 백성으로 하여금 일주일에 한 번씩은 회집하여 뭉근하게 예배하고 찬양하며 말씀을 듣고 기도하며 교제의 떡을 나누면서, 바울이 고린도후서 4장 16절에서 5장 10절에 걸쳐서 언급하였듯이, 한편으로 그가 이 세대를 살아가는 자로서 시간의 흐름과 함께 썩음에 종속되는 존재이나 다른 한편으로는 동일한 존재인 그가 그리스도 예수 안에서 이 세대에서 벗어나 올 세대에 참여한 자로서 자신의 마음을 새롭게 하여 하나님의 선하시고 기뻐하시고 온전하신 뜻이 무엇인지를 다시 확인할 수 있도록 도와줌으로써 주 그리스도 예수의 은혜와 성부 하나님의 사랑과 성령의 교통이 머무는 자임을 확신하고 다시 삶의 현장으로 파송되도록 하시는 것이다(고후 13:13). 그리스도인은 하나님의 이 사역을 확신하고, 비록 이 세대에서 썩음의 과정을 거치나 이미 올 세대에 참여하여 그 생명이 그리스도 예수와 함께 하늘에 앉혀진 자로서(골 1:13, 3:3) 자신의 삶 그 자체를 하나님께 산 제물로 드리는 삶을 살아가는 것이다. 이 삶의 당위는 사도 바울이 로마서 6장에서 세례를 통하여 명확하게 짚었다. 이게 그리스도인인 네가 살아야 하는 새로운 삶의 자리다. 너는 더 이상 죄와 사망의 종된 영역에 속하지 않는다. 의와 하나님이 지배하는 삶의 영역으로 옮겨졌다. 이 사실을 매일 새롭게 생각해 내야 한다. 이 사실을 확인한 다음에 바울은 로마서 7장에서 그런데 그게 그렇게 쉽지 않은 일임을 상기시키면서, 로마서 8장에서 성령을 통하여만 이 일이 가능하다고 확신시켜 주었던 것이다.

오늘날 한국 교회를 매우 안타깝게 바라보는 시선이 없지 않다. 교회가 외부적인 비난에 직면하기도 하고 내부적인 고발에 직면하기도 한다. 요즘 상황에서 보면, 목회자나 회중이나 한국 사회를 지배하는 진영논리에 빠져 들어서 허우적거리는 모습까지 겹치면서 참 답이 없구나 싶기도 하다. 한국 교회가 지금까지는 교회의 성장이라는 지표를 가지고 자신을 평가해 왔다고 해도 과언이 아니다. 그러다 보니 로마서 6장에서 선명하게 노정되어 있는 세례의 의미, 즉 그리스도 예수와 연합되어 이 세상의 정과 욕심에 대하여는 죽고 의와 생명을 향하여는 다시 살아난 존재라는 사실을 충분히 공유하지 않은 상태에서 세례를 남발하는 일을 하지 않았는지 반성이 필요하다. 교회의 경우 성장에 발목이 잡혀, 군대의 경우 복음의 증거라는 명목으로 세례부터 주고 양육은 뒷전으로 돌리는 일을 감행하지는 않았는지 되돌아 볼 필요가 있다.

율법 앞에서 죽음에 이르는 자신의 죄를 직면한 경험이 아예 없는, 따라서 성령의 새롭게 하시는 사역을 통하여 마음으로 그리스도 예수를 자신의 삶에 받아들이는 경험도 없는, 심지어는 교회에서 규범으로서의 율법을 통하여 지금 그리스도인 각자가 하나님의 백성으로서의 삶을 잘 살아가고 있는지도 비춰 주지 않는 이런 교회를 구성하고 있는 것은 아닌지 되돌아보고 깊이 회개해야 하는 직접적인 이해 당사자가 바로 목회자인 것이다. 마땅한 양육도 없이 그럭저럭 교회의 회중으로 살다 보니 집사, 권사, 장로가 되었고, 교회가 무엇인지 제대로 이해하지 못한 상태에서 어느새 유기체성을 상실한 경화된 조직체의 구성원으로 전락해 버리고 만 것이다. 성령이 일할 수 있는 충족한 상황을 만들어 내지 못하는 설교와 교훈이 한국 교회를 만들어내고 사로잡아 지배하는 과정에 한국 교회 5대교리라는 비극적인 조항으로 축소된 교회로 전락해 버린 것이다. 주일성수, 새벽기도, 십일조, 금주, 금연, 이 다섯 가지 조항만 잘 준수하면 그것으로 충분하다고 여기게 만들었던 것이다.

성령이 사용하실 수 있는 문자, 영에 버무려진 하나님의 말씀이 다시 살아나야 한다. 율법-복음-율법이라는 이 긴장을 깨뜨리지 않는 하나님의 말씀의 가치를 온전하게 붙잡고 사역하는 목회자가 있을 때 제네바도 암스테르담도 뉴욕도 가능했던 것이다. 이런 근간을 사로잡은 목회자가 사라지고 노래로, 기도로, 교제로, 집회로 특성화하여 교회를 목양하는 목회자가 일하는 순간 그 교회는 그리 오래지 않아서 기독교적인 풍취를 지닌 문화만 남되 고백은 사라지는, 구조는 남되 정체성은 사라지는, 그런 비극적인 결말에 이르고말 것이다. 이것이 제네바, 암스테르담, 뉴욕, 인도네시아에서 발견하게 되는 현실의 모습이다. 율법-복음-율법의 근간을 깨뜨리면 박해의 시기에 복음을 저버리고 독재자에게 굴종하여 결국은 교회를 잃어버리는 독일의 루터교회와 같은 길에 직면하고 마는 것이다. 그러나 율법-복음-율법의 근간을 붙잡고 가면 교회뿐만 아니라 제네바도, 교회뿐만 아니라 암스테르담도, 교회뿐만 아니라 자카르타도 그리스도 예수의 왕권이 실현되는 일이 일어나는 것이다.

율법-복음-율법의 근간을 짊어지고 이 일을 봉사하는 목회자가 되어 교회의 회중 앞에 서서 소명을 감당해 보라. 기도하라는 말을 따로 하지 않아도 엎드리게 되고, 찬양하라고 말로 권면하지 않아도 중심에서부터 빛나고 높은 보좌에 앉으신 그리스도 예수를 바라보며 찬양하게 되며, 왜 봉사하지 않느냐고 다그치지 않아도 교회나 사회에서 그리스도인으로서 우뚝 서서 겸손하게 봉사하게 되고, 서로 돌아보아 사랑과 선행을 하라고 일부러 격려하지 않아도 그런 일이 호흡처럼 자연스럽게 일어나게 될 것이다. 목회자는 사실은 아무런 실제적이고 궁극적인 권세를 스스로 갖고 있지 않다. 교회의 실제적이고 궁극적인 권세는 그리스도 예수 단 한 분에게만 귀속될 뿐이다. 목회자가 다만 하나님의 말씀에 일치하는 존재와 삶을 구현할 때 성령이 회중을 직접 움직여 말씀에 일치하는 존재와 삶을 구현하여 머리이신 그리스도 예수의 장성한 분량의 충만함에 이르게 되는 것이다(엡 4:1-16). 바울이 에베소서 4장 13-15절에서 이렇게 언급했듯이 말이다. "우리가 다 하나님의 아들을 믿는 것과 아는 일에 하나가 되어 온전한 사람을 이루어 그리스도의 장성한 분량이 충만한 데까지 이르리니 이는 우리가 이제부터 어린 아이가 되지 아니하여 사람의 궤술과 간사한 유혹에 빠져 모든 교훈의 풍조에 밀려 요동치 않게 하려 함이라. 오직 사랑 안에서 참된 것을 하여 범사에 그에게까지 자랄지라. 그는 머리니 곧 그리스도라" 이런 교회를 이루는 일에 직분자가 필요하고(엡 4:11), 뼈와 뼈 사이의 관절과 같은 지위를 갖는 직분자의 뼈를 깎는 수고를 통하여 유기적이고 온전한 교회가 세워지는 것이다. 그리하여 바울은 "그에게서 온 몸이 각 마디를 통하여 도움을 입음으로 연락하고 상합하여 각 지체의 분량대로 역사하여 그 몸을 자라게 하며 사랑 안에서 스스로 세우느니라"(엡 4:16)고 권면할 수 있었던 것이다.

# 7

살리는 것은 영이니,
육은 무익하니라[20]

이 글에서 그리스도인의 삶에서 영적인 것은 무엇이고, 육적인 것은 무엇인지에 대하여 살펴보려고 한다. 고린도교회가 직면했던 문제 가운데 하나가 몸과 영(혼)의 종말론적 상태와 관련된 것이다. 특별히 고린도전서 15장에 보면 고린도 지역에 살고 있던 사람들이 일반적으로 가지고 있었던 세계관은 플라톤주의(Platonism)에서 기원하는 영육 이원론이었고 그런 세계관이 고린도교회 안으로까지 유입되었던 것으로 보인다. 그 이유는 고린도교회의 구성원인 고린도교인들이 몸의 부활을 불편하게 여겼기 때문이다. 인간이 몸을 가짐으로 생로병사의 불편한 과정을 거치면서 살아가지만, 죽음과 함께 감옥과 같은 그 불편한 몸을 겨우 벗어버리고 영(혼)의 진정한 자유에 이른다는 생각을 은연중에 받아들였던 고린도교인들은 왜 그 불편한 몸을 다시 입어야 하는지에 대하여 몹시 부담스러워했던 것이다. 고린도전서 15장에서 바울이 집중해서 변론하는 내용의 핵심이 플라톤주의의 이러한 이해를 논박하고 부활이라는 기독교적 선포의 온전한 이해에 이르도록 고린도교회의 회중을 돕는 데 있기 때문이다.

그러니까 고린도교회의 교인들 가운데 얼마는 몸과 영 사이에 이원론적

---

**20** 요한복음 6장 63절의 인용이다.

인 간격이 있다고 보았고, 몸은 열등하거나 심지어는 악하거나 한 반면에 영은 우등하고 선하다는 생각을 가지고 있었던 것이다. 인간은 영이 몸 안에 있는 현재의 질서를 살아가고 있는데, 몸 때문에 영이 온전한 자유를 누리지 못하고 생로병사의 고난을 경험하고 있다는 것이다. 따라서 어찌하든지 영이 몸을 벗어나서 생로병사에 종속되지 않는 진정한 해방과 자유를 만끽하는 자리에 이르러야 한다는 생각을 갖고 있었던 것이다. 이런 사고방식은 성경적인 세계관이라기보다는 플라톤적인 세계관에서 기인한다고 보아야 한다. 왜냐하면 성경은 정신과 물질, 영과 몸 사이의 실체적인 이원론을 상정하여, 정신과 영은 선하고 물질과 몸은 악하다는 사고방식을 전혀 갖고 있지 않기 때문이다.

복음이 고린도라는 세상을 만나면서 고린도에 거주하는 사람이 가지고 있던 세속적인 세계관과 충돌하는 바, 그 세속적인 세계관을 성경적인 세계관으로 전환해 주어야 하는 과제가 바울에게 주어진 셈이다. 바울은 몸의 부활을 기독교 신앙의 근간(根幹)으로 보았다. 바울은 영지주의자들의 기독론처럼 진정한 인간임을 부정하는 그런 그리스도 예수에 대한 이해를 갖고 있지 않았다. 요한이 요한일서에서 아주 명징하게 밝혔듯이, 그리스도 예수의 진정한 인간됨을 인정하지 않는 신앙은 불가능함을 바울도 공유하고 있었던 것이다. 예수는 진정한 인간으로서 십자가에서 죄인을 대신하는 죽임을 당하였다. 누가복음 23장 46절에 보면, 죽음의 순간에 "아버지여, 내 영혼을 아버지의 손에 부탁 하나이다"라는 말씀을 예수께서 하신 것으로 기록되어 있다. 이는 예수도 정상적인 죽음의 과정, 즉 몸으로부터 영(혼)의 분리가 일어났다는 사실을 잘 보여 주는 것이다. 그리하여 몸은 무덤에, 영(혼)은 부활의 날까지 아버지의 손에 위임되었던 것이다.

고린도에 살고 있는 사람들의 관점에서 볼 때는 드디어 그리스도 예수라는 인간이 불편하고 열등하며 악한 몸으로부터 해방되는 순간을 지난 것이다. 생로병사의 고통에 예수를 묶어두는 감옥과 같은 몸에서 해방되어 영(혼)이 본래적인 자유를 만끽하는 상태로 진입한 것이다. 이것이 고린도에 살고 있는 사람들의 이해에 비추어 본 사후 인간 실존의 가장 고귀한 순간인 것이다. 인간이 몸이라는 감옥에서 벗어나 진정한 자기됨의 자리에 드디어 되돌아온 것이기 때문이다. 그런데 바울은 이런 고린도인의 생각에 동의하지 않았다. 특별히 이러한 생각을 가지고 고린도교회로 들어온 그리스도인들에게(고전 15:12-13) 기독교 세계관이 무엇인지를 설명하지 않을 수 없는 상황을 보게 되었던 것이다. 이런 문제의식과 함께 몸으로부터 영(혼)이 떠난 상태로 인간 실존이 완성되는 것이 아니라, 다시 몸과 영(혼)이 유기적인 하나로 연합되는 일, 즉 부활한 인간이 되어야만 인간이 본래적인 자기, 즉 하나님의 형상으로 창조된 그 인간으로 회복되어 완성된다고 가르쳐야만 했던 것이다.

이런 견지에서 바울은 죽음에 넘겨졌던 그리스도 예수의 부활을 변증하게 되었던 것이다. 예수의 부활은 바울이 전한 복음의 핵심이다. 부활을 빼고서 바울은 복음을 말할 수가 없었기 때문이다(고전 15:14-19). 만일 그리스도 예수께서 부활하지 않고 죽음에 머물러 있다면, 그와 함께 세상의 죄와 욕심에 대하여 죽은 너희 그리스도인도 여전히 죄에 속하여 있지 않겠느냐고 일갈하는 데서 부활에 관한 바울의 깊은 이해를 파악하게 된다(고전 15:17). 그리스도 예수께서 이 세대를 십자가로 심판하여 이 세대의 왕인 마귀를 그 보좌에서 끌어내렸고(요 12:31-32) 부활하심으로써 하늘과 땅의 왕으로 등극하신 것이다(마 28:18; 고전 15:25). 따라서 십자가에서 죽으시고 부활하신 그리스도 예수를 믿음으로써 죄와 사망, 그리고 그 배후에 도사린 사탄이 다스리는 나라에서 해방되고, 동시에 이 세대 한가운데서 시작된 올 세대의 왕이신 그리스도 예수를 머리로 하는 자로 받아들여지는 것이다(골 1:13). 만일 그리스도 예수의 삶이 죽음에서 끝나고 부활로 이어지지 않았다면, 그리스도인의 믿음은 헛된 것으로 전락하고 마는 것이다(고전 15:17).

여기서 바울이 이해한 종말론의 구조를 볼 수 있는데, 고린도인이 살았던 그 세상, 오늘의 인류가 살고 있는 이 세상, 그것은 사망이 지배하여 썩음에 종노릇하고 있는 세상이다. 그리스도인도 비그리스도인과 마찬가지로 바로 썩어짐에 종노릇하는 이 세상을 살아가고 있다. 몸 안에서 말이다. 몸을 가지고 살아가는 이 세상의 흐름과 함께 그리스도인도 썩음에 종속되어 썩음을 경험하고 살아간다. 그리스도인이 거울을 보면서 이것을 매일 확인한다. 늘어나는 주름살, 탄력을 잃어가는 피부, 늘어지고 쳐지는 살, 빠져가는 힘, 신체의 이곳저곳에서 늘어가는 고통을 눈으로 보고 경험하면서 살아간다. 바울은 이것을 "겉사람"이라고 불렀다(고후 4:16). 고린도후서 5장 7절에 따르면 우리의 눈에 보이는 사람의 실존인 것이다. 이것은 모든 사람이 직면한 삶의 곤경이요, 바울은 이것이 죄로 말미암았다고 밝힌다. 모세가 인생이 70이요, 강건하면 80이라고 논했던 바로 그 삶이며, 신속히 지나가는 그 삶의 자랑은 수고와 슬픔뿐이다. 이것이 이 세대(this age)의 삶이다.

그러나 바울은 인간의 실존이 썩음에 굴종하는 이 세대의 삶에서 끝나지 않는다고 명징하게 석명한다. 왜냐하면 그리스도 예수께서 십자가로 이 세대를 심판하시고, 이 세대 한가운데서 자신의 부활로 새로운 세대, 즉 다가올 세대(age to come)를 열어가기 시작했기 때문이다. 예수께서 자신의 죽음으로 사탄이 인간을 미혹하고 좌지우지하는 데 사용하는 치명적인 무기인 죽음을 대체하고 부활함으로써 무력화시켰기 때문이다. 죽고 부활하신 그리스도 예수를 믿는 자는 죽어도 살겠고, 무릇 살아서 믿는 자는 영원히 죽지 않는 길을 열어놓았기 때문이다. 이 세대를 살아가는 그리스도인도 언젠가는 죽음에 넘겨지지만, 그러나 부활하신 그리스도 예수를 좇아 부활에 참여하게 될 것이다. 왜냐하면 그리스도 예수는 부활의 첫 열매이기 때문이다(고전 15:20). 전체 추수물의 첫 열매라는 의미에서 처음으로 부활하신 그리스도 예수 안에서 그리스도인도 부활의 영광에 함께 참여하게 되리라는 소망을 보게 된다(고전 15:21-23). 바울이 전파한 복음은 바로 이 종말론적인 소망을 근간으로 한다.

　그리스도 예수는 자신이 다시 오시는 날에, 마지막 원수인 사망을 궁극적으로 종식시킬 것이다(고전 15:26). 왜냐하면 그리스도 예수가 다시 오시는 날에 이 세대에 속하여 죽음에 넘겨진 고린도교회의 교인들과 이 세대를 살아가는 그리고 언젠가는 죽음에 넘겨질 그리스도인이 부활의 영광에 참여하게 될 것이기 때문이다. 재림의 날에 초림 때에 그가 시작하신 일, 즉 죄와 사망 그리고 그 배후에서 활동하는 사탄을 무력화시키고, 그의 권세에서 자기 백성을 속량하여(골 1:13) 올 세대의 백성으로 살아가도록 성령을 보증으로 주신(고후 5:5) 그 일을 만천하에 최종적으로 공표하는 일을 행하실 것이기 때문이다. 재림하시어 최후의 심판의 자리에 앉으신 그리스도 예수께서 자신이 초림에서 시작하신 심판을 마무리하심으로 사탄과 그에 속한 무리는 영원한 불 못에 가두고, 초림에서 드러내신 약속을 견고하게 붙잡고 믿음으로 살아간 그리스도인에게는 의와 생명이 거하는 하나님 나라를 상속하게 하시는 것이다. 그리스도 예수의 초림에서 시작된 종말이 그리스도 예수의 재림에서 완결됨으로써 하나님께서 만유 안에 만유가 되는 일이 일어나는 것이다(고전 15:28).

　그래서 바울이 비록 고린도교회의 교인들이, 또는 이 시대를 살아가는 그리스도인들이 썩음이 지배하는 이 세대를 살아가면서 눈으로 보기에는 썩어가는 것처럼 보이지만, 그러나 믿음으로 볼 때는 몸이 썩어가는 것으로 끝나는 것이 아니라, 그래서 고린도교회의 교인들이 오해했던 것처럼 몸을 벗어버리는 것이 아니라 오히려 부활한 몸을 덧입기를 소망하는 삶을 살아가고 있는 것이라고 권면할 수 있었던 것이다. 고린도후서 4장 16–18절에서 이어지는 내용을 받아 시작되는 고린도후서 5장 1절에서 언급하는 "땅에 있는 장막 집"은 바로 현재의 썩을 몸을 의미하는 것이요, "하늘에 있는 영원한 집"은 썩지 않는 부활한 몸을 의미하는 것이다. 고린도후서 5장 3절의 벗는다는 말은 고린도교회의 교인들이 부정적으로 생각하여 죽음과 함께 벗어버리고 싶어 하는 현재의 썩을 몸과 관련된 표현이다. 그러나 바울은 고린도교회의 교인들이 가진 오해, 즉 구원은 몸을 벗어버리는 것이라는 오해를 바로잡으면서, 몸이 없는 영의 영생이 아니라 영이 부활한 몸을 덧입은 상태의 영생에로 진행할 것을 의도하고 있는 것이다(고후 5:4). 그 몸의 실체는 고린도전서 15장 42-44절에서 언급하는 몸, 즉 부정적으로는 썩지 않고, 욕되지 않고, 약하지 않고, 육신의 소욕이 거하지 않는 몸이며, 적극적으로는 항존하는 몸, 영광스러운 몸, 강한 몸, 성령이 온전히 거하는 몸인 것이다. 한마디로 부활의 몸을 갖게 된다는 것이다. 이런 삶의 지평을 이해하고 받아들여 이 세대(the age)에서 올 세대(age to come)의 삶을 노정하는 그리스도인을 일컬어 "속사람"이라고 부르는 것이다(고후 4:16).

이렇듯 바울은 "겉사람"과 "속사람"이라는 표현을 가지고 육체 혹은 몸을 생로병사의 변화를 수반하는 열등하고 부정한 것으로, 영(혼)을 불멸의 실체로서 변화를 능가하는 성결한 것으로 그렇게 이원화시키지 않는다. 몸은 할 수 있으면 멸시하거나 무시하여 속히 벗어버려야 할 악한 것이요, 궁극적으로 추구해야 하는 것은 선한 실체인 불멸의 영(혼)이라는 그런 차원의 이해를 "겉사람", "속사람"이라는 용어에 담아내지 않는다는 말이다. 이것은 바울의 의도가 전혀 아니다. 오히려 바울이 관심하는 것은 몸 안에 아직 머물러 있거나 혹은 몸을 떠나 영으로 있거나 하는 그런 차원을 넘어서서 오히려 몸 안에 있든지 몸 밖에 있든지 간에 오직 주 하나님을 기쁘시게 하는 삶을 진정성 있게 추구하는 것일 뿐이다(고후 5:6-9). 둘 다 선한 삶이되, 3차에 걸친 고된 순례의 길을 걸어가야 할 바울이 눈에 보이는 삶의 정황만으로 보면 몸을 떠나 주와 함께 있는 것이 훨씬 더 편할 일이다. 그러나 주신 사명이 있어서 그 사명을 따라서 몸이 고되어도 주님을 기쁘시게 하는 삶을 살아갈 수 있으니 이 또한 선하고 아름답다고 말하고 있는 것이다. 세월의 흐름과 함께 변화하는 자신의 겉사람을 피할 수 없이 직면하지만 그럼에도 불구하고 부활의 날에 온전한 몸을 덧입을 것을 소망하며 즐거움과 감사함으로 살아가는 사람, 그것이 속사람인 것이다. 눈에 보이는 것에 일희일비하지 않고, 부활의 소망을 견고하게 붙잡고 그 믿음으로 살아가는 그리스도인이 바로 속사람인 것이다(고후 5:7).

이러한 삶은 몸과 영(혼)이 하나로 통합된 존재로서 그리스도인이 성령 안에서 직면하는 삶인 것이다. 몸을 따라서는 이것을 구하고 영(혼)을 따라서는 저것을 구하는 것이 아니라는 말이다. 전인으로서 인간이 자신의 삶을 이 세대 안에서만 바라보면 썩어짐에 굴종하는 것처럼 보이지만, 그리스도 예수 안에서 일어난 일을 생각하면서 자신의 삶을 바라보면 부활의 몸을 덧입는 소망을 가지고 살아가는 삶인 것이다. 그리스도인이 주목하며 살아가야 하는 삶은 영원하고 영광스러운 것인데 그 삶이 바로 그리스도 예수 안에서 시작되었다는 사실을 기억하면서 일희일비하거나 낙심하지 말고 일상을 여상히 견디며 살았으면 좋겠다는 것이다(고후 4:16–18). 바울은 동일한 이야기를 골로새교회의 교인들에게 보낸 편지에서 다른 표현을 동원하여 권면하고 있다. 골로새서 3장 1–4절의 "그러므로 너희가 그리스도와 함께 다시 살리심을 받았으면 위의 것을 찾으라. 거기는 그리스도께서 하나님 우편에 앉아 계시느니라. 위의 것을 생각하고 땅의 것을 생각하지 말라. 이는 너희가 (이 세대에 대하여는) 죽었고 너희 생명이 (올 세대의 주이신) 그리스도와 함께 (이미) 하나님 안에 감추어졌음이라. 장래에 우리 생명이신 그리스도께서 나타나실 그때에 너희도 (부활하여) 그와 함께 영광 중에 나타나리라"는 말씀이 바로 그것이다.

여기서 "땅의 것", "위의 것" 할 때 이것은 몸에 속한 것, 영에 속한 것이라는 범주로 환원되어서는 안 된다. 그런 뜻이 아니라 야고보서 3장 13–18절에 반영되었듯이 몸과 영(혼)이 하나의 통일을 이룬 네가 살아가는 모든 삶이 이 세대의 정욕, 이 세대의 자랑, 이 세대의 눈에 좋은 것에 종속되지 않아야 하고, 오히려 하늘로부터, 하나님께로부터, 위로부터 온 신령한 지혜를 따라서 축조되는 것이어야 한다는 뜻이다. 네가 행하는 사업, 네가 도모하는 일, 네가 형성하는 인간관계, 네가 하는 찬양, 네가 하는 기도, 네가 수행하는 교사의 직무, 네가 하는 설교, 네가 쓰는 글, 이 모든 것이 네 자신이 이 세대의 정과 욕심에 대하여는 죽은 자요, 올 세대의 가치에 대하여 산 자로 여기는 가운데 이루어져야 한다는 것이다. 이런 삶이 바로 위에 속한 것이고 성령에게 속한 것이며, 그 반대의 경우가 땅의 것이고 육체의 소욕에 속한 것이며 마귀에게 속한 것인 셈이다. 야고보서 1장 27절에서 보듯이, 몸과 영(혼)이 통합된 존재로서 내주하시는 성령의 인도를 따라서 그리스도 예수 안에서 이 세대에 대하여는 죽고, 올 세대에 대하여는 산 자로서 자신을 인식하며 살아가는 그리스도인은 하나님 아버지 앞에서 정결하고 더러움이 없는 경건한 삶, 곧 고아와 과부를 그 환란 중에 돌아보는 삶을 살아갈 것이며, 또 자기를 지켜 세속에 물들지 아니하는 삶을 살아갈 것이라는 말이다.

그리스도인이 이 세대에서 썩음의 과정을 통과하고 있지만 그럼에도 불구하고 사지백체를 산 제물로 하나님께 드리는 삶을 살아갈 수 있는 것은 성령 안에서 믿음으로 그리스도 예수 안에서 이루어진 일을 확신하기 때문이라는 것이 사도 바울의 교훈의 핵심이다. 하늘에 속한 지혜, 하나님으로부터 오는 지혜로 자신의 삶을 구현하려는 과정에서 당하는 모든 환란은 바로 그리스도 예수 안에서 이루어진, 그리고 앞으로 확증될 일을 소망으로 내다볼 때 비교할 수 없이 가벼운 것일 뿐이다(고후 4:16-18). 그리스도인이 이런 삶의 정황을 잘 견디며 나그네와 행인 같은 삶을 살아갈 수 있는 것은 그리스도 예수 안에서 주어진, 그리고 주어질 영광스러운 삶을 내다보기 때문인 것이다(골 3:1-4). 이것이 바로 보는 것으로 살지 않고, 믿음으로 살아가는 그리스도인의 삶의 진수인 것이다(고후 5:7). 겉사람은 후패하여지지만 속사람은 날로 새로워지는 삶을 살아내는 종말론적인 긴장 속의 인간인 것이다. 바울의 권면에는 종말론적인 "이미"에서뿐만 아니라 종말론적인 "아직 아니"에서도 몸과 영(혼)은 이원론적으로 주조되는 일이 일절 일어나지 않는다. 속사람의 "이미"의 차원에서 겉사람의 "아직 아니"의 현실을 영광스러운 부활 소망으로 견디고 살아가야 하는 전인적인 존재일 뿐이다.

# 8

살리는 것은 영이니,
육은 무익하니라[21]

    앞글에 연하여 인간의 사후 육과 영의 상태와 부활 이후 상태 사이의 이야기를 조금 더 구체적으로 할 필요가 있구나 싶은 생각이 든다. 창조 때 인간은 몸과 영(혼)이 유기적으로 통일되고 온전히 통합된 존재였다. 인간의 창조 과정을 보면, 흙으로 몸을 먼저 창조하고 그러고 나서 그 코에 생기를 불어넣은 것으로 보인다. 물론 창세기 2장 7절의 "여호와 하나님이 땅의 흙으로 사람을 지으시고 생기를 그 코에 불어넣으시니 사람이 생령이 되니라"는 말씀의 히브리어적인 표현에서는 시차를 상정하는 것은 어렵다. 왜냐하면 한 호흡으로 이루어진 창조 사건이기 때문이다. 하지만 하나님께서 인간을 창조하시는 과정을 논리적으로 추론해 보면, 몸이 선행하고 곧바로 생기를 불어넣은 것으로, 그 결과 호흡하고 활동하는 존재가 된 것으로 생각하는 것이 자연스럽다. 인간 창조 과정에서 드러난 하나님의 의도는 몸과 영(혼)이 분리되어 실존하는 것이 아니라 통합되어 하나님의 형상을 반영하는 인간 실존을 구현하는 데 있었던 것이라는 사실은 명확하다(창 1:26-31).

    아우구스티누스는 하나님의 형상으로서 인간을 "죄를 짓지 않을 수 있고"(posse non peccare), "죽지 않을 수 있는"(posse non mori) 존재라고 명명한 바가

---

[21] 요한복음 6장 63절의 인용이다.

있는데, 상당히 중요한 통찰을 반영하고 있다. 하나님은 당신의 형상으로 창조된 전인으로서 인간이 창조와 함께 계시된 하나님의 뜻을 따라서 하나님을 마음과 힘과 뜻과 정성을 다하여 사랑하며, 제 이웃을 제 몸처럼 사랑하는 삶을 구현하기를 희망하였다. 모든 피조물에게 하나님의 뜻을 널리 알리며, 그 뜻을 따라서 모든 피조물과 함께 하나님을 예배하며, 하나님의 통치를 받아들여 하나님을 기쁘시게 하는 삶을 살아가기를 희망하신 것이기 때문이다. 소위 선지자로서, 제사장으로서, 그리고 왕으로서의 직분을 잘 감당하는 그런 존재로 인간이 세워지기를 희망하였던 것이다. 아우구스티누스는 인간이 바로 그런 능력을 갖고 있는 존재였다고 보았기에, 죄를 짓지 않을 수 있고 죽지 않을 수 있는 존재로서 인간을 말할 수 있었던 것이다. 이는 창세기 2장 15-17절의 반영으로서 그가 하나님이 창조하신 세계와 그 안에 중요한 책임을 맡은 인간의 위상을 상당히 높은 관점에서 바라보고 묵상했던 것이다.

그러나 인간은 사탄에게 미혹되어 기대에 반하는 삶을 노정하여 죄를 지었고, 죽음에 넘겨지게 된 것이다. 인간이 죽음의 질서에 속한 존재로 전락하였음을 에덴동산에서 추방되어 그 주변을 배회하는 존재가 된 것으로 성경은 묘사한다(창 3:22-24). 하나님을 중심에 두고 살아야 할 인간이 스스로 선과 악을 주조하며 자신의 뜻대로 살아 자신의 왕국을 건설하는 존재로 전락하였기에, 하나님께서 인간을 자신의 존전에서 내쫓아 그로 그의 근원이 되는 땅을 가는 존재로 전락한 것을 확인하게 한 것이다. 이로써 "너는 흙이니 흙으로 돌아갈 것이니라"는 준엄한 명령과 함께 인간은 죽음에 넘겨지게 된 것이다(창 3:19). 선지자로서 하나님의 말씀을 피조물에게 전해 주어야 했던, 제사장으로서 피조물과 함께 하나님을 예배해야 했던, 왕으로서 피조물과 함께 하나님의 왕이심을 온 우주에 드러내야 했던 아담이 죽음에 넘겨져 수고에 미치지 못하는 "허무"를 직면하게 된 것이다(창 3:17-19). 허무(虛無)는 수고하여도 원하는 것만큼 누리지 못하는 인간의 삶 전반에 드리운 실존적인 슬픔이요 비참인 것이다. 바울은 이것을 한 사람이 죄를 범함으로 죄가 세상에 들어오고 죄로 말미암아 사망이 모든 사람 위에 왕 노릇 하게 되었다고 읽었다(롬 5:12-14).

죄를 짓지 않을 수 있었던 존재이며 죽지 않을 수 있었던 존재인 인간이 죄를 지었고, 죽음에 넘겨진 것이다(롬 3:9-18). 죽음은 인간의 삶에 있어서 낯선 것이며 외부로부터 들어온 것이다. 그러나 중요한 것은 이것이 현실이 되었다는 점이다. 그 누구도 우주와 그 가운데 만물을 창조하신 하나님의 영광에 이를 수 있는 자가 없기 때문이다(롬 3:23). "우리의 연수가 칠십이요 강건하면 팔십이라도 그 연수의 자랑은 수고와 슬픔뿐이요 신속하게 지나가니 우리가 날아가나이다"(시 90:10)라는 어느 시인의 고백처럼, 사망에 매여 죄의 종노릇하는 허무한 삶을 살아가는 존재가 된 것이다(롬 6:6, 12). 이렇듯 삶의 근본이신 하나님을 떠나 스스로의 능력을 끌어내어 하나님 흉내를 내었으나 끝내 허무에 굴종하는 삶, 이것을 성경은 허물과 죄로 죽은 삶이라고 말한다(엡 2:1). 신학적으로는 영적인 죽음(spiritual death)이라고 말하는데, 하나님으로부터 분리된 인간 실존을 일컫는 말이다.

그리고 허물과 죄로 죽은 채 허무에 굴종하는 삶을 70, 80년까지 견디다가 누구도 예외 없이 죽음에 넘겨진다. 관 속에 실제로 들어가는 일, 그것이 바로 허물과 죄로 죽은 인간의 실질적인 죽음인 것이다. 죄를 짓지 않을 수 있었던, 따라서 죽지 않을 수 있었던 인간이 죽음에 넘겨져서 실제로 죽는 일이 일어나는 것이다. 바로 이 사건에서 창조 시 무죄한 인간 창조의 역순이 일어나는 것이다. 영(혼)이 몸으로부터 떠나가는 일이, 빠져나가는 일이 일어나기 때문이다. 기독교적인 입장에서 볼 때 실질적인 죽음은 몸에서 영이 떠나는 것이다. 몸에서 영이 분리되는 일이 일어난다. 몸과 영(혼)이 하나로 통합될 때에야 살아서 실존하던 인간이 영(혼)이 몸에서 빠져나감으로써 더 이상 살아서 실존하는 통합적인 인간이 될 수 없게 되는 것이다. 죄인의 죄를 대신 담당하고 죽음에 넘겨진 예수에게도 예외 없이 몸으로부터 영이 실제로 빠져나가는 일이 일어나는 것이다(눅 23:46).

바로 이 지점에서 극단적인 일원론자들의 생각을 좀 살펴볼 필요가 있다. 몸과 영(혼)의 관계에서 일원론이라는 말은 몸과 영혼의 결합은 너무나도 통합적이어서 결코 분리될 수 없다는 입장을 일컫는 말이다. 이런 경우에 살아서 활동하는 인간을 말할 때는 아무런 문제가 일어나지 않지만, 기독교적인 의미의 죽음을 말할 때는 문제가 실제로 발생한다. 기독교적인 의미에서 죽음은 몸으로부터 영(혼)의 떠남을 의미하기 때문이다. 영육 일원론자 가운데 하나로서 덕 폴렌호번(Dirk H. T. Vollenhoven, 1892-1978)과 함께 화란 자유대학교 법철학 교수를 지내면서 기독교 철학의 가능성을 모색하는 일에 고군분투했던 헤르만 도이여베르트(Herman Dooyeweerd, 1894-1977)는 인간의 사후에도 영(혼)은 몸으로부터 분리되지 않고, 오히려 몸이 영(혼)의 실존과 함께 있다고 말하였다. 반면에 20세기에 활동한 위르겐 몰트만(Jurgen Moltmann, 1926-)은 사후 인간의 영(혼)은 무덤에서 육체와 함께 있다고 주장하였다. 두 인사의 이러한 주장은 진정한 인간인 예수의 죽음에 부합하지 않는 해석을 시도하였다는 점에서 비성경적이다(눅 23:46).

성경은 인간이 죽음의 순간에 영(혼)이 몸으로부터 떠난다고 가르친다(눅 23:46; 요 19:30; 행 7:59). 예수의 경우에는 영(혼)이 떠난 몸은 돌무덤에, 스데반의 경우에는 돌무더기에 남아 있었다. 이것은 오늘의 경험에서도 마찬가지다. 그리스도인 누군가가 죽으면 그 몸은 관속에 담겨 무덤에 안장되기 때문이다. 이런 점에서 도이여베르트의 주장은 지나친 지점으로 나간 것이다. 그렇다면 몸에서 떠난 영(혼)의 실존은 어떤 방식으로 구성되는가라는 질문이 자연스럽게 뒤따르게 된다. 예수의 경우는 아버지의 손에 맡겨지는 것으로(눅 23:46), 스데반의 경우는 주 예수에게 맡겨지는 것(행 7:59)으로 언급되었는데, 그 구체적인 양상이 무엇인지 살펴볼 필요가 있다. 십자가에서 운명하시기 전에 함께 못 박힌 두 사람과 대화를 나누시던 예수께서 한 사람에게 "네가 오늘 나와 함께 '낙원'에 있으리라"고 말씀하신 것처럼, 예수의 경우 몸으로부터 떠난 영(혼)의 최종적인 종착점은 낙원(파라데이소스)이다(눅 23:43).

여기서 예수와 함께한 자들의 영(혼)도 낙원에 있게 될 것을 미루어 알 수 있다. 이곳은 아브라함의 영(혼)이 있는 곳이기도 하고, 부자의 집 앞에서 걸식하던 나사로의 영(혼)이 머무는 곳이기도 하다(비교, 눅 16:23). 요한계시록 20장 4절에 비추어 보면 하나님의 말씀을 따라서 살면서 예수를 증언하는 일로 목 베임을 당한 자들의 (영)혼이 머무는 곳이 언급되는데 그곳이 바로 보좌이다. 그러니까 죽음과 함께 몸을 떠난 영(혼)이 낙원에 거하게 되는데, 그곳은 아마도 보좌에 가까운 곳인 듯 싶다. 이런 점에서 보면 몰트만의 주장이 성경 전반의 기록에서 멀리 떨어져 있는 사견임을 확인하게 된다. 거의 확실히 성령의 인도를 따라서 하나님의 말씀을 석명하고 예수의 진정한 성전이심과 주되심을 변증했던 스데반의 영(혼)도 이곳에 있게 되었을 것이다. 오늘을 살아가는 과정에 주 예수 그리스도를 신앙하면서 성령의 인도를 따르는 그리스도인도 사후에 이곳에서 거하게 될 것이다.

그러면 불신자의 경우는 몸을 떠난 영(혼)이 어디에 거하게 되는 것일까라는 질문이 자연스럽게 뒤따라온다. 나사로에게 곁을 내주지 않았던, 가진 재물이 자신을 지켜 줄 것이라고 믿었던 그 부자가 있는 곳으로 가게 될 것이다. 예수에게 초대받지 못했던 한 강도의 영(혼)이 머물게 될 곳이다. 베드로전서 3장 18-22절에 보면 죽음과 함께 몸을 떠난 예수의 영(혼)이 어떤 경로를 통하여 낙원에 이르게 되었는지를 설명하는 흥미로운 내용이 담겨 있는데, 이 논의와 관련하여 매우 중요한 의미를 갖는다고 판단된다. 특별히 베드로전서 3장 19절에서 몸에서 분리된 예수의 영이 "옥에 있는 영들"에게로 "나아가시는" 모습을 보게 된다. 여기서 등장하는 옥에 있는 영들은 노아

시대에 불순종하던 자들의 영들이 있는 곳인데(벧전 3:20), 아마도 이 영들은 당시의 유대인을 노아시대와 소돔과 고모라시대의 사람들에 비교했던 예수의 말씀을 기억한 베드로가 회상하고 축약해서 한 말일 것으로 보이는 바, 노아시대를 포함하여 모든 세대의 불신자들의 영들을 의미하는 것으로 읽는 것이 좋을 것이다. 요한계시록 18장 2절에서도 "옥"이라는 동일한 단어가 등장하는데, 귀신의 처소요 더러운 영이 모이는 곳이기도 하다. 이곳이 바로 죽음 이후 불신자들의 영(혼)이 거하는 곳인 셈이다.

예수는 영으로 이곳에 잠시 들렀고 그곳에 있는 영들에게 선포하셨다고 되어 있는데(벧전 3:19), 중국어 성경은 복음(福音)을 전하였다고 번역하였다. 그러나 "케륙세인"이라는 단어 그 자체가 복된 소식보다는 심판의 선언에 더 가까운 뉘앙스를 지니기에, 예수께서 영으로 그곳에 이르러 자신의 십자가의 죽음을 통하여 이루신 심판을 확인하신 것으로 보는 것이 좋을 것이다. 위르겐 몰트만의 이해에 따르면 루터도 이 말씀에 근거하여 십자가로 그리스도 예수께서 지옥의 모든 영혼을 다 해방하였다고 말하였으나, 너무 지나친 해석이라고 보아야 할 것이다. 오히려 십자가로 이 세대의 왕을 심판하신 그리스도 예수께서 그 사실을 옥에 있는 영들에게 드러내시고 확증하신 것으로 보는 것이 좋을 것이다. 이렇게 행하신 예수께서 영으로 다시 그곳을 빠져나와 하늘에 "나아가사" 보좌 우편에 머무신 것으로(벧전 3:22) 베드로는 언급하였다.[22] 아마도 이 상태가 사도 바울이 디모데에게 보낸 편지에서 이제는 죽음이 얼마 남지 않은 나를 주님께서 이 모든 악한 환경에서 구출하여 천국에로 이끌어 구원하실 것이라고 말했을 때(딤후 4:18), "천국"은 바로 이 상태를 의미한 것으로 보인다.

요약하자면, 죽음과 함께 그리스도인의 영(혼)은 그리스도 예수에게로,

---

[22] 옥에 있는 영들에게 "나아가시는" 행동과 동일하게 하늘에 "오르사"라는 행동에 사용된 따옴표 " " 안의 헬라어 단어가 동일한 단어 동일한 시제를 사용하였다는 사실을 유념할 필요가 있을 것이다.

비그리스도인의 영(혼)은 그의 아비와 졸개인 더러운 귀신의 처소로 가게 되는 것으로 말할 수 있을 것이다. 그런데 문제는 이것이 인간의 몸과 영(혼)의 최종적인 상태가 아니라는 점이다. 이런 점에서 바울이 디모데에게 언급한, 관제로 드려져 죽음으로써 자신이 들어갈 "천국"은(딤후 4:18) 최종적인 상태라고 할 수는 없다. 신자든 불신자든 모두 그리스도 예수의 재림의 날에 부활에 참여하기 위하여 그 상태에서 빠져나와야 하기 때문이다. 환언하여, 그리스도 예수의 재림의 날까지만 몸과 영(혼)이 분리되어 있을 뿐이다. 그리스도 예수의 재림의 날, 그날에 그리스도 예수와 함께 있던 그리스도인의 영(혼)들이 부활의 영광에 참여하기 때문이다. 마찬가지로 그날에 비그리스도인의 영(혼)들도 부활에 참여하게 될 것이다. 말을 바꾸어 그리스도인이나 비그리스도인이나 모두 다시 몸과 영(혼)이 하나로 통합되는 일이 일어나게 된다는 말이다. 그래서 그날에 전인으로서 인간이 하나님의 심판대 앞에 서게 될 것이다. 핵심을 짚어서 말하자면, 전인으로서 구원에 참여하거나 전인으로서 심판에 참여하게 된다는 말이다. 전인으로서 영원한 천국을 상속하거나 전인으로서 영원한 지옥을 상속하게 된다는 말이다.

이런 이해의 근간을 가진 그리스도인은 이 세대를 살아가면서 영(혼)은 존중하면서 몸을 멸시해서는 안 된다. "살리는 것은 영이니 육은 무익하니라"는 말은 누군가가 하나님을 아빠 아버지로 부르지 않고 구현하는 삶 전체를 일컬어서 육이라고 부르는 것이며, 누군가가 하나님을 아빠 아버지로 부르며 일구어내는 삶 전부를 가리켜서 영이라고 부르는 것에 속하는 범주의 말이기 때문이다. 성령 안에서 그리스도 예수와 연합하여 하나님을 아빠 아버지로 부르며, 매일의 삶에서 이 세대의 가치를 분별하여 멀리하며 마음을 새롭게 함으로 변화를 받아 하나님의 선하시고 기뻐하시고 온전하신 뜻이 무엇인지 분별하면서 자신의 삶을 하나님께 번제로 바치듯이 살아가는 일체의 삶이 다 영적인 예배인 것이기 때문이다(롬 12:1-3). 바로 이런 삶에 힘쓰고 있던 바울은 그리스도인에게 "그런즉 사랑하는 자들아 이 약속을 가진 우리는 하나님을 두려워하는 가운데서 거룩함을 온전히 이루어 육과 영의 온갖 더러운 것에서 자신을 깨끗하게 하자"(고후 7:1)라고 권면할 수 있었던 것이다. 특별히 아직 몸 안에 있을 때, 더욱 신경을 써서 이 삶을 성령의 인도를 좇아 주 안에서 성실하고 즐거움으로 살아가야 한다는 것이 바울의 의중인 것이다(고후 4:16-5:10).

# 9

살리는 것은 영이니,
육은 무익하니라[23]

지금까지는 주로 인간의 몸과 영(혼)의 관계를 중심으로, 조금 더 펼쳐서는 물질과 정신의 관계에서 이 논의를 전개하였다. 이번에는 창조세계 그 자체를 놓고 이 논의를 이어가려고 한다. 우리가 살고 있는 이 세대 한가운데로 오신 그리스도 예수께서 십자가로써 이 세대(this age)를 심판하시고, 부활로써 이 세대 한가운데서 올 세대(age to come)가 시작되게 하셨는데, 그가 자신이 시작한 일을 최종적으로 마감하는 우주적인 사건이 바로 다시 오시는 일이다. 그가 다시 오시는 날에 그리스도 안에서 죽은 자들이 먼저 부활하고, 그리고 그들과 함께 영광 가운데 다시 오실 때에 살아서 왕적인 제사장으로서의 삶을 살아가는 그리스도인도 홀연히 변화하여 부활의 몸과 동일한 실체로 변화될 것이다. 그다음에는 곧바로 그리스도 밖에서 죽은 자들이 부활하며, 오실 당시에 살아서 활동하는 비그리스도인도 변화되어 부활의 실체로 드러나게 될 것이다.

이제 그리스도인과 비그리스도인 모두가 다시 오신 그리스도 예수 앞에 서게 된다. 그리고는 최후의 심판이 실행될 것이다. 먼저 비그리스도인을 마귀와 그의 졸개들인 귀신들과 함께 지옥에 영원히 가두게 될 것이다. 그

---

[23] 요한복음 6장 63절의 인용이다.

런 후 언약의 자손인 그리스도인에게 약속하신 나라, 즉 영원히 견고하여 흔들리지 않는 나라를 상속하실 것이다(삼하 7:12-16). 아브라함에게 약속했던바 더 나은 본향, 곧 하늘에서 예비된 성을 언약의 자손들에게 기업으로 주실 것이다(히 11:13-16). 문제는 그 성이 "최종적으로" 어디에 있는가 하는 것이다. 이 문제와 관련하여 두 가지 입장이 기독교 안에 제기되었다. 하나는 창조세계가 아닌 다른 어떤 곳으로 옮겨갈 것이라는 입장과 다른 하나는 창조세계가 새로워질 것이고, 그곳에서 살게 될 것이라는 입장이다. 이러한 생각은 교회 역사상 아주 고대로부터 제안되었다고 할 수 있는데, 아타나시우스(Athanasius)는 전자에 해당하고, 이레네우스(Irenaeus)는 후자에 해당할 것이다. 둔스 스코투스(Duns Scotus)는 전자에 속하고 토마스 아퀴나스(Thomas Aquinas)는 후자에 속할 것이다. 루터(M. Luther)는 전자에 속하고 칼빈(J. Calvin)은 후자에 가까울 것이다. 칼 바르트(Karl Barth)나 칼 라너(Karl Rahner)는 전자에 속하고 아브라함 카이퍼(Abraham Kuyper)나 헤르만 바빙크(Herman Bavinck)나 헤릿 베르카우워(G. E. Berkouwer)는 후자에 속한다.[24]

아주 흥미롭게도 이 논의의 근간은 그리스도 예수의 중보직과도 깊숙하게 연결된다. 그리스도의 성육신이 왜 발생하였는가에 대하여, 아타나시우스(Athanasius)는 하나님이 사람이 되신 것은 사람을 하나님으로 만들기 위함이라고 말하였는데, 이는 성육신이 인간의 죄를 처리하는 것보다 훨씬 더 깊은 차원이 있는 것으로 생각한 결과이다. 인간의 죄를 해결하기 위하여 성육신하게 되는 일은 지나가는 하나의 과정이고, 궁극적으로는 인간을 신과 같은 존재에로 앙양하는데 성육신이 필연적으로 요청되었다는 것이다. 말을 바꾸면, 인간이 죄를 범하지 않았더라도 성자의 성육신은 필연적으로 일어났을 것인데, 그 이유는 인간을 신의 자리에로 앙양하기 위함이었던 것이다. 이런 입장에 서게 되면, 그리스도 예수의 다시 오심에서 인간의 삶의

---

[24] C. W. Suh, *The Creation-Mediatorship of Jesus Christ. A Study in the Relation of the Incarnation and the Creation*(Amsterdam: Rodopi, 1982).

처소로 창조되었던 세계는 불필요한 것으로 폐기되고, 신의 존재에로 앙양된 하나님의 자녀들은 그렇게 변화된 실존에 걸맞은 환경을 갖춘 곳으로 옮겨가야만 할 것이다. 이것이 신화적인 사고방식을 견지하는 그리스도인이 추구하는 종말론적이고 궁극적인 상태가 될 것이다.

반면에 이레네우스는 그리스도의 성육신은 죄로 인하여 엉클어진 관계를 새롭게 정돈하기 위하여(recapitulatio mundi) 일어났다고 보았다(엡 1:10). 아담이 죄를 범하지 않고 언약에 순종하는 관계를 유지하였다면, 성자의 성육신은 일어나지 않았을 것이라고 본 것이다. 그리스도 예수의 성육신이 불필요한 상황이 영속된다면, 창조의 원래 상태는 지속되는 셈이다. 죄로 말미암아 창조의 상태가 언약 안에서 지속될 수 없는 상태가 되었기 때문에 성자의 성육신이 일어났고, 성육신하신 그리스도 예수의 십자가로 이 세대를 심판하고, 부활로 그리스도 예수를 머리로 하는 올 세대를 창조하게 된 것이다. 이렇게 되면 그리스도 예수의 다시 오심을 통하여 완성되는 하나님의 나라는 창조세계로 확정되게 된다. 그리스도 예수와 연합하여 구원에 참여한다는 것은 아담의 범죄로 상속한 죄와 사망의 자리에서 벗어나 의와 하나님이 지배하는 영광에 참여하는 것일 뿐, 그리스도 예수의 신성에 참여하여 신이 되는 것은 아니라고 보기 때문이다. 과연 피조물인 인간이 피조물의 자리를 벗어나서 신이 되는 그리하여 신과의 실질적인 교제에 참여하는 그런 일이 일어날 것인가에 대하여, 단호하게 "아니오, 그렇지 않습니다"라는 입장을 취하는 것이다.

창조로부터 드러난 하나님의 뜻은 창조주 하나님 곧 성부와 성자와 성령 하나님께서 피조물 곧 인간을 당신의 형상을 따라서 창조하여 그가 창조한 창조세계의 모든 피조물과의 관계에서 선지자로, 제사장으로, 왕으로 역할을 수행함으로써 모든 피조물과 함께 창조주 하나님을 기뻐하고 영화롭게 하는 삶을 살아가기를 원하셨다는 데 있다. 이것은 시편 기자의 묵상에서도 명확하게 드러난다. 시편 8편 1-9절의 "여호와 우리 주여 주의 이름이 온 땅에 어찌 그리 아름다운지요. 주의 영광을 하늘 위에 두셨나이다. 주의 손가락으로 만드신 주의 하늘과 주의 베풀어 두신 달과 별들을 내가 보오니 사람이 무엇이관대 주께서 저를 생각하시며 인자가 무엇이관대 주께서 저를 권고하시나이까. 저를 천사보다 조금 못하게 하시고 영화와 존귀로 관을 씌우셨나이다. 주의 손으로 만드신 것을 다스리게 하시고 만물을 그 발아래 두셨으니 곧 모든 우양과 들짐승이며 공중의 새와 바다의 어족과 해로에 다니는 것이니이다. 여호와 우리 주여 주의 이름이 온 땅에 어찌 그리 아름다운지요"라는 묵상에 창조와 함께 드러난 인간을 향한 하나님의 뜻이 명확하게 반영되어 있다.

시편 기자의 이 묵상은 창세기 1장 24-31절의 말씀에 기반하고 있다. 인간은 신이 되도록 창조된 것이 아니라, 하나님의 백성으로서 창조세계의 다른 모든 피조물과의 관계에서 하나님의 뜻을 널리 알리고 그 뜻을 따라서 하나님을 예배하도록 모든 피조물을 다스리는 데 있었던 것이다. 다양한 피조물의 특성을 포괄하여 하나의 교향곡을 이루어 하나님을 찬양하게끔 역할하는 머리로 인간을 창조한 것이다. 그러니까 하나님의 창조세계에는 창조주 하나님과 피조물인 인간을 머리로 하는 하나님의 백성만이 존재하는 것이다. 왕이신 하나님과 그의 백성이 하나님께서 창조하신 창조세계에 함께 거하는 것, 바로 이것이 창조를 통하여 드러난 하나님의 경륜인 것이다. 이로써 창조주 하나님과 피조물 사이의 존재론적인 간격은 결코 극복되지 않는다는 사실을 알게 된다. 환언하여, 신은 신이고 피조물은 피조물일 뿐이다. 이런 사고방식은 구원의 백성인 이스라엘을 향하여 들려진 신명기서에서도(신 29:29), 이스라엘의 멸망과 함께 흩어진 자기 백성에게도(사 55:8-9) 다시 한 번 극명하게 선포되었다. 신약성경에서도 요한계시록 21장 3-5절에서 다시 한 번 확인되고 확정되는 모습을 볼 수 있다. 애초부터 인간에게 신이 될 수 있다는 사상을 열어준 자는 사탄이었다는 사실을 기억하는 것이 좋을 것이다(창 3:5).

이 중대한 사명을 맡았던 첫 아담이 실패함으로, 둘째 아담인 그리스도 예수가 등장하게 되는 것이다(롬 5:12-21; 빌 2:6-12). 그리스도가 성육신하여 이런 사역을 감당하게 된 이유는 골로새서 1장 15-17절에서 보듯이 그가 모든 피조물의 머리요, 중보자이기 때문이다. 그리스도는 눈에 보이는 것과 눈에 보이지 않는 것, 즉 모든 피조물의 머리요 중보자이시다. 이로써 만물이 그리스도 안에 서게 된 것이다. 그리스도의 이러한 직분을 가리켜서 창조중보직(creation-mediatorship of Christ)이라고 부른다. 그리스도에게 창조중보직이 있기 때문에, 첫 아담이 실패하자 모든 피조물의 머리인 그리스도께서 친히 성육신하게 된 것이다. 이것이 성경에서 발견할 수 있는 성육신의 직접적인 동기이다. 인간을 신을 만들기 위한 것이 아니라, 피조물 가운데 하나님의 뜻을 드러내어 분명하게 하고(마 11:27), 자기 백성의 죄를 속량하여 대속하며(막 10:45), 왕으로서 등극하여(마 28:18), 하늘에 있는 모든 것과 땅에 있는 모든 것의 머리가 되어 다시 정돈하기 위함이었던 것이다(엡 1:10). 이것을 그리스도 예수의 구속중보직(redemption-mediatorship of Christ)이라고 부른다.

구속의 중보자로서 그리스도 예수는 한편으로 자기 백성을 구원하는 일에(골 1:13-14), 다른 한편으로 모든 피조물을 구속하는 일에(롬 8:19-22) 관여하셨다. 이것이 구속의 중보자로서 그리스도 예수가 초림하셔서 행하신 중요한 일의 두 부분이다. 다시 오셔서 행하시는 일은 바로 초림에서 시작하셨던 일을 완결하는 것이다. 그리하여 아브라함과 그의 후손들이 소망 가운데 나그네와 행인 같은 삶을 살아가면서 바라보았던 도시(히 11:13-16), 그리스도 예수를 머릿돌로 하여 지어진 성전(엡 3:19-22, 4:16)에 속한 백성들이 그리스도 예수의 재림과 함께 부활의 영광에 참여하여 이 땅으로 내려오게 될 것이고 살아서 주의 다시 오심을 고대하던 그리스도인이 변화되어 공중에로 들어 올리어 오시는 주님을 영접하고(살전 4:13-17, 5:23), 공중에 머물러 있는 것이 아니라 새로워진 창조세계를 상속하기 위하여 땅으로 내려오게 될 것이다(계 21:1-5). 이런 방식으로 구속의 중보자로서의 그리스도 예수의 두 사역, 즉 자기 백성을 구원하는 일과 탄식 가운데서 고통하는 모든 피조물을 구원하는 일이 최종적으로 통합되어, 하늘에 있는 모든 것이나 땅에 있는 모든 것이 그리스도 예수를 머리로 하여 다시 새롭게 정돈되는 일이 일어나는 것이다.

이런 세계관을 공유했던 분은 요한과 베드로와 바울, 그리고 예수 자신이다. 요한은 요한계시록 21장 1-5절에서 하늘에서 하나님이 예비하신 성, 아마도 히브리서 기자가 11장 13-16절에서 언급했던 바 아브라함이 소망 가운데 바라보았던 그 성, 바울이 디모데후서 4장 18절에서 디모데에게 권면하면서 언급했던 바 자신이 죽으면 들어갈 천국이 하늘로부터 창조세계로 내려온다는 그림을 보여 주며, 한 걸음 더 나아가서 그렇게 모인 백성들 사이에서 하나님이 친히 그들과 함께 거하시면서 왕 노릇 하심으로써 자기 백성의 눈에서 모든 눈물을 씻기시매 다시 사망이 없고 애통하는 것이나 곡하는 것이나 아픈 것이 다시 있지 아니하게 된다고 언급하였다. 창조세계, 즉 하늘과 땅에서 처음 것들을 다 제거하시는데, 그것이 바로 죄로 말미암아 인류를 지배했던 사망과 그 사망으로부터 기인한 비참인 것이다. 그리하여 새 하늘과 새 땅과 (새 바다)가 되는 것이다(계 21:1). 아마도 바다를 언급하지 않은 것은 요한계시록 자체 내에서 바다가 용의 발등상으로 그려졌기 때문일 것이다. 요한은 이런 방식으로 만물을 새롭게 하실 것(계 21:5)을 내다보았다.

베드로도 이와 다르지 않다는 사실을 특별히 한국 교회의 그리스도인은 주목할 필요가 있다. 베드로후서 3장 10절의 "그러나 주의 날이 도둑 같이 오리니 그날에는 하늘이 큰 소리로 떠나가고 물질이 뜨거운 불에 풀어지고 땅과 그중에 있는 모든 일이 드러나리로다"는 말씀을 이해할 때, 마치 이 창조세계가 불에 타서 없어지게 될 것이라고 생각하는 사람들이 많기 때문이다. 그러나 12절의 "그날에 하늘이 불에 타서 풀어지고 물질이 뜨거운 불에 녹아지려니와"라는 말씀을 함께 놓고 보면, 하늘이 뜨거운 불에 들어가 녹아져 세속적인 원리들이 녹아내리며, 땅도 뜨거운 불에 들어가 녹아져 그 속에 있는 세속적인 원리들이 녹아내림으로써 순수하고 아름답고 영광스러운 창조세계가 비로소 드러나게 될 것이라는 말로 읽을 수 있다. 전체적으로는 불로써 심판을 행하는데, 그 불은 불순물은 제거하고 온전한 실체는 더욱 분명하게 드러내는 용광로와 같은 이미지로 구성되어 있는 것이다. 폐하여 없애는 것이 목표가 아니라 불순물을 제거하여 온전하게 하는 것이 목표인 행위인 것이다. 이렇게 해석하는 것이 옳은 것은 이 사실을 그리스도인의 삶에 곧바로 적용하기 때문이다. 베드로후서 3장 11절의 "이 모든 것이 이렇게 풀어져 드러나리니 너희가 어떠한 사람이 되어야 마땅하냐 거룩한 행실과 경건함으로", 12절의 "하나님의 날이 임하기를 바라보고", 13절로 이어져서 "의가 거하는 곳인 새 하늘과 새 땅을 바라보는 것"으로 자연스럽게 연결되기 때문이다. 그리스도인은 그날에 불로써 심판할 때에 불에 타서 없어질 것을 소망하지 말고, 하나님의 의가 거하는 세계를 바라보면서 불순물로 여겨지지 않을 경건한 삶을 살아가야 한다는 권면을 구성하는 것이다.

베드로가 이러한 세계관을 가졌다고 확신할 수 있는 것은 오순절에 성령이 임하시고, 성령의 충만함을 받은 그가 행한 설교 때문이다. 사도행전 3장 21절의 "하나님이 영원 전부터 거룩한 선지자들의 입을 통하여 말씀하신바 만물을 회복하실 때까지는 하늘이 마땅히 '그'를 받아 두리라"는 말씀에서 언급되는 "그"는 바로 그리스도 예수를 뜻하는데, 그가 오시면 만물이 회복된다는 말씀을 선포하고 있기 때문이다. 베드로의 설교 전반부를 놓고 보면 재림하실 그리스도를 언급하는 것처럼 보이고, 후반부를 놓고 보면 초림하실 그리스도를 언급하는 것으로 보이나, 초림이든 재림이든 이것이 전혀 문제가 되지 않는 것은 초림 때에나 재림 때에 하시는 일의 본질은 다르지 않기 때문이다. 초림 때에는 시작하는 것이고, 재림 때에는 완결하시는 것 이외에 그가 하시는 일 그 자체는 만물을 회복하는 일이기 때문이다. 이런 점에서 보면 재림하셔서 그가 만물에 대하여 행하시는 일, 즉 베드로후서 3장 10-13절에서 행하시는 일은 요한과 마찬가지로 만유를 새롭게 하는 일과 근본적으로 일치하는 방식의 일로 이해하는 것이 바른 것이다. 사도행전에서든 베드로후서에서든 간에 한 동일한 인격적 존재인 베드로의 교훈에는 성령으로 말미암는 통일성과 일관성이 버티고 있는 것이다.

비록 역사적인 예수와 동행한 적이 없는 바울에게서도 동일한 교훈을 보게 된다. 창조의 중보자이시며 구속의 중보자이신 그리스도 예수를 머리로 하여 추수한 신구약의 모든 백성이 그리스도 예수의 재림과 함께 하나님의 자녀로 드려지는 날에(고전 15:20-28), 비로소 삼위 하나님께서 만유 안에 만유가 되는 일이 일어난다고 말하기 때문이다. "하나님이 만유 안에 만유가 된다"(God will be all in all)는 것은 매우 중요한 사실을 일깨우는 바, 이것은 그리스도 예수를 머리로 한 교회를 통하여 하나님께서 이루고자 하시는 구속의 핵심적 사역에 속하기 때문이다(엡 1:22-23). 그리스도 예수를 머리로 한 교회를 통하여 하나님은 에베소에, 고린도에, 빌립보에, 골로새에, 데살로니가에, 로마에, 영국에, 네덜란드에, 미국에, 한국에, 이란에 당신이 충만하게 임하시기를 소망하신 것이다. 창조세계에 자신이 창조주인 것과 구속주인 것을 알려서 모든 사람이 하나님을 즐거워하며, 영화롭게 하는 삶을 살아갈 수 있으면 좋겠다는 염원을 가지고 있는 것이기 때문이다. 이것이 바로 하나님께서 만유 안에서 만유가 되시는 길인 것이다. 달리 말하여 바울도 만물이 새로워지는 비전을 갖고 있다는 말이고 이런 점에서 요한과 베드로와 동일한 이해를 공유하고 있다고 말할 수 있다.

베드로나 요한이나 바울에게서 발견하는 이러한 관점은 사실 예수의 가르침에 기반한 것이라고 보아야 한다. 마태복음 19장 28절에서 예수께서 "내가 진실로 너희에게 이르노니 세상이 새롭게 되어 인자가 자기 영광의 보좌에 앉을 때"라는 말씀을 하시는데, "세상이 새롭게 되어"라는 말은 문자적으로 "세상이 중생할 때"라는 헬라어 표현으로 진술되어 있다. 예수께서도 당신이 다시 오시는 날에 이 세상이 멸절되는 것이 아니라, 베드로가 언급했듯이 죄와 사망의 불순물이 끼어 있는 세상이 용광로에 들어가서 풀어짐으로써 죄와 사망은 걸러내고 온전한 창조세계의 영광이 드러나게 되는 일이 일어날 것이라는 말로 읽어야 할 것이다. 그리스도 예수께서 창조의 중보자로서 구성했던 창조세계의 원형이 구속의 중보자로서의 사역을 통하여 회복되어 그 최종적인 영광이 마침내 드러남으로써 완성되는 일이 일어나게 될 것이라고 말한 것이다.

이러한 논의를 통하여 볼 때, 최종적인 구원의 완성에서 몸과 영(혼)이 온전하게 보존된 인간이 등장하게 되고(살전 5:23), 바로 이렇게 온전한 인간이 거주할 거소로서 새로워진 창조세계가 포괄되는 것이다(계 21:1-5). 물질로 구성된 시공간의 세계가 구속의 최종적인 단계에서 배제되지 않는다는 말이다. 요한계시록 22장 1-2절의 "또 저가 수정 같이 맑은 생명수의 강을 내게 보이니 하나님과 및 어린양의 보좌로부터 나서 길 가운데로 흐르더라. 강 좌우에 생명나무가 있어 열두 가지 실과를 맺히되 달마다 그 실과를 맺히고 그 나무 잎사귀들은 만국을 소성하기 위하여 있더라"라는 말씀에서 보듯이 에덴동산을 배경에 둔 기독론적인 해석이 반영된 매우 구체적인 창조세계의 완성을 내다보기 때문이다. 이로써 《살리는 것은 영이니 육은 무익하니라》는 말씀을 몸이나 물질이나 창조세계 그 자체를 부정하는 말로 해석하는 것은 옳지 않은 것이라는 사실이 자연스럽게 드러난다.

# 10

살리는 것은 영이니,
육은 무익하니라[25]

　이렇듯 하나님께서 만유 안에 만유가 되시는 일(God will be all in all)이 일어날 때, 현재의 세계와 올 세계 사이에 연속되는 것과 불연속되는 것은 무엇인지에 대하여 구체적으로 살펴보면 좋을 것이다. 이 논의는 창조, 타락, 구속, 완성이라는 신학적 근간을 중요하게 묵상하면서 전개하는 실존적이며 고백적 언어로 채워지게 될 것이다. 이와 관련하여 구체적인 논의를 전개한 신학자로는 네덜란드의 아브라함 카이퍼(Abraham Kuyper)와 클라스 스킬더(Klaas Schilder)를 꼽을 수 있다. 둘 사이의 깊은 세계관의 차이에도 불구하고 둘 다 요한계시록의 본문을 중요하게 생각하고 논의를 전개한다는 점에서는 공통적인데, 그 본문은 요한계시록 21장 24, 26-27절이다: "만국이 그 빛 가운데로 다니고 땅의 왕들이 자기 영광을 가지고 그리로 들어가리라. 사람들이 만국의 영광과 존귀를 가지고 그리로 들어가겠고 무엇이든지 속된 것이나 가증한 일 또는 거짓말하는 자도 결코 그리로 들어가지 못하되 오직 어린양의 생명책에 기록된 자들만 들어가리라"

　아브라함 카이퍼는 일반은총을 매우 강조한 신학자인 반면에, 클라스 스킬더는 일반심판을 강조한 신학자이다. 이것은 아담의 범죄와 함께 인류가

---

[25] 요한복음 6장 63절의 인용이다.

죄를 범함으로써 죄 아래 갇힌 상태에 대한 신학적 판단을 담은 신학적 술어이다. 모든 사람이 죄를 범하였으매 하나님의 영광에 이르지 못하는 상태에서 하나님께서 이들에게 행하시는 주요한 사역의 성격이 은혜인가, 심판인가에 대하여 카이퍼는 그럼에도 불구하고 은혜가 시여된다고 보았고, 스킬더는 심판이 몫으로 배당된다고 보았다. "일반은총"이라는 말은 사실 칼빈이 사용하였고, 일반은총과 특별은총의 경계가 무너진 계몽주의를 거치면서는 거의 논의되지 않다가 20세기에 들어와 프린스턴 신학교의 찰스 핫지(C. Hodge)가 조직신학 저술에서 이 용어를 다시 끄집어내었다. 이즈음에 일반은총에 관련된 학술적인 논의를 칼빈을 중심으로 구체적으로 시도한 신학자는 헤르만 바빙크(Herman Bavinck)이고, 이것을 일반적인 적용의 범주로 이끌어내어 심화 확장한 신학자가 아브라함 카이퍼이다.[26] 헤르만 바빙크의 『일반은총론』은 화란에서 공부한 차영배를 통하여 1970년대에 한국 교회에 번역 소개되었고, 카이퍼의 『일반은혜』는 수년전 1권이 영역에서 국역되어 한국에 소개되었고, 영역 본은 2권까지 출간되어 영미권 독자를 만나기 시작하였다.

    칼빈은 모든 사람이 죄에 갇혔을지라도 그들에게 지속적으로 하나님의 일반은총이 제공된다고 말한다. 사실 범죄한 인류를 향한 하나님의 마음은 어찌할 수 없는 안타까움일 것이다. 그래서 하나님은 한편으로는 죄에도 불구하고 어루만지시고, 다른 한편으로는 그럼에도 불구하고 심판을 시행하신다. 사도행전 17장 22–31절의 "바울이 아레오바고 가운데 서서 말하되 아덴 사람들아 너희를 보니 범사에 종교심이 많도다. 내가 두루 다니며 너희가 위하는 것들을 보다가 알지 못하는 신에게라고 새긴 단도 보았으니 그런즉 너희가 알지 못하고 위하는 그것을 내가 너희에게 알게 하리라. 우주와 그 가운데 있는 만물을 지으신 하나님께서는 천지의 주재시니 손으로 지

---

[26] 이에 관한 상세한 논의를 위하여는 유태화, 『삼위일체론적 구원론』(서울: 대서출판사, 2010), 125-153, 특히 126쪽을 보라.

은 전에 계시지 아니하시고 또 무엇이 부족한 것처럼 사람의 손으로 섬김을 받으시는 것이 아니니 이는 만민에게 생명과 호흡과 만물을 친히 주시는 이 심이라. 인류의 모든 족속을 한 혈통으로 만드사 온 땅에 살게 하시고 그들의 연대를 정하시며 거주의 경계를 한정하셨으니 이는 사람으로 혹 하나님을 더듬어 찾아 발견하게 하려 하심이로되 그는 우리 각 사람에게서 멀리 계시지 아니하도다. 우리가 그를 힘입어 살며 기동하며 존재하느니라. 너희 시인 중 어떤 사람들의 말과 같이 우리가 그의 소생이라 하니, 이와 같이 하나님의 소생이 되었은즉 하나님을 금이나 은이나 돌에다 사람의 기술과 고안으로 새긴 것들과 같이 여길 것이 아니니라. 알지 못하던 시대에는 하나님이 간과하셨거니와 이제는 어디든지 사람에게 다 명하사 회개하라 하셨으니 이는 정하신 사람으로 하여금 천하를 공의로 심판할 날을 작정하시고 이에 그를 죽은 자 가운데서 다시 살리신 것으로 모든 사람에게 믿을 만한 증거를 주셨음이니라 하니라"는 말씀에서 이 사실을 엿볼 수 있다.

모든 사람이 죄를 범하였으나, 하나님께서 그 상태가 더 심각해지지 않도록 하기 위하여 이들 가까이 계시면서 생명과 호흡과 만물을 선물로 제공하시는 행위를 보기 때문이며, 동시에 그럼에도 불구하고 궁극적으로는 심판하실 것이 언급되어 있기 때문이다. 이렇게 보면 카이퍼는 은혜를 더욱 확대하여 본 것이고, 『그리스도와 문화』라는 책[27]에 보면 스킬더는 심판을 더욱 집중하여 읽은 것이다. 그러나 은혜와 심판을 함께 말한 점에서 카이퍼가 스킬더보다는 더 성경적이고 안정적인 길을 모색한 것으로 보인다. 사실 아담이 범죄하고 하나님의 심판이 즉각적으로 그리고 총체적으로 시행되었다면, 인류의 역사는 오래전에 종결되었을 것이다. 언약을 깨트리면 정녕 죽는 것이 인간의 운명이었기 때문이다. 그러나 죄를 지은 인간에게 에덴동산에서의 추방이라는 심판과 함께 하나님의 즉각적인 은혜의 개입이 뒤따

---

[27] 클라스 스킬더, 『그리스도와 문화』, 손성은 역 (서울: 지평서원, 2017), 119-127, 특히 126-127을 보라.

랐다. 사도행전 17장의 본문에서 확인했듯이 하나님이 죄인들 곁에 계시면 서 친히 생명과 호흡과 만물을 선물로 주셨기 때문이다. 말하자면, 죄에도 불구하고 인류에게 자녀를 낳고, 부모와 친지와 이웃의 관심과 배려 안에서 성장하며, 교육을 통하여 사회의 구성원으로 일하여 성취와 보람을 맛보며, 사랑에 빠지고 배우자를 얻으며 자녀를 낳아 기르는 역동적인 삶을 경험하며, 여행하고 여가를 누릴 수 있는 길을 열어 놓으셨기 때문이다.

칼빈에 이어 바빙크는 창조와 함께 형성되었던 우주의 법칙을 지금도 운용하심으로써 붙잡고 계시며(creatio continua), 동물을 본성을 따라서 생성소멸하게 하시며, 식물을 그 속성을 따라서 생장하게 하시며, 인간이 규범을 근간으로 양육되며 활동하게 하시는 하나님의 행동이 타락 이후에도 계속되고 있다는 사실을 강조하였다. 카이퍼는 칼빈을 계승하여 바빙크가 제안한 이러한 범주와 수준으로 창조세계가 유지될 수 있는 것은 하나님께서 은혜로 죄가 "창조질서"(scheppingsordinantie)를 완전히 폐하는 데까지 미치지 못하도록 조치하시기 때문이라는 사실을 알아차렸다. 카이퍼에게 일반은총은 죄에도 불구하고 "창조질서"를 보존하시는 하나님의 주권적인 행동으로 받아들여졌다.[28] 다만 모든 인간에게 일반으로 베풀어지는 은총이라고 보아서 일반은총이라는 말을 사용하게 되었던 것이다.

이런 생각을 실제적인 삶에 쉽게 적용하면 그리스도인 과학자나 비그리스도인 과학자 모두 일반은총 아래 있고, 따라서 그들의 연구 활동을 통하여 귀결된 과학적 결과물은 하나님의 창조질서를 드러낸 것으로 인정될 수 있다는 것이다. 《1+1=2》라는 공식을 그리스도인 과학자나 비그리스도인 과학자나 가리지 않고 함께 공유하는 것과 마찬가지라는 것이다. 그리스도인 음악가나 비그리스도인 음악가나 음악활동을 하는 일에서 하나님의

---

[28] 아브라함 카이퍼, 『일반은혜』, 임원주 역 (서울: 부흥과개혁사, 2017). 이에 대한 자세한 분석을 위하여는 유태화, 『삼위일체론적 구원론』(서울: 대서출판사, 2010), 125-153을 읽어보라.

창조질서를 반영하는 일이 가능하다는 것이다. 그리스도인 드라마 작가나 비그리스도인 드라마 작가나 하나님의 창조질서를 반영하는 작품을 구현할 수 있다는 것이다. 그리스도인 건축가나 비그리스도인 건축가나 건축에서 하나님의 창조질서에 근거한 과학적 지식에 기초하여 작업할 수 있다는 것이다. 비록 성경 구절이나 신앙고백을 직접적으로 드러내지 않더라도 창조질서를 반영한 작품이면 무방하다는 말이다. 이런 방식으로 그리스도인과 비그리스도인은 공공의 영역에서 공존을 꾀할 수 있고, 공공의 이익을 위하여 서로를 개방할 수 있는 여지를 가질 수 있다는 것이다.

물론 카이퍼는 과학자가 하나님의 창조질서에 적극적으로 반대하여 작업할 수 있고, 음악가가 하나님의 창조질서에 반하는 작사나 작곡을 할 수 있고, 드라마 작가가 하나님의 창조질서에 역행하는 작품을 구성할 수 있고, 건축가가 건축물에서 하나님의 창조질서에 위배되는 작품세계를 구현할 수도 있다는 사실을 외면하지는 않았다. 이런 이유로 카이퍼는 현재의 나라와 미래의 하나님 나라 사이에는 연속성과 불연속성이 있다고 생각하였다. 베드로가 말하였듯이 마지막 날에 불로써 하늘과 땅과 그 가운데 실존하는 만물을 심판하실 때에 그 심판의 불을 견디고 미래 하나님 나라에로 인양되는 것이 있고, 그렇지 못한 것이 있을 수 있다고 본 것이다. 만일 음악작업을 하면서 하나님의 창조질서에 반하는 내용, 이를테면 유물론적이고 물활론(物活論)적이고 원자론적인 사고를 반영하여 사후 인간 실존의 가능성을 부인하고, 지금 살고 있는 삶이 전부이니 후회 없이 부어라 마셔라 라고 선동하는 그런 노래를 만들어서 불렀다면, 그리고 비록 그런 노래가 비록 젊은 이들 사이에서 많이 애창되어 공유된다고 하더라도 미래 하나님 나라와는 하등 관계없는 작품으로 규정되어 종말에 불에 타서 없어질 것이다. 그러나 비그리스도인의 작품임에도 불구하고, 인간들 사이의 봉사와 섬김의 창조질서가 잘 반영된 작품을 천재적인 감성을 반영하여 만들어 세계인들이 애창하는 곡이 되었다면 그런 차원의 곡은 비록 곡 안에 성경구절이나 명시적인 신앙고백적 진술이 없다고 하더라도 미래 하나님 나라에로 인양된다는 것이 카이퍼가 일반은총에 기초하여 견지한 입장이다.

이런 사실을 쭉 따라가면 음악적 소양을 가진 그리스도인이 꼭 복음성가만 작사 작곡하고 연주해야만 하는 것이 아닌 어떤 가능한 샛길을 보게 되는 것이다. 그리스도인과 비그리스도인 모두에게 열린 작품 활동을 할 수 있기 때문이다. 과학적 소양을 가진 젊은이가 굳이 기독교적인 명찰을 달고서 학문 활동을 할 필요는 없고, 다만 그가 속한 과학자들의 영역에서 하나님의 창조질서를 존중하고 드러내는 작업을 객관적으로 설득력 있게 신실함으로 수행하는 것이 자신의 소임을 다하는 것일 수 있다. 그렇게 해서 드러난 원리에 근거하여 건축물을 올리고, 위성을 띄우고, 전자기기를 운용하는 일이 가능한데, 이런 모든 행위가 하나님의 창조질서에 기반하고 있기 때문에 이 또한 창조주 하나님께 영광을 돌리는 행위가 될 수 있다는 것이다. 물론 직업적인 영역에서 이 일을 수행하는 자가 이 모든 일이 하나님의 일반은총의 범주에서 일어나는 일임을 인식하면서 작업한다면 더 없이 좋을 일이지만, 혹여 그렇지 않더라도 이러한 작업의 결과물이 미래 하나님 나라에로 인양되는 일이 가능하다는 것이 카이퍼의 생각이다. 신앙고백을 명시적으로 담고 성경구절이 반영된 작업만이 유의미한 것이 아니라, 하나님께서 창조세계에 계시한 창조질서를 반영한 것이면 유의미한 것으로 판명될 수 있다. 왜냐하면 창조의 중보자가 구속의 중보자요, 구속은 창조질서의 회복이며 완성이기 때문에 창조질서의 범주에 속한 것은 원칙상 배제될 이유가 없다는 것이다.

반면에 스킬더는 모든 사람이 죄를 범한 이후에 인간이 전개하는 모든 행위는 하나님의 궁극적인 심판을 위하여 차곡차곡 쟁여지는 화목(火木)과 같은 것이라고 말한다. 이러한 그의 사고는 비그리스도인들에게는 어떤 형태의 은혜도 제공되지 않는다는 확신에서 비롯된다. 단지 그들에게 당장 쏟아 부어져야 할 저주와 심판이 지연되고 있다는 사실에서만 은혜라면 은혜라고 말할 수 있을 뿐이라고 보았던 것이다. 그러니까 비그리스도인은 자신의 생각과 말과 행위를 통하여 궁극적인 저주와 심판을 위한 재료를 만들어 내고 있을 뿐이라는 말이다. 그러니까 비그리스도인 사이에서 행해진 일체의 문화적 행위, 혹은 문명의 건설에 수반되는 일체의 것은 미래 하나님의 나라와는 아무 상관없는 범주의 일들로 치부될 수밖에 없는 것이다. 언약의 공동체를 구성하고, 그 언약의 공동체 안에서 명시적인 신앙고백과 함께 형성된 음악, 건축, 과학만이 미래 하나님 나라에로 인양될 수 있으며, 그리스도 예수를 머리로 하여 형성한 것만이 미래 하나님 나라에 유용한 것이라고 제한한다. 쉽게 말하여 교회 밖 세상에서 행해진 일체의 일은 모두 심판을 통과하면서 없어질 범주에 속한 것일 뿐이다. 이런 점에서 스킬더는 바흐(Bach)의 음악과 당대의 재즈 음악을 대립시키고[29] 바흐의 음악만이 미래 하나님 나라에로 영속될 것을 분명하게 말하였다.[30]

이런 관점을 집요하게 밀고 나가면, 그리스도인이 관여할 수 있는 일은 결국 교회중심적인 활동에로 환원될 수밖에 없다. 이런 사실을 명확하게 인지한 리차드 마우(Richard J. Mouw)는 스킬더를 교회와 세상을 분리시키는 이원론자라고 명명한 것이다.[31] 비록 1693년 스위스와 알자스에서 야콥 암만(Jakob Ammann)의 리더십 아래 이주하여 미국 펜실베이니아 중부를 기반으로 활동하는 아미쉬 공동체(Amish community)와 같이 실질적인 분리를 꾀하지는 않았지만, 사실상의 분리를 의도했다는 점에서 이 비판은 그렇게 지나치지 않다고 본다. 아미쉬 공동체는 세상은 마귀에게 내주고, 세상에서 진흥된 문물의 발전도 세속적인 것으로 간주하여 아예 속세로부터 떠나서 소박한 자연 속에 그들만의 사회를 만들고, 오직 성경만을 삶의 원리로 택하

---

29 클라스 스킬더, 『그리스도와 문화』, 154-155.
30 클라스 스킬더, 『그리스도와 문화』, 141.
31 R. J. Mouw, "Klaas Schilder as Public Theologian," *Calvin Theological Journal* 38 (2003): 281-298.

여 세속적인 교육을 거절하고 교회학교를 통하여만 삶의 지혜를 구하는 단순하고 명확한 사랑의 삶을 추구한다.

이와는 달리 스킬더가 언약백성의 사회를 중심으로 그 안에서 기독교적 정체성이 뚜렷한 예술과 과학과 문화와 교육과 정치와 경제를 구현하려는 시도를 전개하였다는 점에서 아미쉬 공동체보다는 더 적극적이고 진취적인 행보를 보이지만, 언약백성의 공동체의 담장을 높이 쌓아올리고 그들만의 구별된 도시를 구성하려고 한다는 점에서는 이원론적인 근간을 갖고 있다고 할 수 있기 때문이다. 이런 사고방식을 받아들이게 되면, 그리스도인은 그리스도인만의 과학공동체, 음악공동체, 경제공동체, 문화공동체, 학문공동체를 만들어서 활동해야 하는 것이다. 실제로 스킬더는 언약백성의 공동체를 특정한 지역의 교회를 중심으로 구성한다. 그리고 교회의 지체들을 중심으로 초중고교를 만들어 자녀들을 교육한다. 이로써 가정과 교회와 학교를 중심으로 기독교적 지성을 길러내고 기독교적인 문화를 구현하며, 기독교적인 삶의 근간을 만들어 삶을 형성하려는 시도를 전개했던 것이다. 이렇게 보면 신실한 그리스도인은 세속사회에서는 활동해서는 안 되고, 오로지 교회에 속한 사람으로서 문화활동을 해야만 하는 것이다. 이런 범주에서 형성된 문화적 소산만이 미래 하나님 나라에로 연결될 수 있다고 보았기 때문이다.

여기서 제기될 수 있는 문제는 실제적으로 그리스도인과 비그리스도인이 함께 어우러져서 만들어 가는 일들을 현실적으로 어떻게 볼 것인가 하는 것이다. 한국 사회를 배경으로 놓고 볼 때, 한 회사나 학교나 연구소에 속하여 활동하는 구성원 가운데 비그리스도인과 그리스도인이 함께 어울리며 작업을 해야 하는 실제적인 상황에 대하여 어떤 입장을 취해야 하는 것인가라는 질문이 남겨지게 되기 때문이다. 명시적인 신앙고백이나 그리스도 중심적인 결속이 이루지지 않은 상태에서 합동연구를 실행하고 구체적인 작업을 진행할 때, 그리스도인은 그런 삶의 자리를 박차고 나와서 그리스도인을 중심으로 한 회사나 학교나 연구소를 따로 차려야 하는지, 아니면 그 안에서 어떤 일을 함께 도모할 수 있는 길을 모색할 수 있을 것인지 여부가 관건이 되는 셈이다. 이러한 상황에서는 카이퍼가 내세운 "창조질서"라는 가치가 매우 중요한 준거로 작동할 수 있을 것이다. 이런 상황에서 학문적인 수월성을 누가 확보하느냐 하는 것이 더욱 중요해질 것이다. 그리스도인이 이것을 확보하여 분위기를 선도하게 되면 자연스럽게 창조질서가 존중되는 방향으로 노정될 것이기 때문이다. 명시적인 고백이나 기독론적인 직접적 고백이 주어지지 않는다고 하더라도 하나님께서 창조하실 때에 형성된 창조질서의 가치가 존중되는 범주 내에서 공동의 작업을 수행할 수 있는 분위기를 만들어 가는 것이 중요하다. 그런 활동의 결과물 가운데 어떤 것은 미래 하나님 나라에로 인양될 것인 바, 구속은 창조질서의 회복과 완성을 포괄하기 때문이다.

이런 관점의 차이와 관련하여 요한계시록 21장 24, 26-27절의 "만국이 그 빛 가운데로 다니고 땅의 왕들이 자기 영광을 가지고 그리로 들어가리라. 사람들이 만국의 영광과 존귀를 가지고 그리로 들어가겠고 무엇이든지 속된 것이나 가증한 일 또는 거짓말하는 자도 결코 그리로 들어가지 못하되 오직 어린양의 생명책에 기록된 자들만 들어가리라"는 말씀을 잘 읽어 보면, 범주가 둘로 나뉠 가능성을 보게 된다. 하나는 사물이고, 다른 하나는 사람이다. 열방 가운데서 형성된 문화적인 산물 가운데 "영광"과 "존귀"를 담지한 것은 미래 하나님 나라에로 들여보내지고, 반면에 사람의 경우는 어린 양의 생명책에 녹명된 자만 들어가게 된다는 사실로 구별하여 읽을 가능성을 보게 되기 때문이다. 하나님의 영광과 존귀를 반영한 문화적 산물은 미래 하나님 나라에로 영입되어야만 하고, 카이퍼는 창조질서가 구현된 것도 여기에 포괄된다고 보았다. 그러나 일반은총은 구원의 효능을 일으키지는 않는다고 보았기 때문에 카이퍼는 미래 하나님 나라에 들어오는 사람들은 명시적인 신앙고백의 근간을 갖고 일생을 살아온 사람들일 뿐이라는 한계를 설정할 수 있었다.

이렇게 보면, 창조 때의 세계와 완성 때의 세계는 목가적인 상태에서 도시적인 상태에로 전환되어 있을 것이 거의 확실하다고 말할 수 있다. 창세기 1장 24-31절에 반영된 문화명령은 인간의 타락으로 인하여 그것이 구현되는 방향이 바뀌었을 뿐 문화명령을 수행하는 기능이 사라진 것은 아니었기에 인간은 역사를 거듭하면서 부단히 문화를 형성해 올 수밖에 없다. 다른 말로 목가적인 상태에서 시작된 창조세계는 도시적인 형태로 귀결되는 것이 자연스럽다는 것이다. 따라서 성경은 아주 뚜렷하게 이 전망을 수용한다(계 21:24, 26-27). 이런 점에서 카이퍼가 열어 주는 관점, 즉 현재의 문화적 산물과 미래 하나님 나라 사이에는 불연속성뿐만 아니라 연속성이 명확하게 존재한다고 말하는 것이 자연스럽다. 자크 엘륄(Jacques Ellul)은 문화와 문명, 그리고 기술사회를 근간으로 한 도시 자체를 죄악시하였으나, 문제는 탑을 세우는 것 그 자체에 있는 것이 아니라 창조와 구원의 하나님을 배제하는 공동체를 꿈꿨다는 사실에서 찾아야 했다는 점에서 엘륄의 예언자적인 선포는 정상적인 궤를 벗어났다고 말해야 할 것이다. 신실한 그리스도인은 건강한 언약공동체의 구성원으로서 예배하고 찬양하며 기도하는 삶을 힘쓰되, 하나님의 창조질서를 근간으로 구현되어야 할 건강한 사회적 삶을 배제하는 게토화된 삶을 꾀해서는 안 된다. 오히려 성령의 인도를 좇아서 교회와 사회를 동시에 끌어안고 견지하는 삶을 모색해야 할 것이다. 성령은 교회를 포함하여 모든 삶의 영역에서 창조와 구원의 하나님의 진선미를 찾아서 구현하는 삶을 요구하기 때문이다. "살리는 것은 영이니 육은 무익하니라"는 말씀은 이런 범주를 포함해서 이해되고 해석되어야 한다.

## 11

살리는 것은 영이니,
육은 무익하니라[32]

    이 세대에서 행한 일의 결과물이 올 세대로 인양될 수 있는 것이라면, 그것도 창조질서에 근간한 삶의 결과물이 미래 하나님 나라에로 인양될 수 있는 것이라면, 그러면 그리스도인은 어떤 삶을 어떻게 살아야 하는 것인가라는 물음을 제기하는 것이 자연스럽다. 특별히 이 물음을 지금까지 언급해 온 "살리는 것은 영이니 육은 무익하니라" 혹은 "육으로부터 난 것은 육이요 영으로부터 난 것은 영이니라"라는 말씀의 적용 범주 내에서 답변되어야 할 필요가 있을 것이다. 여기서 육은 그리스도 밖에서 떠올리고 기획하며 실행하는 삶 전부를 의미하는 것이고, 영은 성령 안에서 그리스도 예수와 연합하여 하나님을 아빠 아버지라고 부르는 삶 전체를 일컫는 말이다. 물질이나 몸은 악하고 정신이나 영(혼)은 선하다는 어떤 가능성도 내포하지 않는다는 사실을 이미 앞에서 여러 가지 관점에서 충분히 설명했던 바이기 때문에 이런 전망은 아예 다시 언급하지 않는 것이 옳을 것이다. 그렇다면 그리스도 예수 안에서, 혹은 성령의 인도를 따르는 삶의 범주 내에서, 혹은 하나님을 아빠 아버지라고 부르는 삶의 범주 안에서 행해지는 삶의 구체적인 양상은 어떤 방식으로 구현될 수 있으며 어떻게 이루어져야 하는 것일까?

---

[32] 요한복음 6장 63절의 인용이다.

이 삶은 구원론적인 지평, 혹은 교회론적인 지평에서 시작되어 창조론적인 지평으로 확장되는 성격을 갖고 있다. 달리 말하자면, 죄인이 예수 그리스도를 믿음으로써 교회의 구성원이 되어 성경을 따라 양육을 받아 기독교적인 세계관이 형성됨으로써 비로소 진정한 우주의 주인을 알고 고백하게 되는 삶으로 진행한다는 것이다. 아브라함이나 모세나 다윗이나 이사야나 바울이나 베드로나 요한이나 야고보나 아볼로나 칼빈이나 카이퍼나 바빙크나 주기철이나 박형룡이나 김치선이나 한상동이나 박윤선이나 이상근이나 최순직이나 할 것 없이 모두가 현실적으로는 세상, 우주, 만유를 기반으로 삶을 살아가고 있었던 사람들이다. 이들은 각각 자신이 속한 그 지역, 혹은 그 나라의 가치관을 교육을 통하여 공유하며 살고 있었다. 그들이 살고 있는 세계를 지으신 이가 누구인지 각 지역과 각 나라의 다양한 언어와 문화에 기초한 사고방식에 귀속되어 파악하고 그런 가치관 안에서 자신의 삶을 형성하고 있었다. 그러던 어느 날 그들의 삶 한가운데 언약의 하나님이 여러 선지자들을 통하여 여러 모양으로 말씀하신 끝에 마침내 그의 독생자 그리스도 예수라는 분이 몸소 찾아오셨고(히 1:1-3), 그분 안에서 진정한 하나님이 어떤 분인지 진정한 인간이 어떤 존재인지가 성령 안에서 명확하게 알려지게 되었고, 그들은 어느 순간엔가 말씀하시는 내용에 인격적으로 동의하게 되는 일을 경험하게 되었다. 인격적인 하나님을 만나고 그 하나님을 아빠라고 부르는 일이 뒤따랐던 것이다. 그리고 이들이 모여서 광야에 있는 교회라 불리는 이스라엘 공동체(행 7:38), '하나님의 이스라엘'이라고 불리는 교회(갈 6:16)라는 공동체를 이루게 되었고, 주일마다 회집하여 이 사실을 회상하고 축하하는 일이 공유되었다. 구원에 참여한 이스라엘이라는 공동체는 오직 여호와만이 이스라엘의 하나님이며(신 6:4), 교회라는 공동체는 자신의 머리이신 그리스도 예수를 유일한 주라고 고백하며(고전 12:3), 마침내 그리스도 예수 안에서 드러난 하나님을 성령 안에서 아빠 아버지라 부르는 삶을 고난과 박해 가운데서도 신실하게 살아가게 된 것이다(롬 8:1-17).

이런 점에서 육을 벗어나 영에 속한 삶을 가장 구체적으로 구현하는 곳은 두말할 것도 없이 구원에 참여한 사람의 모임인 하나님의 이스라엘로서 교회(갈 6:16)라는 공동체다. 이런 점에서 교회는 한편으로 매우 독특한 공동체이며 또한 다른 한편으로 매우 비밀스러운 공동체이다. 왜냐하면 그리스도 예수 안에서 일어난 일, 진정한 하나님을 만나고 진정한 인간의 길을 알게 되는 일이 교회 공동체 안에서만 공유되고 있기 때문이다. 이런 점에서 교회가 세상의 어떤 다른 공동체로 대체될 수 없는 유일하고 독특한 비밀을 간직한 공동체인 것이 부정되거나 약화되어서는 안 된다. 무엇보다도 교회 공동체 안에서만 은혜의 수단으로서 하나님의 말씀 선포 사건을 통하여, 또한 세례와 성만찬이라는 상징 행위의 시행을 통하여 이 비밀이 다시 새롭게 실존적으로 선포되고 재연된다. 이것이 그리스도 예수께서 교회에 직접 위임하신 권세이며(요 20:19-23; 마 28:19; 고전 11:23-26), 교회만이 이 권세를 갖는다. 그래서 교회는 일차적으로 이 직무를 수행함으로써 구원 사건을 끄집어내어 회상하는 곳이며, 다시 새롭게 그 고백 안으로 뛰어들어 축하하는 공동체이다. 이 일을 교회 이외의 다른 공동체에게 위임하신 일이 없다. 교회는 바로 이 일을 구현해야 하는 사명을 가진 구원의 공동체 혹은 종말론적인 공동체이다. 삼위 하나님께서 회상(remembrance)과 축하(celebration)라는 반복적인 행위를 통하여 교회 구성원 모두 안에 자신을 충만하게 구현하기를 희망하신다. 삼위 하나님께서 그리스도 예수를 머리로 한 지체들이 성령 안에서 온전한 사람을 이루어 그리스도의 장성한 분량의 충만함에 이름으로써 하나님을 아빠 아버지라고 온전히 부르는 교회가 되기를 소망하고 계시고, 바로 그러한 일을 효과적으로 하도록 다양한 직분자를 세워 교회를 봉사하게 하셨다(엡 4:11-16).

예배와 교육과 교제와 봉사라는 과정을 통하여 교회는 부단히 교회의 머리이신 그리스도 예수의 장성한 분량의 충만함에 이르러야 한다. 바울이 교회에서 경험할 수 있는 온갖 문제의 온상이라고 할 수 있는 고린도교회를 향하여 쓴 편지에는 바로 이러한 차원의 권면으로 가득하다. 성령으로 세례를 받아 그리스도 예수의 몸을 이루고 하나님을 아빠 아버지라고 부르는 삶을 살아가는 공동체는 그리스도 예수의 십자가와 부활의 신비에 깊숙이 참여하여 그것에서부터 자신의 실존을 이해하고 파악하는 지점에 있어야 하며, 바울이나 아볼로나 게바라고 하는 인간 지도자를 자랑거리로 삼는 일을 넘어서서 그리스도 예수 안에서 계시된 하나님을 섬기고 예배하는 자리에로 나아가야 하며, 귀신의 밥상에 참여하여 그곳에서 나고 베풀어지는 음식을 먹고 마시며 살아가는 로마제국의 백성과는 달리 그리스도 예수의 밥상에 참여하는 자로서 자신의 정체성을 명확히 하면서, 이 세대에 속한 세속제국의 삶의 방식이 아니라 올 세대에 속한 그리스도 예수의 나라의 삶의 방식을 존중하면서 자기를 지켜 세속적 가치로 물들이지 않고, 서로의 은사를 살피고 존중하면서 온전한 몸을 이루어 그리스도 예수를 세상에 소개하는 화목케 하는 삶을 살아가야 하며, 이러한 삶의 과정을 겪으면서 세상 사람들처럼 썩어짐의 과정을 통과하지만 그럼에도 불구하고 부활의 소망을 가지고 약속된 영원한 삶을 덧입는 삶을 살아가야 하는 공동체인 것을 아주 분명한 필치로 드러내기 때문이다.

바로 이러한 삶을 살아가게 되면, 교회는 세상과의 관계에서 대조공동체(contrast society)로서 자신을 형성할 수 있게 된다. 이런 점에서 보면 교회는 세상과는 구별된 공동체라고 할 수 있다. 세상이 육에 속한 공동체라면, 교회는 영에 속한 공동체가 되는 셈이기 때문이다. 이러한 대안 공동체로 서기 위해서는 교회 안에 잔존하는 육을 대항하는 부단한 싸움이 필연적이다. 교회 공동체 안에 있으면서 세속적인 삶의 먼지를 안팎으로 뒤집어쓰는 일을 제거해야 하기 때문이다. 바울이냐 게바냐 아볼로냐 하는 사고방식에 붙잡히지 않도록 자신을 부단히 돌아보는 삶, 구원이 마치 자신의 지혜나 능력으로 되어진 것인 양 허세를 떠는 삶을 벗어나는 일, 지금 그리스도 예수의 몸된 교회에서 행하는 봉사의 기회를 자기 자랑의 근거로 삼으려는 왜곡된 열심에 빠지지 않도록 힘쓰는 일, 비난하고 정죄하며 거짓을 재생산하는 일을 멀리하는 일, 과장하고 분내고 소란하게 하는 과정에 자신의 의를 드러내는 일을 그만두는 것이 지속적으로 요구되고 있기 때문이다. 특별히 교회의 목회자는 바로 이러한 지점을 부단히 확보하도록 하기 위하여 은혜의 수단인 말씀을 부지런히 사용하고, 성례전을 그 종말론적인 의미에서 새롭게 경험하라고 주님께서 교회에 특별한 부탁을 하셨다는 사실을 유념하고 이것에 천착해 있어야 한다.

튀빙겐의 로마 가톨릭교회 신학자인 게르하르트 로핑크(Gerhard Lohfink)가 잘 드러냈듯이 예수께서 마태복음 5장 1절에서부터 시작하여 7장 29절까지에서 말씀하신 산상수훈은 종말론적인 공동체인 교회의 구체적인 삶을 어떻게 형성해야 하는지 일러준 것으로 읽어야 한다.[33] 성령으로 말미암아 그리스도 예수의 십자가와 부활의 신비에 참여함으로써 마음과 삶이 새롭게 형성된 그리스도인들은, 예레미야나 에스겔이 예고했던 회복된 이스라엘, 곧 민족적 정체성을 넘어서 하나님을 아빠 아버지로 부르는 언약백성의 공동체로서 부름을 받아 서기관과 바리새인들보다도 더 나은 의를 이루는 삶을 살아감으로써(겔 36:20-27; 마 5:17-20) 세상의 빛과 소금으로서의 삶을 살아내야 한다는 의중(마 5:13-16)을 예수께서 드러내셨다는 것이다. 다시 말하여 이방세계에서 더럽혀진 하나님의 이름이 거룩히 여김을 받으며, 그분의 나라가 임하며, 그분의 뜻이 하늘에서처럼 땅에서도 이루어지는 일이 종말론적인 공동체인 교회를 통하여 일어나야 하며, 하나님이 주시는 음식을 먹고 마시며 힘을 얻어 살되 서로 용서하고 관용하는 삶을 구현함으로써 은혜의 원리로 내부의 삶을 단단히 형성하여 마귀의 시험에 빠지지 않으며 하나님의 영광을 구하며 그에게 찬양을 돌리는 삶을 살아가야 한다는 의중을

---

33 Gerhard Lohfink, *Wie hat Jesus Gemeinde Gewollt? Zur gesellschaftlichen Dimension des christlichen Glaubens*(Freiburg: Herder, 1982), 정한교 역, 『예수는 어떤 공동체를 원했나? 그리스도 신앙의 사회적 차원』(경북: 분도출판사, 2003), 25-35.

드러내셨다는 것이다.

특별히 누가복음의 주기도문 버전을 보면 예수의 열두 제자 중 하나가 예수에게 요한의 제자들은 요한이 가르쳐 준 기도를 함으로써 자신의 공동체의 정체성을 명확히 하고 있는데, 우리에게도 당신의 기도문을 주셔서 당신의 공동체의 정체성을 명확하게 할 수 있도록 해달라는 형식을 반영하고 있다는 사실을 보게 된다(눅 11:1). 예수께서 제자들에게 준 기도문에서 특별히 "아버지여, 아버지의 이름이 거룩히 여김을 받으시오며 나라이 임하옵시며"라고 시작되는 지점은 확실히 선지자 에스겔의 이스라엘의 회복이라는 예언(겔 36:22-23)을 염두에 둔 표현으로 읽어야 한다는 로핑크의 제안은 설득력이 충분하다 할 것이다. 이런 의미에서 교회는 이스라엘의 진정한 회복이라고 보아야 한다(갈 6:16). 교회는 이런 점에서 자신을 돌아보아 예수를 믿음으로 받은 성령의 인도를 따라 은혜 안에서 자신의 삶을 온전히 살아가고 있는지 늘 확인하기를 힘써야 한다(갈 3:3). 이런 순전한 과정을 통하여 교회는 어느 순간 대안공동체(alternative society)로서 자신을 경험하게 된다. 예수께서 의도하신 공동체는 사실 이 지점에까지 이르는 공동체여야 한다.

이런 점에서 바울이나 요한이나 베드로나 예수나 모두가 교회를 배제하는 방식으로 하나님의 나라를 드러내지는 않는다는 관점을 공유한다고 생각된다. 남아공화국의 신학자로서 아브라함 카이퍼의 신학을 존중하며 아파르트헤이트(Apartheid)를 반대하며 활동하다 암살당했던 요하네스 헤인쯔(Johanness Heyns)가 명확하게 언급했듯이 교회는 세상 가운데 하나님 나라를 가장 명확하게 담지하는 독특한 공동체이다. 다른 말로 하자면, 세상이 알지 못하는 비밀, 세상에는 아직 알려지지 않은 신비인 그리스도 예수를 예배와 교육과 교제와 봉사를 통하여 경험하며 공유하는 공동체라는 사실에서 교회는 세상의 그 어떤 공동체와도 대체할 수 없는 독특하고도 유일한 지위를 점하고 있기 때문이다. 교회의 회중은 회집하여 예배와 교육과 교제와 봉사를 통하여 바로 이 사실을 공유하며 기념하고 축하하는 일에 참여함으로써 하나님의 통치를 받아들인다. 미국 칼빈대학에서 기독교 철학을 가르치는 제임스 스미스(James Smith)가 『하나님 나라를 상상하라』라는 책에서 잘 드러냈듯이 그리스도인은 예외 없이 교회의 지체로서 예배하는 삶을 자신의 삶의 토대로 삼아야 한다. 모든 그리스도인은 건강한 교회 공동체의 지체로서 예배적 삶의 정취에 본능적으로 반응할 정도의 종교적 성향을 가진 회중으로 잘 형성될 필요가 있다. 그리스도 예수를 만남으로써 구원에 참여한 그리스도인은 어떤 희생을 치르더라도 반드시 구체적인 교회의 지체로서 자신의 삶을 노정해야만 한다. 소위 "가나안 성도"는 존재론적으로 불가능한 것임을 깊이 성찰해야 한다. 회개하고 구체적인 교회로 돌이켜야 하며, 그 안에 자신의 부족함을 인식하고 다른 연약한 지체들과 더불어 그리스도 예수의 장성한 분량의 충만함에 이르러 가는 삶에 참여해야 한다.

무엇보다도 교회에서 그리스도 예수 안에서 제공되는 죄 용서와 의와 생명의 누림이라는 가장 직접적인 하나님의 통치를 경험할 수 있어야 한다. 마치 실로암 연못에 물이 동하듯이 교회에서는 그리스도 예수로 말미암는 죄 용서와 의와 생명에의 참여라는 사건이 말씀 사건을 통하여 매주일 실존적으로 일어나야 한다. 세례라는 행위도 그리스도 예수와의 인격적인 만남 혹은 인격적인 참여를 구현할 수 있는 매우 핵심적인 상징이다. 가능하면 세례의 원형인 침례를 행하는 것이 좋다. 장로교 목사이지만 침례를 시행한 일이 있는데, 침례야 말로 세례라는 상징의 핵심 가치를 적나라하게 경험하도록 만들기 때문이다. 깨끗한 수건으로 코와 입을 막고 물속에 온몸을 잠그는데 그 상태로 그대로 두면 죽을 수밖에 없기에 세례는 실제적인 죽음의 경험이며, 동시에 실제적인 부활의 경험이 될 수밖에 없다. 그리스도 예수와 합하여 세례를 받음으로써 세상의 정과 욕심에 대하여 실제로 죽고, 물 위에 올라옴으로써 실제로 의와 생명을 향하여 다시 살아나는 경험을 수반하기 때문이다. 교회는 세례를 신실하게 시행함으로써 회중으로 하여금 그리스도 예수로 말미암는 죽음과 부활을 경험하도록 해야 하는 것이다. 그래서 세례는 한꺼번에 몰아서 해서는 안 되고, 필요할 때마다 그때그때 이 종말론적인 사건으로 세례를 온전히 구현함으로써 회중이 이 세대에 대하여는 죽고 올 세대에 대하여는 산 자임을 기회가 있을 때마다 확인할 수 있도록 해야 한다.

성만찬도 종말론적인 식사이다. 성만찬은 단순히 유월절 만찬이나 최후의 만찬의 반복이 아니다. "예수 나를 위하여 십자가를 질 때"라는 찬송을 부르면서 장례식장으로 변화되면 곤란하다. 만일 예수의 죽음으로 모든 것이 종결되었다면 성만찬은 존재하지 않았을 것이다. 부활하신 주님의 현존이 없었다면 교회는 존재하지도 않았을 것이요, 성만찬도 없었을 것이다. 환언하여, 성만찬은 부활하신 주님이 베푸시는 종말론적인 만찬이다. 이사야 25장 6절에서 예고되었던 하나님이 자기 백성에게 "기름진 고기"와 "맑고 오래된 포도주"를 내어 베푸시는 종말론적인 만찬의 선취인 것이다. 예수님이 다시 오셔서 자기 백성들에게 베푸실 어린양의 혼인잔치를 앞당겨 지금 여기서 행하는 것이기 때문이다(고전 11:26; 계 19:7-9). 다시 오실 그리스도 예수께서 자기 백성을 다 모으시고 베풀어주실 그 승리의 만찬의 선취로서 지금 여기서 행하는 것이 바로 성만찬인 것이다. 성만찬을 행하면서 이 세대에 대하여는 죽은 자로, 올 세대에 대하여는 산 자로 자신을 드러내고 충성을 맹세하는 것이다. 주님이 주시는 음식을 먹고 마시며 그 힘으로 내게 주어진 70이요, 강건하면 80인 인생을 살아가겠다는 마음을 드리는 것이다. 자신의 몸을 찢어 그 피를 쏟으심으로써 그리스도인을 죄에서 해방하시고 부활하시어 의와 생명을 내 몫으로 배당하신 그리스도 예수를 먹고 마실 때마다 다시 오실 주님을 바라보게 되는 것이다(고전 11:26). 이것은 교회에서만 경험할 수 있는 고유한 하나님의 통치이다. 매 주일 그리스도인은 교회에 회집하여 이런 하나님의 통치에 참여함으로써 하나님의 자녀로서의 자신의 정체성을 새롭게 하고 초기화하여, 공로를 버리고 은혜 안에서 새로운 삶을 노정하곤 하는 것이다.

　대조사회(contrast society)를 넘어서 대안사회(alternative society)로 발돋움하기 위하여 사회(society)로서 교회의 교회됨이 신중하게 고려되어야 한다. 예배와 교육과 봉사와 교제의 장으로서 교회는 은혜의 수단을 제공하는 것에서 그쳐서는 안 되고, 그 은혜의 수단으로서 하나님의 말씀의 선포와 세례와 성만찬에서 경험되는 가치를 실제로 경험하고 실현하는 장이 되어야 한다. 오늘날 유행하는 교회에서처럼 예배만 달랑 드리는 3회전 6회전 9회전 예배의 형식을 고집하는 것으로는 턱도 없는 소리에 불과한 것이다. 교회는 이런 자기 죽임의 자살적 고리를 벗어나는 차원으로의 전격적인 전환을 모색해야 한다. 단순한 기도모임, 정보전달의 성경공부모임, 내적치유의 큐티모임을 넘어서서 삶의 구체성을 끌어안는 방식의 기도, 성경나눔, 삶의 노정을 위한 만남의 장을 모색해야 할 것이다. 내가 경험했던 어떤 교회는 오전 예배를 9시쯤 시작하여 뭉근하게 드리고 11시쯤 마치면, 회중이 상황에 맞는 다양한 그룹으로 나뉘어 샌드위치를 나누면서 선포된 하나님의 말씀을 다시 소환하여 구체적으로 잘게 씹어서 적용하는 모임을 하는 것도 보았다. 단순한 설교요약 정도가 아니라 그 말씀의 구체성을 향하여 회중이 몸소 그 말씀 안으로 들어가 잘게 분쇄하여 자신의 삶에 구체적으로 적용하는 과정을 겪는 것이다. 어쨌거나 《살리는 것은 영이요, 육은 무익하니라》는 말씀의 진정한 의도의 구현은 사회(society)로서 교회에서 전인적이고 포괄적으로 이루어져야 한다.

# 12

살리는 것은 영이니,
육은 무익하니라

앞글에서는 회중으로서의 교회를 중심으로 어떤 삶을 살아가는 것이 건강한가라는 논의를 하였다면, 이 글에서는 그렇게 모여서 그리스도 예수를 머리로 한 공동체로서 자신을 경험한 회중 각 사람이 모임으로서의 교회를 벗어나서 월요일부터 토요일까지 각자의 삶의 영역에서 어떤 삶을 살아가야 하는 것인지 살펴볼 필요가 있을 것이다. 소위 삶의 영역으로 흩어져 들어가는 교회가 이 글의 관심사가 되어야 하기 때문이다. 전임사역자를 제외하고는 주일의 분위기를 일주일 내내 반복하면서 교회 내에서 살아가는 그리스도인은 거의 없을 것이다. 권사님들이 교회의 기도실을 중심으로 불철주야 생활하시는 분도 없지는 않으나 표면적인 이유로서 기도나 혹은 교회봉사 때문에 그러는 경우도 있으나 붙박이 할아버지 밥 해드리기 싫어서 그런 경우도 적지 않게 보아왔고 전임사역자들로부터 들어왔기 때문에 그렇게 바람직한 일이라고 생각하지는 않는다. 집 식구의 밥을 돌아보지 않은 채 하늘의 밥만을 구하는 삶은 온당치 않은 것이며, 둘 다를 공히 성실하게 해야 하지 않을까 싶은 것이다. 어쨌거나 이런 분들을 제외하면 대부분의 교회의 회중은 주일 모임이 마쳐지면 사실상 가정이나 직장 중심의 삶으로 돌아가지 않을 수 없다. 흩어져 삶의 구체적인 현장으로 돌아가기 마련이고, 그러한 교회를 일컬어서 일반적으로 "흩어지는 교회" 혹은 특별하게는 사회적 삶의 유기적인 관계망 안으로 스며들어간다는 의미에서 "유기적인 교회"라고 부르기도 한다. 이런 차원의 교회에 대한 입장이 그렇게 단선적이지 않다.

　이와 관련하여 어떤 그리스도인은 이런 삶의 영역에 대하여는 굳이 고민할 필요가 없다고 말하는 사람도 있다. 그리스도인끼리의 더 광범위한 교제 영역을 만들고 공동체를 이루며 살아가면 된다고 생각하기 때문이다. 동일한 신념체계를 공유하는 교회가 지역마다 하나씩 세워지고 그 교회들이 연합하여 초중고교를 설립하고 교회와 동일한 신념체계에 근거하여 교육을 실행하고, 대학에 들어가기를 희망하는 자들에게는 기독교대학을 권유하여 고등교육을 받고 전문인의 삶을 노정할 수 있는 길을 열어 주며 그렇지 않은 경우는 직업학교를 졸업하여 가족 단위의 삶의 현장에서 생산 활동에 참여하며 가족을 부양하고 학교와 교회 공동체를 위하여 재정적인 헌신을 한다. 자기 지역의 정치와 경제와 문화와 교육을 위하여 국회의원도 양성하여 자기 공동체를 돌아보도록 요구한다. 비록 눈에 보이는 담장은 없지만 이런 방식으로 자신의 공동체를 형성하고 그 안에서 자신의 고유한 삶을 형성하여 살아가는 소박한 기독교 사회를 만들어 내는 것이다. 지나치게 팽창적이지 않는 한 세속적인 도전 없이 자기들만의 기독교적 정체성을 공유하며 안정적인 삶을 살아갈 수 있다. 세속사회에서 소수자보호법과 같은 것이 통과되어도 이런 법령이 영향을 미치지 않는 그들만의 기독교 공동체를 구현하기에 실제적인 법적 제재가 필요한 상황이 자신들의 공동체 안에서 일어나지는 않을 것이다. 필요한 만큼의 목회자, 필요한 만큼의 교사, 필요한 만큼의 지식인, 필요한 만큼의 문화예술인, 필요한 만큼의 금융전문가, 필요한 만큼의 기술인을 양성하면 그것으로 족하다. 회중이 서로 돌아보아 서로의 필요를 적극적으로 채워 주는 삶을 살아갈 수 있기 때문이다.

　이런 모델에 가까운 사람이 클라스 스킬더(Klaas Schilder)이고, 네덜란드 캄

펀(Kampen)을 중심으로 형성된 이런 분위기를 한국에 소개하는 분들은 주로 부산에 배경을 둔 목회자나 신학자들이다. 이런 배경에서 이런 지향성을 가진 교단 내에서 기존의 교회가 작은 교회를 분립개척하거나 교회 내에서 기독교학교를 시작하거나 하는 시도들이 비교적 자연스럽게 회자되곤 한다. 이런 세계관을 가진 분들은 교회의 연속성으로 사회를 보는 것이며, 교회는 있으나 교회와 구별된 실제적이고 구체적인 사회는 존재하지 않는 것이라고 말할 수도 있을 것이다. 교회에서 부르는 노래나 가정에서 부르는 노래나 학교에서 부르는 노래나 노래방에서 부르는 노래나 동네 음악회에서 부르는 노래가 모두 동일한 노래일 가능성이 있다. 교회나 학교라는 삶의 정황이 달라져서 각각의 상황에 따른 표현상의 강조점이 바뀔 수는 있으나 근본적인 기조는 동일하게 유지되는 것이 특징적인 그런 사회를 꾀하는 것이다. 실제적으로 교회나 학교나 사회가 별로 다른 것이 없는, 교회가 사회로 연장되어지는 그런 흐름의 삶을 꾀하는 지점에 서 있다고 말할 수 있다. 결국은 교회 중심의 고립적인 공동체를 지향할 수밖에 없으며, 실제로 네덜란드에서는 이 교단에 속한 그리스도인은 지금도 일찍 결혼하여 소위 7~8명의 언약의 자손을 낳곤 하는데, 자신의 공동체 밖에 있는 자들을 받아들이는 길이 사실상 없기 때문에 내적으로 자녀를 많이 생산하는 방식으로 언약 공동체의 존속을 꾀할 수밖에 없기 때문이다. 결과적으로는 자신이 속하지 않은 세상은 무관심의 영역으로 내돌리는 우를 범할 수 있다. 이런 과정에 소박한 교회 중심적인 문화가 형성되게 될 것이고, 미래 하나님 나라를 덮어쓰고 그 안으로 영입되어질 것이다.[34]

그런가 하면 교회 밖에서 일어나는 일에 직접적으로 관여하지 않는 경우도 없지 않다. 세상은 어차피 세속의 영역이고 변화도 불가능한 것이며 그렇게 존속되다가 어느 순간에 멸망에 넘겨질 소망 없는 세계라는 생각을 하

---

[34] 클라스 스킬더, 「그리스도와 문화」, 141.

는 것이다. 그래서 세상 가운데서 그리스도인으로 살아가는 일에 대하여 특별한 지침이 없는 것이다. 그저 분위기를 살피면서 눈에 띄지 않게 적당히 섞여 살아가면 된다고 생각하는 것이다. 21세기적 상황에서 자신이 몸담고 살아가는 사회의 구성원이 보편적으로 공유하는 가치관을 따라서 적당히 순응하며 살아가면 그것으로 족하다고 생각하는 것이다. 그렇게 살아가다가 삶에 흠결이 발생하면 주일에 교회에 나와서 예배를 통하여 사죄의 은총을 경험하고 죄의 범람에도 불구하고 그나마 이 정도로 살 수 있었던 것을 감사함으로 하나님 앞에 서는 것으로 족한 것이라고 생각하는 것이다. 영화 《투캅스 2》에 등장하는 배우 안성기가 분한 형사의 삶과 매우 유사한 스타일의 그리스도인이 양산되어질 가능성이 매우 크다고 할 것이다. 당시의 사회문화적인 배경에서 안성기가 분한 형사는 불법 영업하는 매장에서 적당히 돈 뜯어내고 토요일 밤 침대에 앉아서 그렇게 모은 돈을 계수하면서 십일조와 감사헌금을 떼어 주일예배 드리면서 바침으로써 죄책감을 덜어내고, 예배 마치고 다시 일상으로 돌아가면 여상하게 예배드리기 전에 행하던 삶을 그대로 반복하는 그런 그리스도인 말이다. 이런 경우 교회는 일종의 목욕탕 이미지를 견지하지 않는가 싶다. 다소간 이견이 있을 수도 있으나, 이런 삶의 전망을 신학적으로 열어놓은 신학자가 미국 캘리포니아 에스콘디도에 있는 웨스트민스터 신학교의 데이비드 반드루넨(David VanDrunen)이다.[35] 코넬리우스 밴틸(Cornelius Van Til)보다는 조금 더 적극적이나 아브라함 카이퍼로부터는 현저하게 물러나는 어떤 지점에서 자신의 입장을 자리매김하는 것인데, 이런 경우 교회의 머리는 그리스도가 되지만 세상의 주인이 누구인지가 불명확해지는 문제를 낳게 ]된다. 일반적으로 세상을 장망성으로 돌리고 미래 하나님 나라와의 관계에서도 불연속성을 강조하는 쪽으로 기울어지는 경향을 드러내기에 이 세상에서 건질 것을 별로 생각하지 않

---

[35] 데이비드 반드루넨, 『하나님의 두 나라 국민으로 살아가기』, 윤석인 역 (서울: 부흥과개혁사, 2012). 학문적으로 볼 때는 루터의 두 왕국론이 칼빈이나, 특별히 신칼빈주의가 추구하는 개혁신학의 교회와 국가의 관계를 이해하는 것과 동일하다는 검증되지 않은 논지에 서서 자신의 입장을 전개한다는 데 있고, 이 논지 자체는 상당히 의심스럽다고 해야 할 것이다.

는다. 궁극적으로는 영혼의 구령 밖에는 다른 소망을 두지 않는 경향을 드러내기 때문이다.

그런가 하면 교회와 세상은 다른 성격의 공동체인 것을 명확히 인정하되, 교회도 주님께 속한 것이요, 세상도 주님께 속한 것이라는 입장을 균질하게 견지하는 흐름을 생각해 볼 수 있다. 세상을 조금 더 분석적으로 읽으면서 정치, 경제, 사회, 문화, 교육, 여가와 같은 다양한 영역으로 구별하는 것이다. 세상 가운데서 교회가 직접적으로 주님의 주권에 속한다면, 정치영역도 직접 주님의 주권에 귀속된다고 보는 것이다. 경제나 사회나 문화나 교육이나 여가와 같은 영역도 마찬가지다. 교회에서 봉사하는 목회자도 주님의 주권에 자신을 내어주어야 하며, 정치, 경제, 사회, 문화, 교육, 여가와 같은 영역에서 종사하는 사람들도 주님의 주권에 부합하는 삶을 살아가야 한다고 믿는 것이다. 주일이면 모든 그리스도인이 다 교회공동체의 지체로서 예전을 통하여 하나님을 예배하며 형제와 자매로서 봉사하며 교제하고 하나님의 뜻을 공유하는 과정을 즐거움으로 받아들이게 된다. 그러나 흩어져서 사회적 삶의 관계망으로 되돌아갈 때는 자신이 속한 영역이 정치적인 영역이면 그 안에서 주님의 뜻이 실현되도록 봉사하는 삶을 살아가야 하고, 경제적인 영역이면 그 안에서 필요를 따라서 생산된 물품이 정의롭게 필요를 따라서 분배되도록 함으로써 하나님의 주권을 실현하기 위하여 힘써야 하는 그런 삶의 지평을 열어 놓는 것이다.

이렇게 되면 교회에서는 예전을 통하여 하나님의 백성으로 자신을 경험하며, 세상에서는 자신이 속한 영역에서 하나님의 다스림을 받아들임으로써 하나님의 주권을 실현하는 삶을 살아가야 한다. 교회 안에서 어떻게 해야 하는지에 대하여는 앞글에서 이미 살폈기 때문에 여기서는 세상에서 이러한 삶이 어떤 방식으로 전개될 수 있는지에 대하여 살펴보는 것이 자연스러울 것이다. 주일에 예배하는 회중의 일원이면서 월요일부터 토요일까지는 국회의원으로 활동하는 정치인이라면 현재 한국 사회에서 논의되고 있는 소수자보호법과 관련한 입법 과정에 어떤 방식으로 참여할 수 있을까? 소수자보호법이라는 것이 사회의 구성원으로서 살아가야 할 인간으로서 가져야 할 인권적 차원, 그러니까 학업이라든지 취업이라든지, 하는 부분에 있어서 차별받지 않도록 하는 일이라면, 그리스도인 국회의원은 비그리스도인 국회의원과 공동작업을 수행할 수 있을 것이다. 그러나 동시에 교회라는 공동체 안에서 동성애와 같은 것이 어떤 고유한 관점에서 다루어질 수 있는지 하는 것과 관련하여 동성애자의 권리뿐만 아니라 동성애에 대하여 교회와 사회가 보편적으로 견지해야만 하는 창조질서에 근거한 관점을 보장받을 교회와 사회의 권리를 지켜내는 일에 합의를 이끌어 낼 수 있어야 할 것이다. 동성애자가 기본 생활권에 대하여는 보호를 받되, 동성애가 사회의 보편적인 질서로 편입되는 일에 대하여는 그리스도인 국회의원은 비그리스도인 국회의원과 공동의 전선을 형성하여 대응하는 것이 좋을 것이다.

교회도 주님께서 다스리는 곳으로, 세상도 주님께서 다스리는 곳으로 받아들이는 그리스도인은 교회와 세상을 혼동하지 않아야 한다. 교회는 교회요, 세상은 세상이다. 직무의 구체성에 있어서 명확한 차이가 있기 때문이다. 그러나 각각의 영역에서 자신에게 고유한 일을 수행하는 동기와 태도와 목적에 있어서는 한 주님을 향하여 통일되어야 한다. 그 주님께서 교회 안에서는 특별한 은총으로 교회 밖 세상에서는 일반은총을 통하여 일하고 계신다는 사실을 인식하면서, 특별히 교회 밖 세상에서 어떻게 비그리스도인과 연대하면서 하나님의 창조질서에 근거한 삶을 이끌어 낼 수 있을지 궁구하는 삶을 살아가야 한다. 말씀을 그들과 함께 읽지 않지만 말씀을 읽어야 하고, 기도를 그들과 함께 하지 않지만 기도해야 하고, 찬양을 그들과 함께 부르지는 않지만 찬양해야 하는 삶을 살아내야 하기 때문에 이 삶은 결코 만만하지 않은 것이다. 함께 살아가는 사람들 가운데서 구속하신 하나님의 선하심을 어떻게 삶을 통해서 표현할 수 있을까 하는 근원적인 고민이 필요하기 때문이다. 삶을 통하여 어떻게 그들의 마음을 열고 대화를 모색하며 생각을 공유할 수 있을까라는 고민에 고민이 거듭되어야 하기 때문이다. 말을 바꾸어 교회에서 예배하는 자로서 사회 속으로 흩어져 들어가 살아가는 그리스도인이면서 동시에 공공의 장에서 창조질서를 존중하는 삶을 도모하게끔 사회를 움직여갈 뿐만 아니라, 한 걸음 더 나아가서 그 이상을 만들어 내어 그리스도 예수를 인격적으로 소개하는 자리까지 갈 수 있을지를 고민해야 하기 때문이다. 그리하여 어떻게 동성애가 사회의 보편적인 성애의 한 영역으로 편입되는 일을 피하면서도 동성애자까지도 품어 그리스도에게로 인도할 수 있을지를 고민해야 하기 때문이다. 동성애자까지도 어느 순간에 인간적으로 형, 혹은 언니라고 부르면서 자신의 삶을 오픈하며 다가올 수 있는 그런 사람으로 드러나야 하기 때문이다.

세속사회 한가운데 실존하는 교회는 바로 이런 고민을 안고 살아가는 교회일 것이다. 모임으로서의 교회의 지체인 그리스도인이 세속적인 사회의 일원으로 신실하게 살아가려면 거의 확실히 다시 주일회집을 사모하는 자리에 서지 않을 수 없을 것이다. 자신이 직면한 과제 앞에서 기도하는 마음, 찬양하는 마음, 하나님의 말씀을 사모하는 마음으로 가득해질 것이기 때문이다. 교회의 주님이시면서 세상의 주님이신 하나님께서 예배하는 가운데, 기도하는 가운데, 찬양하는 가운데, 성도와의 사귐의 과정에서 어떤 방식으로 자신의 삶 속에 찾아오셔서 말씀하실지를 기대하게 되기 때문이다. 마음을 모아서 말씀을 읽고 간절한 마음으로 하나님을 부르며, 진심에서 우러나오는 찬양을 할 수밖에 없기 때문이다. 바로 이런 이유 때문에, 십자가와 부활의 그리스도 사건은 삶의 맥락에서 해석되고 적용되어야 한다. 이런 과정이 수행되어야만 삶의 구체적인 물음에 대하여 응답할 수 있을 것이다. 십자가와 부활이 없는 세상은 허무할 뿐이며, 세상이 없는 십자가와 부활은 무의미한 영역에 남겨지게 될 것이다. 상호선순환이 일어나야 교회에서도 세상에서도 주님이 유일한 왕으로 경험되고, 진정한 예배와 헌신이 교회에서 뿐만 아니라 세상에서도 일어나게 될 것이다.

흔히들 서구교회가 텅텅 비었다고들 말하는데, 다른 나라는 잘 모르겠으나 네덜란드 교회는 꼭 그렇지만은 않다. 물론 과거 인구의 95%가 그리스도인이던 시절에 비하면 세속화가 상당히 진행된 것은 사실이지만, 아직도 신구교 합쳐서 45%를 상회한다. 한국 교회의 부흥을 말하지만, 인구의 20%를 상회하는지 의심스러울 뿐이다. 아직도 자유대학교 본관 2층에서 이루어지는 네덜란드 개혁교회의 목회자 신학교육기관에는 300명 이상이 훈련을 받고 있으며, 3층의 자유대학교 신학대학원까지 합하면 그 숫자가 상당한 정도를 유지하고 있다. 그러나 문제가 없지 않은 것은 젊은이들이 교회에서 쭉 빠져나갔다는 점이다. 그 이유는 북해에서 천연가스가 발견되어 전례 없는 부(富)를 향유하게 되었다는 점에서도 찾을 수 있으나, 더 핵심적인 이유는 십자가와 부활의 복음이 홀로코스트(The Holocaust)를 직면하는 일에 실패하였기 때문이다. 십자가와 부활의 복음을 짊어진 교회의 지도자들이 히틀러(Adolf Hitler, 1889-1945)라는 괴물을 넘어서지 못하고 동조하는 일에 종노릇하였기에 젊은이가 교회를 등진 것이다. 홀로코스트라는 상황 내에서 십자가와 부활의 복음이 아무런 능력도 드러내지 못함으로써 교회는 무의미한 공동체로 전락하게 된 것이다. 교회 없이 세상을 직면하는 새로운 세대가 일어날 빌미를 교회가 스스로 제공한 때문이다. 세상 속에서 교회가 십자가와 부활의 복음을 짊어지지 않았기 때문이다.

세상에 대하여 무관심하고 교회 안으로 집중하게 되면 교회가 살아날 것으로 얼핏 생각될 수 있으나, 사실은 그렇지가 않다는 것이 교회의 역사적인 경험이다. 세속적인 일에 마음을 빼앗기지 않는다는 핑계로 세상은 그저 돈을 벌어 교회에 헌금이나 하는 곳 정도로 소극적으로 인식시키고 오로지 기도하고 성경공부하고 내적 치유를 빌미로 죄 고백을 독려하는 일에 몰두

함으로써 교회가 세워질 수 있다고 믿는 목회자가 많아지는 한에서 교회는 사실상 미래를 상실하는 위기를 불러들이고 있는 것이다. 이것이 20세기 서구교회의 삶으로부터 배워야 할 중요한 교훈이다. 사실은 앞글에서 언급한 교회적 삶이 세상을 만나고, 그 세상에서 하나님의 주되심을 삶의 모든 영역에서 끌어안고 실현하려고 헌신하면 할수록 진정한 교회는 더욱 더 부흥하게 되는 것이다. 문제를 가진 그리스도인이 더욱 간절함으로 응답을 기대하며 교회를 찾을 수밖에 없기 때문이며, 세상을 끌어안고 고민하는 목회자의 설교를 통하여 세상을 살아갈 지혜와 용기를 더욱 깊이 실존적으로 경험하기 때문이다.

# 13

살리는 것은 영이니,
육은 무익하니라[36]

만일 아담이 타락하지 않았다면 어떤 형태의 삶이 구현되었을까라는 질문을 제기하고 가능한 삶을 추론해 본다면 어떤 그림이 그려질까? 하나님께서는 인간을 성적인 피조물로 창조하셨고, 900여 년을 해로한 아담과 하와 사이에는 수많은 자녀와 자손과 증손들이 거듭 번성하였을 것이다. 자연스럽게 사회를 이루고, 효과적인 삶을 위하여 사회구조를 짜고, 효율적인 삶의 소통을 위한 가치관을 공유하기 위하여 교육을 실행하고, 공동으로 생산하고 분배하는 일을 도모했을 것이고, 물물교환을 넘어 재화를 구성하여 사고파는 일이 일어났을 것이며, 노동에서부터 쉬면서 여가생활을 꾀하고, 그에 상응하는 문화를 이루어 행복한 삶을 도모하지 않았을까 싶은 생각이 든다. 무엇보다도 사랑의 교제 가운데 계시는 삼위 하나님을 왕으로 모실 뿐만 아니라 삼위 하나님의 삶의 한가운데 구현되는 사랑의 삶을 본받는 하나님 중심적인 정치가 근간을 이루었을 것이다. 아마도 7일 가운데 6일간은 힘써 자신의 몫으로 배당된 일을 자신에게 주어진 고유한 은사를 활용하여 즐거움과 보람으로 수행하며 하나님을 예배하는 삶을 살았을 것이고, 제칠일에는 노동으로부터 쉬며 한 주간의 삶을 살아갈 수 있는 힘을 제공하신 하나님을 기뻐하며 영화롭게 하는 마음으로 자신의 삶을 돌아보며 온전한

---

36 요한복음 6장 63절의 인용이다.

쉼을 누렸을 것이다.

무엇보다도 생육하고 번성하여 땅에 충만하며 땅을 다스리고 땅을 정복하는 사명을 끌어안고 전원적인 창조세계를 전원과 도회적인 분위기가 유기적으로 잘 융합되어진 도시적인 창조세계로 계발되는 일이 인간의 삶을 통하여 구현되었을 것이다. 소위 말하는 문화명령이라는 대위임을 받은 인간이 중심이 되어 이러한 삶의 세계를 구현해 갔을 것이다. 하나님의 형상으로 창조되어 주어진 삶의 정황을 끌어안고, 창조세계의 진정한 주인이 삼위 하나님인 것을 마음 깊이 인식하며, 창조주 하나님께서 창조세계에 반영해 놓은 영광과 지혜와 능력과 사랑과 공의와 진실과 거룩함을 포착하여 그것이 보다 더 창조적인 방식으로 운용되어질 가능성이 문화명령 안에 주어졌을 것이다. 심지어 스킬더조차도 인정했듯이 창조세계는 그 자체로 폐쇄된 구조였다기보다는 "약속 안에서 열린 세계"(a world-in-the-promise)였거나 "소망 안에서 펼쳐질 미래지향적인 세계"(a world-in-hope)였을 것이다.[37] 아마도 그것이 인간에게 약속된 영생을 포괄하는 삶이었을 것이다.

영생은 단순하게 시간적으로 끝없이 산다는 의미(an everlasting life)만을 뜻하지는 않는다. 왜냐하면 그리스도 예수의 재림 이후 불신자도 다시 부활하여 시간적으로 끝없이 살기 때문이다. 이런 이유로 자연스럽게 영생은 삶의 질을 내포하지 않을 수 없다. 충만한 삶, 온전한 삶, 행복한 삶이라는 차원을 함께 가지고 있어야만 끝없이 살아가는 것이 저주가 아니라 축복일 수 있기 때문이다. 생명의 근원이 되시는 삼위 하나님에게 뿌리를 깊이 내리고, 그분이 제공하는 선물인 충만하고 풍성하고 온전한 삶을 향유하면서 창조세계에 반영된 하나님의 영광과 지혜와 능력과 사랑과 공의와 진실과 거룩과 같은 성품이 반영되는 문화적 산물을 형성하면서, 자신의 삶을 형성해

---

[37] 클라스 스킬더, 『그리스도와 문화』, 104.

가는 그런 존재로 자신의 삶을 하나님 앞에 내어놓았을 것이다. 이런 삶이 하나님을 기뻐하고 영화롭게 하는 삶이기 때문이다. 단순히 생존하는 것에 매몰된 삶이 아니라, 생존을 넘어서 충만함을 향유하는 삶으로 인간은 자신의 삶의 구조를 하나님 안에서 형성할 수 있었을 것이라는 말이다.

아담과 하와는 의식을 갖자마자 신과 같은 수준의 신의식으로 온전히 충만한 존재는 아니었을 것이다. 만일 그와 같았다면, 범죄의 가능성은 아예 제거되었을 것이기 때문이다. 만일 신의식으로 온전히 충만한 존재였다면, 신적인 삶을 곧바로 향유할 수 있었을 것이기 때문이다. 다만 인간은 의식을 갖고 하나님이 창조하신 세계를 볼 때, 하나님의 자기 계시로 충만한 세계를 묵상하면서 하나님을 알아차릴 수 있었을 것이며, 그 하나님의 의중을 헤아리며 공감했을 것이고, 하나님의 뜻대로 자신의 삶을 형성해야 하는 당위를 발견했을 것이다. 왜냐하면 인간은 하나님의 형상으로 창조되었기 때문이다. 아담은 그 능력을 사용하여, 창조세계로부터 하나님의 영광과 지혜와 능력과 사랑과 공의와 진실과 거룩과 같은 성품을 찾아 그것이 반영된 문화적 소산, 혹은 문명적 소산을 형성하려는 의도를 드러냈을 것이다. 하나님께서 그런 능력과 의도를 충분히 인정하셨기 때문에 인간에게 문화명령을 내렸을 것이다. 타락하지 않았더라면, 하나님의 영광과 지혜와 능력과 사랑과 공의와 진실과 거룩을 정치, 경제, 사회, 교육, 문화, 여가와 같은 영역에서 잘 반영하여 구현했을 것이다.

문제는 타락이라는 사건이 발생하였고, 이로 인하여 아담과 하와의 후손은 그 마음에 하나님 두기를 싫어하게 되었고, 설령 하나님을 알아도 하나님을 영화롭게 하거나 기뻐하지 않고 오히려 썩어질 금수와 버러지의 형상으로 바꿔 버리는 존재로 전락을 한 것이다. 그럼에도 불구하고 인간은 생육하고 번성하였고, 인간에게 주어진 능력은 완전히 상실되지 않았고 따라서 문화와 문명을 건설하되, 하나님을 중심에 두고 진행하는 것이 아니라 자기 자신을 중심으로 하는 그런 세상을 도모하게 되었던 것이다. 이로써 정치와 경제와 사회와 문화와 교육과 여가와 같은 영역에서 하나님은 소거되고, 인간의 이기심과 교만과 자랑과 탐심과 미움과 질투와 소외와 결핍과 같은 것이 자리를 잡아 성장하게 되는 일이 일어난 것이다(막 7:20-23). 정치와 경제와 사회와 문화와 교육과 여가와 같은 영역이 하나님을 중심으로 서야 이웃을 사랑하는 방향으로 기능할 수 있는데, 불행하게도 인간의 본성이 부패하여 그런 삶을 이루어낼 수 없게 되어 버리고 만 것이다. 그래서 이런 영역이 왜곡되고 오용되는 일이 일어나는 것이다.

예수께서 말씀하셨듯이, 억지로 오 리를 가자 하고 듣지 않으면 송사를 걸어 소유물을 빼앗으며, 그래도 듣지 않으면 모욕하고 폭력을 행사하는 방식으로(마 5:38-42) 정치, 경제, 사회, 문화, 교육, 여가와 같은 영역이 흘러가게 되는 일이 일어나는 것이다. 하나님의 영광과 지혜와 능력과 사랑과 공의와 진실과 거룩이 가득한 하나님의 창조세계에서 일어나서는 안 되는 일이 일어나게 된 것이다. 시편 19편 1-6절에서 밝히 선언하듯이 언어도 없고 들리는 소리도 없으나 하늘이 하나님의 영광을 선포하고 궁창이 그의 손으로 하신 일을 드러내는 것이 명확하여 하나님의 외치는 소리가 온 땅에 통하고 세계 끝까지 선포됨에도 불구하고, 인간은 그 하나님의 뜻을 마음에서 억누르고 억제하여 그 뜻에 반하는 삶을 도모하기를 쉬지 않는 것이다. 이런 사실을 인식하였던 바울은 로마서 1장 18-23절에서 "하나님의 진노가 불의로 진리를 막는 사람들의 모든 경건하지 않음과 불의에 대하여 하늘로부터 나타나나니 이는 하나님을 알 만한 것이 그들 속에 보임이라. 하나님께서 이를 그들에게 보이셨느니라. 창세로부터 그의 보이지 아니하는 것들 곧 그의 영원하신 능력과 신성이 그가 만드신 만물에 분명히 보여 알려졌나니 그러므로 그들이 핑계하지 못할지니라. 하나님을 알되 하나님을 영화롭게도 아니하며 감사하지도 아니하고 오히려 그 생각이 허망하여지며 미련한 마음이 어두워졌나니 스스로 지혜 있다 하나 어리석게 되어 썩어지지 아니하는 하나님의 영광을 썩어질 사람과 새와 짐승과 기어다니는 동물 모양의 우상으로 바꾸었느니라"고 말할 수 있었던 것이다. 이렇듯 인간이 그 마음에 하나님 두기를 싫어하는 자리에 떨어지면서 그 마음의 정욕을 좇아서 성적인 왜곡에 빠지고, 정치와 경제와 사회와 교육과 문화와 여가의 영역에서 모든 불의, 추악, 탐욕, 악의, 시기, 살인, 분쟁, 사기, 악독, 수군거림, 비방, 미움, 능욕, 교만, 자랑, 불효, 무정, 무관용, 악을 도모함, 이런 악에 동조함이 범람하게 되었던 것이다(롬 1:24-32).

이 모든 일이 첫째 아담 안에서 일어난 일이라면 둘째이자 마지막 아담 안에서 인간은 새로운 삶을 꾀할 수 있게 되었고, 새로워진 사람들의 모임으로서 교회가 존재하게 된 것이다. 그리하여 교회의 지체들은 그리스도 예수 안에서 다시 하나님과 화해하고, 하나님의 자녀로서의 삶을 주일마다 새롭게 회상하고 축하하면서 현재 누리게 된 이 삶을 인하여 감사하고 다시 오실 주님을 소망하는 삶을 실제로 살아가고 있는 것이다. 이렇게 주일을 함께 보내고 나면 다시 월요일부터 토요일까지 삶의 현장으로 나가서 정치, 경제, 사회, 문화, 교육, 여가와 같은 영역에 소속되어 일상의 삶을 살아가야 한다. 그리스도 예수 밖에 있을 때에는 허물치 않으셨으나 이제는 회개하라고 촉구하시는 음성을 그리스도인에게 들려주신다(행 17:30). 이전 글에서 구원론적인, 혹은 교회론적인 지점에서 출발하여 창조론적인 지평으로 확장되어진다고 언급한 바가 있는데, 그 말로 의도한 바가 바로 이 지점을 맞닥뜨리는 것이다. 주일에 예배하는 자에게 또 다른 예배의 삶이 요구되는데 그것이 바로 월요일부터 토요일까지 살아가야 할 삶의 영역에서 하나님을 예배하는 삶이라는 말이다. 정치, 경제, 사회, 문화, 교육, 여가와 같은 영역에서 창조주이며 구원의 하나님이신 하나님을 기뻐하고 예배하는 삶이 이루어져야 한다는 것이다.

이 지점에서 고린도전서 10장 31절에서 "그런즉 너희가 먹든지 마시든지 무엇을 하든지 다 하나님의 영광을 위하여 하라"는 바울의 권면을 되짚어 볼 필요가 있다. 바울이 이렇게 권면할 수 있었던 것은 "땅과 거기 충만한 것이 주의 것"이기 때문이다(고전 10:26). 그리스도인은 바로 이 확신을 가지고 자신이 속해 있는 고유한 영역에 일어나는 모든 문제를 풀어가는 존재이다. 무엇보다도 교회 안에만 하나님의 진리가 있고, 교회 밖에는 하나님의 진리가 없다고 생각하는 것은 옳지 않다. 우리가 살아가는 이 시대를 일컬어서 유비쿼터스(ubiquitous)의 시대라고 부르는데, 이것이 가능한 이유는 전자시스템 기반 사회이기 때문이다. 스마트폰을 사용함으로써 시간과 공간이 상대적으로나마 극복이 되고, 극동아시아에 살고 있는 사람과 북유럽에 살고 있는 사람이 서로의 얼굴을 보면서 실시간 대화를 나누기도 하는 사회를 경험하고 있다. 이런 면에서 보면 한 번도 경험해 보지 않은 삶을 살아가고 있는데, 이런 삶을 살 수 있는 것은 전자파의 발견 때문이다. 과학자들이 전자파를 발견하자 이것을 기반으로 하여 스마트한 세상이 열리게 된 것이다. 과학자들이 발견한 이 전자망은 바로 하나님이 설계하고 펼쳐놓으신 것이다. 확인하였듯이 하나님께 속한 진리가 성경에만 있는 것이 아니라 과학의 영역에도 있다는 말이다. 성령은 그리스도인을 그리스도 예수에게 뿐만 아니라 이런 영역을 포함하여 모든 진리에로 인도하시는 분이다(요 16:13).

그렇다면 이런 과학적 지식에 기반한 기술은 미래 하나님 나라와 관련하여 어떤 미래적 시사점을 가질 수 있을까에 대하여 카이퍼는 흔쾌히 긍정적인 입장을 드러내며 그렇다고 답할 것이며, 스킬더는 그럴 수도 있고 그렇지 않을 수도 있다는 입장을 취할 것이며, 신화론적인 입장을 따르는 앙양 신학자들은 무슨 시대착오적인 생각이냐고 타박을 늘어놓을 것이다. 그러나 창조, 타락, 구속, 완성이라는 일관된 하나님의 경륜을 존중하는 신학자들은 어떤 형태의 연속성을 상정하게 될 것이다. 메소포타미아문명, 이집트 문명, 바벨론 문명, 페르시아 문명, 로마 제국 문명, 합스부르크 왕가의 문명, 대영제국의 문명, 미합중국의 문명은 일어나고 멸망하는 일정한 싸이클을 보여 주지만 그럼에도 불구하고 인류가 쌓아올린 기술과학은 지속적으로 계승 발전되어 왔다는 사실을 부인하기 어려울 것이다. 과거의 문명을 기반으로 새로운 문명이 일어나고 하는 과정에 인류는 기술과학의 진보를 계승하고 있는 것이며, 비록 그런 문명의 결과물이 오용되기는 했으나 구속의 날에는 그렇게 형성된 것이 올바른 용도로 재활용될 수 있지 않겠는가에 대하여 카이퍼는 명시적으로 그렇다고, 스킬더는 그럴 수도 그렇지 않을 수도 있을 것[38]이라는 태도를 드러내었다.

요즘 "초라한 부산", "천박한 서울"이란 표현이 회자되고 있는데, 정치적인 이해관계를 떠나서 그 말 자체는 유의미하다고 생각된다. 신군부가 들어서고 불안한 민심을 수습하고 권력을 공고히 하기 위하여, 당대의 시민의 욕망을 자극하며 세워진 값싼 주거지가 한강 이남을 따라서 쭉 늘어서 있는 것은 사실이다. 물론 어느 시대에는 그런 주거지조차도 삶의 안식처로 중요한 기능을 수행했던 것은 사실이지만, 현재 서울의 도시적 위용이 창조주 하나님의 영광과 지혜와 능력과 사랑과 공의와 진실과 거룩함이라는 그런 차원을 잘 담아내고 있는가에 대하여는 비판적인 질문이 충분히 제기될 수 있지 않을까 싶다. 창조주 하나님의 진선미가 균형 있게 잘 반영된, 그러면서도 견고하고 편리한 주거환경을 충족하고 있는가에 대하여는 관심을 새롭게 기울일 필요가 없지 않기 때문이다. 반포에 소재한 13평 규모의 아파트가 12억대를 호가하는, 그리하여 누구나 그런 집을 소유하였으면 하는 욕망이 투영된 그런 콘크리트 건물은 어딘가 못 미치는 그런 차원을 내포하고 있지 않은가 싶기 때문이다. 그리스도 예수의 재림의 날에 어떤 것은 불에 풀어져 없어지고 어떤 것은 존치된다면, 그것도 창조질서가 잘 반영되었는지가 관건이라면, 그리스도인 건축가는 뛰어난 재능을 지닌 비그리스도인

---

38 클라스 스킬더, 「그리스도와 문화」, 140-142.

건축가와 함께 바로 이런 차원의 관심사가 잘 반영되는 건축물을 만드는 일에 동역할 수 있으리라고 생각된다.

미국의 칼빈신학교에서 조직신학을 강의하는 코르넬리스 비네마(Cornelis P. Venema)는 『개혁주의 종말론 탐구』라는 책에서 카이퍼적인 입장을 계승하면서 인류가 형성해 온 창조물을 계승하면서도 불연속하는 차원을 고려하기 때문에, 미래 하나님 나라에서도 공간과 시간 내에서 구체적인 노동활동을 하게 되리라는 논의를 제안하는데, 공감할만한 지점이 없지 않다.[39] 누군가는 미래 하나님 나라에서는 유유자적 노니는 신선 같은 삶을 살아가는 듯 말하는 경우도 없지 않으나, 사실은 창조와 함께 주어졌던 문화명령의 본질이 죄로 인하여 좌절되었던 어떤 지점을 찾아서 그것을 펼쳐내는 일이 요구된다는 사실을 외면하기는 힘들 것이다. 카이퍼는 이런 지점에서 시작할 것이고, 스킬더는 아예 전면적으로 새로 시작하는 것이 더 낫지 않느냐고 반문하려 할지도 모르겠지만, 둘 모두 미래 하나님 나라는 그 자체로 무위(無爲)의 세계는 아니라는 데 공감하였다. 한 걸음 더 나아가서 어떤 면에서는 그 나라에서도 지구를 넘어서서 화성에서 감자를 재배하는, 태양계를 벗어나서 다른 은하에서 하나님의 영광을 드러내는 또 다른 어떤 차원의 미션, 즉 문화명령에 연속하는 미션을 수행하게 되지 않을까 하는 창조적인 성경 읽기를 시도할 수 있으리라고 생각한다.

지금까지 한 번도 인간다운 인간으로 살아본 경험이 없는 인간이 그리스도 예수와의 온전한 연합에서 이제야 온전한 인간으로서의 삶을 하나님을 중심으로 이웃을 제 몸처럼 여기는 가운데 모든 피조물과 함께 구현하는 그 가능성이 열려 있는 곳이 미래 하나님 나라일 것이다. 그리하여 성령께서 인간 안에서만 아니라 온 우주에 온전히 충만하게 거하시는 그런 미래적 삶

---

[39] 코르넬리스 비네마, 『개혁주의 종말론 탐구』, 박승민 역 (서울: 부흥과개혁사, 2014), 569-591.

의 가능성을 성경은 큰 틀에서 열어 놓지 않았는가 싶다. 둘째이자 마지막 아담인 예수 안에서 시작되는 삶이기 때문에 다시 타락하는 일은 결코 일어나지 않지만, 그럼에도 불구하고 창조적 미래를 향하여 열린 삶을 만유 안에 만유가 되신 하나님 안에서 경험하게 되리라고 생각한다. 하나님 앞에 선 온전한 인간으로서, 동료 인간을 마주 바라보는 온전한 인간으로서의 삶을 살아가게 될 것이기 때문이다. 이것이 피조물인 인간이 성경의 독자로서 삼위 하나님의 마음을 헤아리며 소망하게 되는 소박한 기도이지 않을까 싶다.

# 14. 살리는 것은 영이니, 육은 무익하니라[40]

"살리는 것은 영이요, 육은 무익하니라"는 말씀을 이해함에 있어서, 영육이원론적인 차원은 전혀 연관되어 있지 않다는 사실은 지금까지 논의한 내용에서 이미 충분히 드러났다고 생각된다. 성령을 통하여 중생하고 그리스도 예수와 연합하여 죄에서 해방되고, 의와 생명에 참여하여 하나님을 아빠 아버지라고 부르는 그리스도인의 삶은 원칙상 영에 참여하는 삶이요, 육을 추구하는 삶은 아니다. 이런 삶을 전인적으로 추구하며 살아온 선택된 모든 백성은 그리스도 예수의 재림과 함께 한자리에 모이고, 새로워진 하늘과 새로워진 땅을 상속받아 주거지를 삼고 삼위 하나님의 임재 가운데서 하나님의 백성으로서 영원한 삶을 향유하게 되는데, 그날에 동식물들은 어떤 상태에 놓이기 되는가라는 질문도 제기하는 것이 좋을 듯하다. 동식물이 함께하지 않는 무색무취의 벌거숭이 세상일 것인가라는 질문이 제기되는 것은 자연스러운 과정이 될 것이다.

다음과 같은 성경이 이런 질문에 대하여 구체적인 대답을 제공하지 않을까 생각된다. 이사야 35장 1-2절의 "광야와 메마른 땅이 기뻐하며 사막이 백합화 같이 피어 즐거워하며 무성하게 피어 기쁜 노래로 즐거워하며 레바

---

[40] 요한복음 6장 63절의 인용이다.

논의 영광과 갈멜과 샤론의 아름다움을 얻을 것이라. 그것들이 여호와의 영광 곧 우리 하나님의 아름다움을 보리로다"라는 말씀이 실현되는 때가 언제일까? 혹은 이사야 11장 6-9절의 "그때에 이리가 어린양과 함께 살며 표범이 어린 염소와 함께 누우며 송아지와 어린 사자와 살진 짐승이 함께 풀을 뜯고 어린아이가 그것들을 이끌며 암소와 곰이 함께 먹으며 그것들의 새끼가 함께 눕고 사자가 소처럼 풀을 먹을 것이며, 젖 먹는 아이가 독사의 구멍에서 장난하며 젖 뗀 아이가 독사의 굴에 손을 넣을 것이라. 나의 거룩한 산 모든 곳에서 해 됨도 없고 상함도 없을 것이니, 이는 물이 바다를 채우듯 여호와를 아는 지식이 세상에 충만할 것임이니라"는 말씀이 성취되는 때가 언제일까?

세대주의자들은 이 말씀이 성취되는 시기가 지상에서 유대 왕 다윗의 보좌에 그리스도 예수가 앉으시고 이스라엘을 중심으로 열방을 통치하실 천년왕국 시기에 이루어질 것이라고 주장하지만, 바울이 로마서 9-11장에서 잘 설명했듯이 민족으로서 이스라엘의 포괄적인 회복과 민족으로서 이스라엘의 전체적인 회심은 일어나지 않을 것이다. 오히려 오직 그리스도 예수를 믿음으로 말미암는 구원이라는 "동일한 원칙"에 근거하여 이방인도 구원하고 유대인도 구원하실 것이다. 바울은 이스라엘 안에서도 부단히 솎아내면서 자기 백성을 구원하였듯이 이방인 가운데서도 그리하실 것이며, 이방인을 구원하는 일을 진행하는 가운데서도 유대인 가운데 얼마를 선택적으로 꾸준히 구원하실 것이라는 의미에서, 이방인과 유대인 모두에서 구원해야 할 자기 백성을 온전히 구원하는 일을 진행하실 것을 말했을 뿐이기 때문이다. 바울은 그런 기조를 따라서 "그리하여 온 이스라엘이 구원을 얻으리라"(롬 11:26)고 결론을 내렸던 것이다. 로마서 9-11장 전반의 문맥을 고려할 때, 여기 "온 이스라엘"은 이방인과 유대인 가운데서 구원할 모든 백성을 의미하는 말이다. 이런 바울의 이해에서는 천년왕국이라는 특정한 기간에 민족으로서 이스라엘을 중심으로 하여 그리스도 예수께서 열방을 다스리는 그런 일은 일어나지 않을 뿐이다. 따라서 위에서 인용한 이사야의 본문은 천년왕국과는 하등의 관계가 없는 말씀이다.

바울에게 있어서 빌립보서 2장 6-11절의 그리스도 찬가에서 특별히 9-11절의 "이러므로 하나님이 그를 지극히 높여 모든 이름 위에 뛰어난 이름을 주사 하늘에 있는 자들과 땅에 있는 자들과 땅 아래 있는 자들로 모든 무릎을 예수의 이름에 꿇게 하시고 모든 입으로 예수 그리스도를 주라 시인하여 하나님 아버지께 영광을 돌리게 하셨느니라"는 말씀의 성취는 십자가의 죽음에서 부활하여 보좌 우편에 앉으신 것을 포함하여 재림하시어 만유의 주가 되시는 날(고전 15:28)을 포괄하는 것으로서, 요한에게 있어서는 요한계시록 21장 24, 26절의 "만국이 그 빛 가운데로 다니고 땅의 왕들이 자기 영광을 가지고 그리로 들어오리라 … 사람들이 만국의 영광과 존귀를 가지고 그리로 들어오겠고"라는 말씀과 합을 이루어 성취되는 것으로 이해되어야 할 것이다. 이렇게 보면 베드로나 야고보도 예외가 아니겠거니와 바울이나 요한에게도 이스라엘 민족을 전체로 구원에 참여할 뿐만 아니라 특정한 기간 동안 예루살렘의 다윗의 보좌에서 그리스도 예수께서 친히 왕 노릇 하게 될 것이라는 그런 비전은 매우 낯선 것임이 분명하다. 이것은 민족에서 열방으로 확장되었던 하나님의 구속의 경륜을 되감는 비정상적인 적용에 다르지 않기 때문이다.

이렇듯 천년왕국을 민족으로서 이스라엘을 중심으로 성취되는 별도의 기간으로 보지 않을 경우에, 그리스도 예수께서는 재림 이후 곧바로 최후의 심판을 시행하시게 될 것이다. 부활과 변화에 참여한 모든 사람을 양의 편, 염소의 편으로 갈라 세우시고, 그들의 삶을 행위언약의 근간에서 사실심리를 하시고, 심리에 따른 판결을 내리시고, 판결에 따른 집행을 시행하실 것이다. 최후의 심판이 종결되면서 마귀와 그에 속한 백성은 지옥으로 먼저 처리되고, 그리스도 예수를 머리로 한 하나님의 백성은 하나님의 나라를 상속하게 되는데, 그곳이 새로워진 창조세계임은 이미 분명하게 언급했다. 부활하고 변화에 참여한 하나님의 백성이 살 수 있는 환경으로 변화된 그 세계에는 삼위 하나님과 인간만 존재하게 될 것인지, 아니면 새로워진 창조세계에 식물과 동물도 함께 거하게 될 것인지에 대하여 선지자 이사야는 식물도 번성하고 동물도 함께 거주하게 될 것이라고 대답하고 있는 것이다. 사막이 변화하여 옥토가 되며, 그곳에 식물과 화초와 과목이 무성해지며, 숲속에는 온갖 새들이 노니고, 산과 들에는 각종 들짐승이 거하되 그 안에는 전에도 없고 후에도 없을 평화가 이루어지게 될 것을 예고하고 있기 때문이다.

이렇게 보면 미래 하나님의 나라는 매우 구체적인 나라가 되는 셈이다. 21세기가 직면한 문제는 환경의 변화나 혹은 인간의 욕망 때문에 식물의 과가 소실되거나 동물의 종이 희생되는 일이 일어나곤 한다는 것이다. 그렇다면 창조세계가 새로워질 때 동식물도 부활하게 될까? 만일 지금까지 살았던 개와 돼지와 닭이 다 부활한다고 생각해 보라. 어떤 세계가 될 것인가? 돈견계판이 되지 않겠는가! 성경은 식물도 흙으로 돌아가고, 동물도 그 혼과 함께 흙으로 돌아간다는 점에서 인간과 다른 방식으로 생이 종결되는 모습을 보여 준다. 어떤 경건한 그리스도인은 자신이 길렀던 개가 부활할 것이라고 기대하는 경우도 없지 않으나, 그럴 일은 없을 것이다. 사태가 이런 방식으로 진행할 것이 거의 확실하다면, 식물과 동물을 보존하는 것이 매우 중요한 관심사가 될 수밖에 없을 것이다. 아담이 에덴동산에 거주할 때 각종 들짐승과 함께였으나 상함이나 해함이 없었고, 오히려 아담의 주권에 순종하는 자리에 있었던 것처럼 미래의 하나님 나라가 형성되었을 때에도 유사한 범주의 회복이 일어날 것을 말하고 있는 것이다. 이로써 창조세계의 동식물을 보존하는 것이 21세기를 살아가는 그리스도인에게 매우 중요한 삶의 태도가 되어야 마땅하다.

물론 이 세상에서는 하나님께서 동식물을 식재료로 허락하셨고, 인간은 이 선물을 귀하게 여기며 감사함으로 취하여 먹는다. 이것은 분명히 하나님의 선물이고, 인간은 자신의 취향을 따라서 이 선물을 선용해야 할 것이다. 그러나 동시에 성경은 동물이 새끼를 낳고, 그 새끼가 자라서 또 다른 새끼를 낳는 과정을 매우 중요하게 여겼다. 그것은 이 흐름을 끊는 일을 하나님께서 금하셨다는 사실에서 확인된다. 출애굽기 23장 19절의 "너는 염소 새끼를 그 어미의 젖으로 삶지 말지니라"는 말씀에서 그 사실을 엿볼 수 있기 때문이다. 친한 친구들 7~8명이 돈을 지불하고 선장을 고용하여 배를 타고 바다로 나가서 우럭 낚시를 할 때 하루 종일 낚아도 원하는 만큼 나오지 않아 본전 생각이 나더라도, 치어는 잡아먹어서는 안 되고 방류하는 것이 맞을 것이다. 그러나 돌아오는 길에 배가 파선되어 무인도에 고립된 채로 정신을 차리고 옷매무새를 가다듬는 과정에 호주머니에서 아까 돌려보냈던 치어 우럭이 다시 손에 들려진다면, 그때는 먹어도 괜찮을 것이다. 어느 종교에서 볼 수 있는 것처럼 생명의 윤회(輪回)에 근거하여 우럭의 생명이 다음 생에서 인간으로 되돌아올 수 있기 때문에 생명을 보존하는 그런 범신론적인 세계관과는 다른 지점이 기독교 신앙에는 보존되어 있기 때문이다.

과거 어느 시점에 천성산 도롱뇽 사건이 인구에 회자된 일이 있었다. 어느 스님이 천성산 터널 공사에 반대하여 수십 일을 단식하는 일이 있었다. 천성산 늪지에 도롱뇽 주거지가 있는데, 터널 공사를 하면서 지하수의 물길을 차단하여 습지가 말라 도롱뇽의 생태계를 훼손하는 일이 일어나서는 안 된다는 환경론자들의 외침에 불교에 귀의한 어느 스님이 공감하여 했던 단식이었다. 이런 경우에 그리스도인은 어떤 입장을 취할 수 있을까? 생명의 윤회에 기초하여 살생 그 자체를 금하는 것은 기독교 세계관과는 어울리지 않는다. 무엇보다도 기독교 세계관에 따르면 생명은 윤회하지도 않고, 게다가 다음 생에서 다른 생명체로 변환되어 나타난다고 생각하지도 않기 때문이다. 천성산 도롱뇽 사태와 같은 이런 경우의 일이 발생하였을 때, 그리스도인은 우선 한반도에 도롱뇽 서식지가 다른 곳에도 있는지를 확인할 필요가 있고, 다른 곳에서도 동일한 종의 도롱뇽이 서식하고 있다는 사실이 확인되면 생명체로서 천성산의 도롱뇽만을 고집할 필요는 없다고 본다. 그리고 그 터널을 뚫어서 하고자 하는 바가 인류의 삶의 유익을 가져오는 것이라면, 더욱이나 다른 대안이 없는 경우라면 개발해도 된다는 입장을 취하는 것이 가능하다고 본다. 가능하면 친환경적인 개발을 하는 것이 최우선적인 선택이 되어야 하겠지만 말이다. 이런 면에서 약품 개발을 위하여 생쥐실험을 하거나 하는 일에 종사하는 그리스도인도 자유할 수 있을 것이다.

그러나 일반적인 면에서 볼 때, 동물을 사육할 때 비록 그 사육의 결과가 식용으로 사용된다고 하더라도 각각의 동물이 태어나 살아가는 과정에서 동물이 누려야 하는 마땅한 권리에 대한 배려는 제공되어야 할 것이다. 거위를 좁은 우리에 가둬놓고 고단백 사료를 먹여 간을 취식한다든지, 밍크를 대량으로 사육하면서 좁은 쇠창살에 가둬 고단백 사료를 먹여 속성 양육하여 어느 정도의 크기와 양질의 가죽이 형성되면 패대기쳐서 살해하는 방식의 양육은 옳지 않은 것이다. 곰을 잡아 우리에 가두고 쓸개에 빨대를 꽂아놓고 쓸개즙을 빼서 매매하는 일을 한다든지, 닭을 기를 때 최소한의 생활공간도 마련해 주지 않는다든지, 돼지를 양돈할 때 위생을 신경 쓰지 않는다든지, 애완견을 기르다가 병들거나 이사 가거나 할 때 유기한다든지 하는 것은 동물을 인간에게 맡기신 하나님의 뜻을 따라서 행하는 일이 아니기 때문이다. 하나님께서 이런 일로 탄식하는 동식물의 탄식 소리를 듣고 계시기 때문이다. 동식물들도 하나님의 아들들이 나타나기를 탄식하며 고대하고 있기 때문이다(롬 8:19-22).

요즈음 코비드 19라는 상황을 맞아 인간의 삶이 상당한 어려움에 직면한 것도 어떤 면에서 보면 하나님께서 창조하신 세계에 대한 인간의 책임이 온전하게 수행되지 않았기 때문이다. 인간의 이기심을 따라서 개발하고 꾸미기 위하여 열대림을 훼손하여 가구를 만드는 일에 사용하고, 편리한 삶을 위하여 기름을 태우며, 호기심을 억제하지 못하여 동물의 삶의 영역을 무례하게 침범하는 일들이 비일비재하게 일어나면서 소위 환경의 역습을 경험하고 있지 않은가 말이다. 가끔씩 멧돼지가 민가에 내려와서 사람을 불안하게 만들곤 하는데, 이는 그들의 삶의 최소한의 공간과 먹이를 찾을 수 없기 때문일 것이다. 멧돼지가 문제가 아니라 인간의 이기심이 문제일 수 있기 때문이다. 한라산이나 북한산에 들개 떼들이 출몰하여 등산객을 불안하게 한다는데, 이도 인간의 이기심이 만들어 낸 상황이라는 사실을 잘 성찰할 필요가 있다. 그리스도인은 바로 이런 지점을 잘 성찰하면서 선지자로 제사장으로 왕으로서의 자신의 삶의 자리를 새롭게 인식할 필요가 있을 것이기 때문이다.

"살리는 것은 영이니 육은 무익하니라"는 말씀에서 발견하는 온전한 신앙, 통전적인 신앙에는 지금 언급하고 있는 이런 영역에 대한 책임도 포함된다는 사실을 유념해야 한다. 1991년 호주의 캔버라에서 열린 제7차 세계교회협의회(World Council of Churches)에서 한 한국인 여성 신학자가 논란을 일으켰듯이 성령과 영적인 피조물과 인간의 영(혼)과 동식물의 혼을 혼동하여 한 영으로 환원하여 물활론적인 수준으로 전락해서는 결코 안 될 일이지만, 그러나 성령의 내주와 인도를 경험하는 그리스도인은 하나님의 창조세계에 있는 탄식하는 피조물에 대한 마땅한 책임을 상기하고 요구되는 마땅한 일을 수행하려는 과감한 결단이 있어야 할 것이다. 왜냐하면, 성령이 온 우주에 충만하게 거하시고, 인간 안에 온전한 충만을 실현하시는 미래 하나님 나라에 동식물도 함께 참여하게 되기 때문이다. 그리하여 이사야를 통하여 예고하였던 그 온전한 회복이 구현되기 때문이다. 이런 미래적인 하나님 나라를 성경과 성령의 인도를 따라서 내다보는 그리스도인은 지금 이곳에 그 미래를 잡아당겨 경험하며 살아가야 할 책임을 회피할 수 없다. 왜냐하면 성령은 미래 하나님 나라의 현재적 선취로 주어져 있기 때문이다(고후 5:5; 롬 8:18-27). 미래 하나님 나라의 영인 성령의 내주와 인도를 경험하며 살아가는 그리스도인은 오늘을 살아가면서 부단히 미래를 현재에로 잡아당겨 순종하거나 혹은 미래를 향하여 현재를 새롭게 개방하는 일을 쉬지 않기 때문이다. 이리하여 하나님께서 만유 안에 만유가 되실 것이며, 온 우주에 삼위 하나님의 영광과 권능과 지혜와 사랑과 진실과 거룩과 정의가 충만하게 성취될 것이다. 이런 방식으로 창조주요 구속주인 하나님의 경륜이 실현될 것이다.

# 15

살리는 것은 영이니,
육은 무익하니라[41]

이제는 지금까지의 논의를 최종적으로 마무리해야 할 지점에 서지 않았나 생각된다. 그리스도인이 섬기는 하나님은 우주의 창조주요, 타락한 창조질서를 보존하시고 회복하여 완성하시는 분이다. 헤르만 바빙크가 그의 『개혁교의학』을 쓰면서 자주 언급했듯이, 은총은 자연을 무시하거나 멸시하거나 폐하지 않고, 오히려 존중하며 회복하여 완성하기 때문이다. 이런 차원에서 보면, 정신과 영(혼)은 물론이거니와 물질과 몸도 창조와 구원의 하나님에게는 무시되거나 멸시되거나 폐하여질 운명에 처하는 것일 수 없다. 오히려 존중되며 회복되어 완성되어야 할 소중한 부분인 것이다. 무엇보다도 인간이야말로 하나님께 속한 부분과 피조세계에 속한 부분이 절묘하게 융합된 피조물이 아닐까 싶다. 흙으로부터 유래한 몸과 하나님의 영으로부터 유래한 영혼의 전인적인 통일체이기 때문이다. 이것이 바로 다른 어떤 피조물도 갖지 못한 인간의 영광스러움이기까지 하다.

죄로 인하여 타락하면서 육체로부터 영(혼)이 분리되는 일이 일어나기는 하였으나, 이것은 어디까지나 잠정적인 상태일 뿐이다. 그리스도 예수의 초림에서 인간이 새로운 삶에 참여하는 길이 마련되었고(고후 5:17), 동일한 분

---

[41] 요한복음 6장 63절의 인용이다.

(the very same person)의 재림에서 그것이 공개적으로 확정되는 일이 뒤따르게 될 것이다. 현재는 그리스도 예수 안에서 참여하는 새로운 삶이 비밀스럽게 혹은 신비로운 방식으로 경험되지만, 그리스도 예수의 재림의 날에는 부활과 함께 그 비밀이 해제되고 구체적인 모습으로 그 실체를 드러내게 될 것이다. 썩지 않고 욕되지 않고 병약하지 않으며 육체의 소욕이 깃들 수 없는, 항존하며 영광스러우며 강력할 뿐만 아니라 성령이 온전히 거하는 영광스러운 존재로 그리스도인이 그 실존의 실체를 드러내기 때문이다. 이것이 부활의 첫 열매인 그리스도 예수와 연합된 그리스도인이 그리스도 예수의 다시 오시는 날에 기대하는 소망이다.

부패의 상태에서 비참과 허무를 경험하던 인간이 그리스도 예수의 십자가와 부활로 인하여 비참에서 해방되어 온전한 삶의 의미를 찾음으로써 자신의 삶을 정치, 경제, 사회, 문화, 교육, 여가의 영역에서 온전하게 노정하려고 자신을 돌아보는 삶을 교회의 삶을 통하여 다시 새롭게 노정하기를 거듭하는 과정의 어느 순간에, 그리스도 예수께서 다시 오실 것이다. 그가 마귀와 그에게 속한 자들을 지옥에 가두신 후 만유를 새롭게 하실 것이다. 그리곤 삼위 하나님께서 그리스도 예수 안에서 모으신 자기 백성과 함께 새로워진 만유 안에 거주하는 일이 일어나게 될 것이다. 삼위 하나님께서 백성 가운데 계시면서 왕으로서 다스리시고, 하나님의 백성인 구원의 자녀들은 왕이신 하나님의 은혜로 다시 애통하거나 슬퍼하거나 병들거나 죽음에 넘겨지지 않는 온전한 삶을 경험하게 될 것이다.

왕이신 하나님의 보좌로부터 생수의 강이 흘러나와 온 우주에 미치며 그 생명의 기운을 통하여 만유가 소성되어 강에는 물고기가 노닐고 들에는 식물과 과목이 무성해지며, 새들은 숲에 깃들어 노래하고 나비며 잠자리며 벌들이 들꽃 사이를 오가며 즐거움으로 노니는 일이 일어나게 될 것이다. 요한이 이사야 선지자의 비전을 공유하며 노래하고 있듯이 말이다. 이런 환경에서 누구보다 가장 기뻐할 존재는 바로 인간이다. 육체와 영(혼)이 다시는 분리되지 않는 방식으로 통합된 존재인 부활한 인간은 이러한 하나님의 배려와 은혜를 온통 만끽하게 되기 때문이다. 성령이 온전하게 내주함으로써 그리고 하나님의 말씀이 그 심비에 온전하게 각인된 존재가 됨으로써 인간은 자신에게 이러한 배려와 은혜를 제공하시는 삼위 하나님을 온전하게 즐거워하며 영화롭게 하는 삶을 일구어 낼 수 있기 때문이다. 죄를 짓고 비싼 수업료를 치르며 교훈을 받은 인간은 어떠한 경우에도 삼위 하나님을 삶의 중심에 모시고, 삼위 하나님의 삶에서 구현되는 사랑의 삶을 묵상하며 자신의 삶 속에 구현되기를 앙망하기 때문이다.

소위 바울이 고린도전서 15장에서 노래했던 하나님이 만유 안에 만유가 되는 일이 일어난 것이다. 그렇다면 만유가 하나님 안에서 만유가 되는 일이 일어날까? 말을 바꾸어서 인간이 육체의 본질을 벗어버리고 신과 본성의 융합을 이룸으로써 신이 되는 일이 일어날 것인가라는 질문을 제기하는 것이다. 존 쿠퍼(John Cooper)가 "신과 세계의 관계, 그 치열한 논쟁사"를 살피면서 요약하여 드러냈듯이 하나님이 인간 안에, 인간이 하나님 안에 상호통재(相互通在)하는 일이 일어날 것인가라는 물음이다. 소위 범재신론적인 관계성(panentheistic relationship)이 구현될 수 있는지에 대하여 21세기의 신학자와 철학자들이 상당수 친근함을 표현하고 있는 상황에서 이 물음은 결코 작은 질문이라고 할 수 없다.[42]

요한복음 10장 34절에 보면 예수께서 시편 82편 6절을 인용하면서, 인간을 신이라고 언급하신 바가 없지 않다. 그러나 이 말씀은 인간이 존재론적인 의미에서 신이라거나 혹은 신이 된다는 그런 의미로 읽혀서는 안 될 것이다. 왜냐하면 곧바로 이어지는 35절에서 예수께서 그 말씀의 의미를 부연

---

[42] 존 쿠퍼, 『철학자들의 신과 성서의 하나님』, 김재영 역 (서울:새물결플러스, 2011).

설명하시면서, 인간을 신이라고 칭한 이유가 하나님의 말씀이 인간에게 임한 연고라고 말하기 때문이다. 풀어서 설명하자면, 인간을 신이라고 부른 이유는 그가 하나님의 말씀을 받아 순종하는 존재이기 때문이라는 말이다. 사정이 이러하건대, 하물며 하나님의 말씀 그 자체인 내가 하나님이라고 말한다고 책잡을 수 있느냐고 일갈하시는 예수를 발견하게 되는 것이다(요 10:36). 그러니까 이 말씀에 근거하여 인간이 신이 될 수 있다고 말하는 것은 문맥을 벗어난 성경 읽기를 시도하는 것일 뿐이다.

이와 비슷한 상황을 누가복음 11장 27-28절에서 만나게 된다. 바알세불 논쟁이 있은 후 무리 중에서 한 여인이 목소리를 높여 "당신을 밴 태와 당신을 먹인 젖이 복이 있도소이다"라고 외치면서 예수의 모친을 높이려 하자, 예수께서 그 여인을 향하여 "오히려 하나님의 말씀을 듣고 지키는 자가 복이 있느니라"고 말씀하시면서 분위기를 환기시키는 모습을 보게 된다. 어쩌면 무리 가운데서 목소리를 높여 마리아를 칭송하는 이런 분위기가 제1차 바티칸 공회의에서 마리아 무흠시태론을 제안하고 마리아를 무흠한 여인으로 부주의하게 옹립하는 데로 전이되었을지도 모르겠다. 누가는 일관성을 가지고 마리아를 하나님의 말씀에 순종한 여인으로(눅 1:38), 그래서 복된 여인으로 간주할 뿐(눅 1:45-48) 하나님이신 예수와 어떤 형태의 존재론적인 연속성도 부여하지 않았다. 그녀는 하나님의 말씀에 순종하여 구주를 잉태한 여염집 여인일 뿐이다.

그런가 하면 베드로후서 1장 4절의 "신의 성품에 참여하는 자가 되게 하려 하셨으니"라는 말씀에 호소하여 인간이 신이 될 수 있는 것처럼 말하는 경우도 없지 않다. 성경을 읽을 때, 특정한 단어의 의미는 사전상의 의미보다 문맥적인 의미에 의거해서 판단되고 결정되어야 한다는 사실은 이미 성경해석학계에서는 주지의 사실이다. 4절에서 말하는 신의 "성품"은 신의 "본질"(essence)로 읽히기보다는 개역성경이 선택한 바대로 "성품"(character)이라는 말로 읽히는 것이 자연스럽다고 생각된다. 4절의 "정욕을 인하여 세상에서 썩어질 것"을 추구하지 않고, 5~7절에서 보는 것처럼 오히려 "더욱 힘써 믿음에 덕을, 덕에 지식을, 지식에 절제를, 절제에 인내를, 인내에 경건을, 경건에 형제 우애를, 형제 우애에 사랑을 공급하는" 삶을 살아가는 것으로 설명되고 있기 때문이다.

사도행전 14장 8-18절에 보면 이러한 성경적인 안목에 익숙했던 바나바와 바울이 자신들을 제우스와 헤르메스로 알아 숭배하고 제사하려는 무리를 향하여 어떤 태도를 취하였는지 자세하게 보고하고 있다. 바나바와 바울이 루스드라에서 전도하는 과정에 나면서부터 앉은뱅이였던 자를 일으켜 세우는 표적을 행하였고, 그 놀라운 광경을 본 무리들이 바나바와 바울을 일컬어 제우스와 헤르메스로 칭하고 옹위하며 제사를 지내려고 하자, 옷을 찢으며 무리 가운데로 뛰어 들어가서 "우리도 너희와 성정이 같은 사람이라"고 외치며 신성모독적인 행위를 하지 못하도록 막아서는 모습을 소개한 것이다. 하늘과 땅과 바다를 창조하시고, 그 가운데 만물을 존재하게 하신 성부 하나님, 친히 죄인을 속량하시는 성자 하나님, 죄인을 구원하여 성화하시는 성령 하나님, 거룩하신 삼위 하나님만이 유일한 하나님인 것이다. 그 외 어느 누구도 신의 자리를 탐할 수 없는 것이다. 이것이 하나님의 경륜을 파악하고 사역하던 신실한 종들이 보여 준 온당한 행위인 것이다.

이렇게 보면, 인간이 신이 되는 길은 성경 상으로 볼 때 사실상 허용되지 않는 것으로 결론짓는 것이 좋을 것이다. 인간은 인간의 본질 가운데 하나인 육체를 벗어버리고, 혹은 육체가 영(혼)에로 앙양되어 실질적으로 소실되어져 신의 존재에로 합일된다는 식의 사고방식은 성경에서 비롯되었다기보다는 헤겔(G. W. F. Hegel, 1770-1831)의 철학에서 비롯되었고, 신학자들이 이를 차용하여 성경을 곡해한 것으로 보는 것이 좋을 것이다. 하나님께서 만유 안에 만유가 되실 때, 인간은 신 안에 만유가 되지 않는다는 말이다. 인간은 인간으로서 하나님 앞에 서서 자신의 생을 온전하게 구현하게 될 것이다. 무엇으로 구성되지 않으신 온전한 영이신 하나님께서는 구원이 완성되는 날에도 여전히 피조물인 인간이 범접할 수 없는 하나님이실 것이다. 그 날에 하나님께서 만유 안에 온전하게 내재하실 것이지만, 그럼에도 불구하고 하나님은 자신의 초월을 중지하지 않고 여전히 유지하실 것이다. 하나님은 하나님이다.

성경적인 술어로 전환하면 하나님은 만유 안에 내재하심에도 불구하고 하늘에 계시고, 인간은 땅에 거한다는 말이다. 인간은 그날에도 하나님의 가까움을 경험하면서 동시에 하나님의 초월하심을 더욱 온전함으로 경험하게 될 것이다. 인간은 하나님으로 인하여 온전히 만족함에도 불구하고, 자신보다 더 크신 분으로 하나님을 경험하게 될 것이다. 왜냐하면 하나님은 만유보다 항상 크시기(Deus semper major) 때문이다. 그는 여전히 창조주요 구속주이기 때문이다. 그 하나님께서 아브라함을 친구로 부르셨듯이 그리스도인을 친구라고 부르실 것이지만, 그럼에도 불구하고 그는 하나님이시며 인간의 이해를 넘어서 존재하시는 만군의 하나님의 영광을 내려놓지 않으실 것이다. 인간이 죄로부터 온전히 벗어났기 때문에 하나님을 인하여 죄에 대한 심판의 두려움을 경험하지는 않을 것이지만, 그럼에도 불구하고 하나님은 외경(畏敬)의 대상으로서 경험될 것이다. 이 지점은 "영원히" 극복되지 않을 것이다. 왜냐하면 하나님은 하나님이시고, 인간은 인간이기 때문이다.

오늘의 예배에서도 경험하듯이 하나님의 가까움(nearness)과 그분의 타자성(otherness)은 그곳에서도 경험된다는 사실을 깊이 유념하면서 삶을 형성할 필요가 있다. 이것이 부활과 함께 새롭게 된 만유를 상속하는 인간의 피조물로서의 한계인 것을 꼭 기억해야 한다. 하나님은 창조주로서의 영광, 구속주로서의 영광을 결코 피조물인 인간과 더불어 나누지 않을 것이다. 그분은 왕이요, 우리는 그분의 백성이다. 이것이 바로 창세기 1장에서 3장에 걸쳐 명확하게 드러내셨고, 출애굽기 19장 5-6절에서 다시 명확하게 재확인하신 하나님의 불변의 의지였다. 이 관계가 명확하게 유지되어야만 하나님의 나라, 즉 하나님께서 왕이 되시고 우리는 그의 백성이 되어 하나님이 창조하시고 새롭게 하신 만유 안에 함께 거하게 되는 그 나라가 완성되기 때문이다.

혹여 "살리는 것은 영이요, 육은 무익하니라"는 말씀이나 "육으로부터 난 것은 육이요, 영으로부터 난 것은 영이니라"는 말씀에 근거하여 인간이 종말론적으로 육체를 벗고 영으로 실존하며 영이신 하나님의 본질에 참여하게 되리라는 생각을 가진 분이 있다면, 그 생각을 조용히 내려놓고 자신의 삶을 피조물로서 왕이신 하나님 앞에서 올바르게 노정하는 일이 필요할 것이다. 예수께서 요한복음 10장에서 언급하셨듯이 인간이 하나님과의 관계에서 가질 수 있는 영광스러움은 그분의 말씀을 받아들여서 그 말씀에 일치하는 삶을 살아가는 데 있기 때문이다. 이런 예수의 의도를 잘 알아차린 베드로가 회중을 향하여 "정욕을 인하여 세상에서 썩어질 것"을 추구하지 말고, 오히려 "더욱 힘써 믿음에 덕을, 덕에 지식을, 지식에 절제를, 절제에 인내를, 인내에 경건을, 경건에 형제 우애를, 형제 우애에 사랑을 공급하는" 삶을 추구하라고 권면한 내용을 깊이 묵상하며 살아야 하는 존재가 바로 인간이다. 인간은 하나님 앞에서 인간다운 삶을 살아가야 한다는 권면인 것이다.

이런 점에서 창세기 1-3장의 내용과 요한계시록 20-22장의 말씀은 서로 호응한다고 말할 수 있을 것이다. 알파와 오메가인 하나님을 확인하게 되는 지점이다. 구원은 창조의 회복이고 완성이라는 점을 깊이 묵상해야 한다. 구원은 창조질서를 벗어버리고 초월하는 것이 아니라, 인간이 온전한 인간으로서 한 번도 살아보지 못한 삶을 다시 살도록 배려하시는 하나님의 은혜가 제공되어진 것이다. 구원을 창조의 지평에서부터 분리시키게 되면 자기도 모르는 사이에 의도치 않게 영지주의적인 방향에로 경도되고 있는 것이다. 창조·타락·구속·완성이라는 성경의 대하이야기(meta-narrative)를 깊이 묵상하면서 성경을 읽고 묵상하며, 자신의 삶을 형성하는 지혜가 요구된다. 이 숲을 명확하게 인지하지 않으면, 나그네와 행인 같은 삶을 걸어가는 데 긴요한 길을 잃고 불필요한 일에 에너지를 쏟게 되는 억울한 일을 겪게 된다. 지혜가 요구되는 지점이다.

# 제2부

# 조직신학으로 읽기

# 16

21세기 영성의 흐름과
개혁교회의 영성

## 1. 들어가는 글

"영성"이라는 단어가 20세기에 들어서면서부터 범종교적으로 사용되는 인기 있는 용어가 되어 버렸다. 이슬람교의 영성, 불교의 영성, 힌두교의 영성, 기독교의 영성 등등으로 사용되고 있는 것이 거부할 수 없는 현실이 되었다는 뜻이다. 이로써 영성이라는 단어가 정확히 어떤 내용을 표현하는 데 사용될 것인지를 먼저 밝히는 것이 필수적인 과정이 아닐까 생각한다. 영성을 이해함에 있어서, 화란의 신학자인 흐라프란트(C. Graafland)는 "영성은 하나님을 만나면서 갖게 되는 마음의 내적인 구원 경험을 비롯하여 성향이나 행동과 관련된 삶의 총체적인 분위기를 망라하는 단어이다. 예를 들어서, 사회생활의 태도와 윤리적이고 사회적인 행동까지도 포괄하는 생활의 양식, 즉 문화 전반에 걸친 삶과 관련된다"[1]고 진술하는데, 이런 의미에서 보면 영성은 세계관과도 맞바꿀 수 있는 용어가 아닐까 생각된다.

이것이 흐라프란트가 개혁교회의 신학자로서 내린 기독교적인 정의이기는 하지만, 이런 정의는 아마도 범종교적인 관점과도 연결할 수 있는 포괄

---

[1] 변종길, "화란 개혁교회의 영성과 경건-Gisberitus Voetius를 중심으로-," 『교회와 문화』 6 (2001)의 2쪽에서 수정과 함께 인용한다.

적인 진술이라고 생각된다. 달리 말하여, 신을 정의함에 있어서 기독교 이외의 다른 종류의 신을 대입하더라도 큰 틀에서 영성을 정의하려 할 때, 이런 의미의 포괄성에서 벗어나지 않을 것이라고 판단된다. 영성이라는 용어의 공동의 이해 지평으로부터 21세기의 영성의 일반적인 흐름을 소개하고, 현재 어떤 새로운 변화가 모색되고 있는지 살피려고 한다. 그런 후 프로테스탄트교회를 중심으로 한 영성을 살펴보되, 전통적인 복음주의와 역사적 개혁신학이라는 두 큰 흐름을 따라 조망하도록 할 것이다. 양자 사이의 공통점과 차이점을 열거한 후 개혁교회의 영성과 이교주의의 영성의 구조적인 틀을 비교할 것이다. 한 걸음 더 나아가서 21세기 개혁교회의 영성의 방향으로서 삼위일체론적인 영성을 모색함으로써 하나님과의 개인적인 만남을 비롯하여 모든 삶의 영역을 포괄하는 올바른 세계관적인 체계를 형성할 수 있는 영성의 구조가 무엇인지 제시하도록 할 것이다.

## 2. 21세기 영성의 흐름

기독교의 역사뿐만 아니라 정신사적인 역사를 개관하게 되면, "초월"과 "내재"라는 구조가 진자 운동을 하면서 흘러왔다는 사실을 발견하게 된다.[2] 이것은 신학의 역사에도 적용되고, 철학의 역사에도 적용된다고 할 수 있다. 영성도 이 큰 구조에서 별로 크게 벗어나지 않는다고 판단된다. 사실 21세기를 지배하는 영성은 크게 볼 때, 두 광맥을 따라 전파되고 있다. 그 하나가 내재주의의 표현으로서 자연주의적 영성(naturalistic spirituality)이요, 다른 하나가 초월주의의 표현으로서 영지주의적 영성(Gnostic spirituality)이다. 이 두 흐름을 정확하게 짚어가는 것이 논의를 엮어나가는 데 도움이 될 것이다.

---

[2] 비록 현대신학에 제한된 논의이기는 하지만 이런 착상을 잘 전개한 것으로는, Stanley J. Grenz & Roger E. Olson, *20th Century Theology. God and the World in a Transitional Age*(Illinois: InterVarsity Press, 1992)를 참고할 수 있다.

## 2.1. 자연주의적 영성

자연주의적 영성은 매우 오랜 역사를 가진 삶의 태도이다. 인도 게르만족들의 여행 경로를 따라 그리스, 메소포타미아, 페르시아, 북인도 지역에 광범위하게 자연종교의 흔적들이 남아 있으며,[3] 이것은 주로 모성 종교형태와 연결되어 세계-어머니(Weltmutter), 하늘의 여왕(Himmelskönignin), 어머니 땅(Mutter Erde)과 같은 이미지로 등장하였다.[4] 이런 상징이 일차적으로 뚜렷한 성적인 이미지와 결합된 것이라기보다는 오히려 이 땅에 존재하는 모든 것이 땅에서부터 비롯되고 땅에서 양육되며, 땅으로 돌아간다는 인류의 일반적인 경험을 투사한 것으로 보인다.[5] 달리 말하여, 우주 안에는 생명의 탄생과 유기적인 순환이 있고, 바로 이것을 가능하게 하는 것이 어머니로서 세계라고 본 것이다.

이런 이교적인 경험은 성경에도 반영되어 있다. 예를 들어, 가나안 족속들이 섬기던 바알과 아세라가 이런 구도에 상응한다.[6] 여기에는 성적인 모티프가 반영되어 있어서 바알은 남성성을, 아세라는 여성성을 상징하고 있는 것이 사실이다. 하지만 단순한 성적인 개념의 창(窓)을 넘어서, 젊은 황소의 성기로부터 뿜어 나오는 풍성한 정액과 그 정액을 받아들이는 대지(大地)의 여신인 아세라의 조합이라는 양성(兩性)의 신 개념은 비를 내리고 품는 자연의 유기적인 순환과 풍요한 생산 능력이라는 경험과 연결되어 있다. 그런가 하면, 헬라적인 문명에서도 이런 여신의 모습을 만나게 된다. 에베소라는 도시를 중심으로 등장하는 여러 개의 유방을 가진 아르테미우스 여신이 그런 경우다(행 19:21-41). 물론 아르테미우스는 그런 범주에 속하는 신적 상

---

[3] Jürgen Moltmann, *Gott in der Schöpfung. Ökologische Schöpfungslehre*(Gütersloh: Chr. Kaiser Verlag, 1985), 300.
[4] Jürgen Moltmann, *Gott in der Schöpfung*, 300.
[5] Jürgen Moltmann, *Gott in der Schöpfung*, 301.
[6] W. F. Albright, *Yahweh and the Gods of Canaan*(Indiana: Eisenbrauns, 1994), 170.

징의 단지 하나의 예에 불과할 뿐이다. 중요한 것은 바알과 아세라의 경우나 아르테미우스 여신의 경우나 일차적으로는 풍요의 신으로 묘사되지만, 공통적으로 전제되고 있는 사고방식은 자연 가운데 있는 유기적 생명체 인식이 반영된다는 점이다. 자연주의적 영성의 핵심에는 생명 사상이 있다.

현대 신학자들 가운데서 이런 흐름을 신학적인 논의에로 끌어들인 대표적인 사람은 아마도 위르겐 몰트만(Jürgen Moltmann)일 것이다. 몰트만은 소위 "가야 가설"(Gaja-Hypothese)이라는 것을 받아들이면서,[7] "이 땅에 존재하는 보다 우위에 있는 생명의 형식들이 다원적인 체계라는 환경 안에서 자신을 발전시킨다. 이 땅의 다른 생명체들처럼 인간도 그를 둘러싸고 있는 거대한 생태조직, 생물세계 및 지구라는 위성의 다원적 생태조직에 속한다"[8]라고 주장하였다. 인간을 자궁을 가진 여신 가야의 유기적인 생명망의 한 구성요소로 파악함으로써 데카르트 이후의 근대적 인간, 즉 자연에 대하여 주체로서 자신을 옹립함으로써 대상으로서 자연을 개발이라는 이름으로 훼손하려는 인간을 재구조화하려는 일련의 흐름에 관심을 기울인 것이다. 특별히 환경의 역습이라는 20세기의 시대적인 이슈가 제기되고 기독교가 환경파괴의 주범처럼 내몰리는 상황에서 데카르트적인 인간 이해로부터 20세기 대중의 관심을 새로운 방향으로 돌려놓을 필요가 대두되었기 때문이기도 하다.

그런데 몰트만은 가야 가설의 관심사를 단순히 받아들이는 것으로 그치지 않고, 이것을 신학화하는 데까지 진행한다는 사실을 주목할 필요가 있다. 그는 이것을 삼위일체론적 세계창조와 연결했다. 성부께서 성자를 통하여 성령 안에서 이 세상을 창조하셨는데, 특별히 성령은 창조 밖에 머무는 것이 아니라 창조세계 안에 내재하신다는 것이다. 그런데 몰트만의 이런 사

---

7 Jürgen Moltmann, *Gott in der Schöpfung*, 302.
8 Jürgen Moltmann, *Gott in der Schöpfung*, 302.

고에서 주의할 것은 성령께서 단순히 창조세계 안에 내재하시는 것이 아니라, 창조의 에너지가 되어서 창조 안에 내재하신다고 보는 것이다. 성령이 우주의 에너지와의 역동적인 관계 안으로 뚫고 들어온다는 것이다. 달리 표현하여 몰트만은 존재하는 모든 것이 생태적 조합 가운데서 존립할 수 있는 것은, 우주에 활력을 불어넣으며 미래로의 생존 가능성을 열어 젖히는 영의 활력과 가능성(der Energien und Möglichkeiten des kosmischen Geistes) 때문이라고 말한다.[9]

이렇게 되면 결과적으로 몰트만이 활력(energia)과 성령을 일치시키려는 시도를 전개한 것이나 다를 바가 없게 된다. 물론 이렇게 말함으로써 그가 의도적으로 범신론(pantheismus)을 끌어안는 것은 아니다. 창조에 앞서 계신 하나님이 창조세계 안에 자신을 주시지만, 그것으로 창조세계에 파묻히는 것이 아니라 창조세계와 함께 미래를 향하여 또 다시 개방된다고 주장하기 때문이다. 다시 말하면, 성령은 창조세계 안에 내재하시면서 지속적인 창조(creatio continua) 행위를 하심으로써 창조세계를 완성에로 이끌어 나가신다는 것이다.[10] 몰트만은 이것을 성령께서 아버지와 아들의 사역을 의도한 바 그 목적에로 이끌어 가는 것이라고 표현하기도 하였다.[11] 이런 면에서 성령은 창조세계 안에 계시지만 동시에 창조세계와 구별된다고 보는 것이다. 몰트만은 이것을 성령의 내재적 초월(Immanente Transzendenz)이라고 명명하였다.[12] 신은 신의 방식으로 피조물은 피조물의 방식으로 상호통재한다고 보는 것인데, 신학적으로 볼 때 몰트만이 범재신론적(panentheistic) 착상을 전개하고 있는 것이다.

한 신학자의 신학을 읽어 나갈 때, 그 신학이 형성되는 배경을 충분히 이

---

9 Jürgen Moltmann, *Gott in der Schöpfung*, 23ff.
10 Jürgen Moltmann, *Gott in der Schöpfung*, 168ff, 282ff.
11 Jürgen Moltmann, *Gott in der Schöpfung*, 23.
12 Jürgen Moltmann, *Der Geist des Lebens*(München: Chr. Kaiser Verlag, 1991), 45-46, 49.

해하는 것이 가능한 한 오해를 줄이는 길임을 알고 있다. 몰트만이 항상 시대성을 끌어안으며 신학 작업을 수행한다는 사실은 주지된 바이며, 이러한 주장을 관철하는 배경에도 환경적인 관심사가 자리 잡고 있다는 사실을 거론하는 것이 정당할 것이다. 쉽게 말해 생태환경이 인간의 욕심 때문에 파괴된다면 결과적으로 인간의 삶을 위협하게 될 것이라는 사실은 너무나 분명할 것이라고 본 것이다. 따라서 절박하게 전개되는 이러한 현상에 대한 대안으로서, 삼위일체론을 중심으로 창조세계를 파악할 수 있는 길을 모색하고, 생태환경이 성령 하나님 안에 현존하는 하나의 유기적 생명체라는 사상을 전개하게 된 것으로 보인다.

이러한 선한 의도에도 불구하고 이렇게 이해하게 되면 우주를 유기체적 생명체로 이해되게 되며, 인간도 여타의 피조물과 대등한 관계를 형성하는 전체 우주의 하나의 구성요소로 전락하게 됨으로써, 다른 피조물과의 관계에서 인간이 담지하는 하나님의 형상의 수위성을 거론하지 못하는 문제가 발생하게 될 것이 분명해진다. 이뿐만 아니라 비록 몰트만이 범재신론적 착상을 통하여 자신의 주장을 범신론(pantheism)과 구별하려고 애쓴다고 하더라도,[13] 여전히 신과 세계의 구별이 불투명해지는 일원론적(monistic), 혹은 범신론적(pantheistic) 세계상 안에 갇히고 만다는 사실을 지적할 필요가 있을 것이다. 달리 질문을 제기하여, 이것이 과연 초월과 내재의 정당한 긴장, 혹은 심오한 간격을 명쾌하게 견지하는 개혁신학의 유신론적 국면을 정당하게 드러내고 있는가 하고 물을 때, 부정적인 대답을 하지 않을 수 없다는 것이다. 결과적으로 자연주의적인 영성에로 경도되고 있지 않은가 하는 것이다. 하나님이 만유 안에 만유가 되는 일(God will be all in all)을 넘어서 만유가

---

[13] 몰트만은 하나님과 세계의 상호통재를 언급할 때, 하나님은 하나님의 고유성을 유지하고 세계는 세계의 고유성을 유지한 채 유지된다는 사실을 강조하지만, 과연 그것이 어떤 형태인지에 대하여 논의할 때 말하고자 한 바를 관철해 내는지에 대하여는 회의적이라고 하지 않을 수 없다. 이를 위하여, Richard Bauckham, "Eschatology in THE COMING OF GOD," in *GOD WILL BE ALL IN ALL. The Eschatology of Jürgen Moltmann*(by Richard Bauckham(ed.), Edinburgh: T&T Clark, 1999), 16, 이에 대한 몰트만의 응답에 대하여는 같은 책 35-41을 보라.

신 안에서 만유가 되는 일(All will be all in God)로 치달아, 결과적으로 신이 자연세계에 파묻히고 마는 결과에 이르게 된다는 것이다.

### 2.2. 영지주의적 영성

자연주의적 영성이 우주 및 지구의 환경과 연결되어 있다면, 영지주의적 영성은 땅을 떠나 천상에로의 비상을 꿈꾼다는 정반대의 특징을 보여 준다. 왜냐하면 영지주의(Gnosticism)는 물질계를 하나님의 의지의 산물이 아니라고 보기 때문이다.[14] 오히려 하나님의 의지에 반한 영역으로 피조세계를 파악한다. 이렇게 되면, 하나님과 물질세계 사이에는 아주 강한 반립이 형성된다. 이러한 기본적인 구도를 견지하는 영지주의가 기독교에 구체적으로 영향을 미친 예는 발렌티누스(Valentinus)[15]와 마르시온(Marcion)에게서 찾을 수 있을 것이다. 특히 마르시온의 논점은 기독교로부터 유대교적인 요소이면 무엇이나 제거하려는 관심에서 출발되었고,[16] 결과적으로 구약과 신약의 분리를 모색하는 데로 이끌리고 말았다. 그런데 이런 논의는 신약과 구약의 형식적인 분리를 넘어서 창조주와 구속주, 땅과 하늘, 물질과 정신, 몸과 영/혼의 양극적 대립 관계를 형성하는 것으로 진행하였고, 결과적으로 구원은 전자의 범주에 속하는 것으로부터 후자의 범주에 속하는 것에로의 이동에서 성립한다는 주장을 낳고 말았다. 땅과 물질과 창조세계를 뒤로 하고 천상을 향하여 나아가는 영육 이원론적 구조를 갖게 된 것이다.

교리사적인 면에서 볼 때, 이레네우스(Irenaeus, 130-202)의 성경적인 논박을 통하여 영지주의가 교회 안에서 불건전한 교리로 정죄되어 추방되기는 하였지만, 완전히 다 사라진 것은 아니었다. 이런 유형의 신앙 이해가 그 이

---

[14] C. Jones, G. Wainwright, and E. Yarnonld(ed.), *The Study of Spirituality*(New York, Oxford: Oxford University Press, 1986), 107.
[15] A. H. Newman, *A Manual of Church History Vol. I*(Vally Forge: The Judson Press, 1976), 188-191.
[16] A. H. Newman, *A Manual of Church History Vol. I*, 192.

후에도 기독교에 그 그림자를 드리워서, 수도원적 영성 운동과 같은 흐름에서 그 깊이를 드러냈다. 예를 들어서, 로마 가톨릭교회의 갈멜수도회에서 그런 경향을 엿볼 수 있다. 갈멜수도회의 영성은 관상적(觀想的)인 특징을 보여 준다.[17] 일상의 삶이나 혹은 속세적인 것을 떠나서 깊은 산중에 들어가거나 혹은 하나님과의 신비적인 합일을 이루기 위하여 속세적인 것과의 단절을 시도하는 형태로 자신을 표현하였다는 데서 그런 경향을 엿볼 수 있다.[18] 이것을 달리 표현하면 속세적인 것에서 떠남과 동시에 자신의 신체성조차도 초탈(超脫)하여 신을 향한 순례의 여행을 떠나는 것으로, 즉 신인합일(神人合一)의 경지에 도달하기 위한 여행을 떠나는 것으로 이해될 수 있을 것이다.

한국 기독교 상황에서 이런 경향을 대중적이면서도 지배적으로 보여주는 그룹은 워치만 니(Watchman Nee)의 신학적 우산 아래 서식하고 있다. 사실 한국의 기독교 문헌이 일천하던 시기에 한국 교회의 저변을 가장 대중적으로 파고들었던 신학서들이 바로 워치만 니의 작품들이었다는 사실을 기억할 때, 워치만 니는 신학적인 검토가 필요한 사람들 가운데 주요 인물에 속할 것이다. 그의 저술에 광범위하게 드러난 세계관을 파악하게 되면 이것이 무엇을 의미하는지 쉽게 확인하게 된다. 이런 이해를 체계적으로 기술한 책에 보면, 워치만 니는 기독교가 정치, 경제, 사회, 문화, 예술, 과학과 같은 영역에 관심을 기울이는 것은 바람직하지 않다는 입장을 표방하였는데, 이런 영역들은 적그리스도의 왕국에서 무르익을 세속체계(World-system)에 속한다고 파악하였기 때문이다.[19] 이런 흐름에서 귀결되는 바는 세상적인 것이 뒤로 물러나고 초월적인 것이 전방에 등장하는 데서 그치는 것이 아니

---

**17** 사이몬 찬, 『영성신학』, 김병오 역 (서울: IVP, 2002), 24.
**18** 물론 이 흐름 가운데도 일상의 삶에 대하여 관심을 보이는 그룹이 없지 않았으며, 그런 한 형태가 탁발수도회적인 경향으로 나타났다. 그럼에도 불구하고 속세적인 것으로부터 떠나려는 경향은 지배적인 흐름임이 분명하다. 사이몬 찬, 『영성신학』, 26.
**19** Watchman Nee, *Love not the World* (London: Victory, 1976), 14.

라, 실제로 초월만 남고 내재적인 것은 도외시된다는 데 있다. 극단적인 경우, 현세적인 것이 초월에 삼켜 버리게 되어 초월로 도피하게 되는 것이다.

이런 관점은 건강한 역사적 기독교의 표현은 아니다. 이레네우스가 영지주의적인 관점을 논박하면서 강조했던 것처럼,[20] 역사적 기독교의 하나님은 창조주이면서 동시에 구속주이시기 때문이다. 영혼을 구속하시는 이가 또한 신체를 창조하신 분이고, 정신을 고귀하게 지으신 이가 또한 물질을 중하게 지으신 분이기 때문이다. 더욱이 구원의 완성이 육체와 물질을 배제하고 영/혼만 취하는 영육 이원론적인 방식에서 귀결되는 것이 아니라 양자를 초월하여 유기적인 통일을 이루는 방식에서 완성된다는 점에서, 영육 이원론적인 근간을 명확히 유지하는 영지주의적인 태도는 역사적 기독교의 복음을 상당히 왜곡시키는 구조를 가지고 있다고 볼 것이다. 달리 말하여, 영지주의적인 기독교 안에서 비롯되는 이러한 세계상은 성경에서 비롯된 것이라기보다는 이집트와 시리아를 중심으로 하여 로마와 소아시아와 메소포타미아와 아르메니아와 같은 곳에 널리 퍼져 있는 이교적 영향[21]에서 비롯된 것으로 이해되어야 한다는 것이다. 비록 기독교라는 옷을 입고 있으며 삼위 하나님을 신앙의 내용으로 갖지만, 그 구원을 적용하는 과정 혹은 그 구원이 미치는 외연을 설정하는 데 있어서 성경적인 통전성을 망각하는 오류를 분명하게 드러내고 있다는 점에서 비판을 통하여 교정되어야 할 것이다.

### 2.3. 21세기 영성의 상황: 두 국면의 종합으로서 이교주의적 영성

지금까지 살펴온 일련의 흐름은 어떻게 보면 정반대의 방향을 향하여 각기 달려가는 것처럼 인식될 수 있을 것이다. 그런데 흥미로운 사실은 합하지 못할 것으로 보이는 두 영역이 이제는 한 지평에서 만나려는 시도를 모

---

20 A. H. Newman, *A Manual of Church History Vol. I*, 248-250.
21 A. H. Newman, *A Manual of Church History Vol. I*, 185, 193-194.

색한다는 것이다. 그리고 이러한 통합적인 흐름을 형성한 이교주의적 일원론(paganistic monism)의 영성이 전통적인 기독교적 유신론을 대체하려는 움직임을 암암리에 드러내고 있다는 관찰이 나타나고 있다. 예를 들어, 피터 존스(Peter Jones)는 "현재의 싸움은 두 개의 강력한 영성들(spiritualities), 즉 하나님 아버지(God the Father)를 믿는 기독교 유신론과 여신(Mother Goddess)을 숭배하는 이교의 일신론(monism) 간의 싸움이다"[22]라고 진단한 바가 있다. 그는 21세기 영적인 상황을 기독교적 유신론과 이교주의적 일원론 사이의 충돌이 일어나고 있는 것으로 진단하였다. 달리 말하여, 역사적인 기독교의 입장에 대항하기 위하여, 내재지향적인 것과 초월지향적인 것이 이교주의적 일원론의 지평에서 상호 융화하기 시작하였다는 사실을 관찰한 것이다.

존스는 일원론(monism)은 원(圓)으로써 상징되며 "그 목표는 원으로써 지구를 하나로 둘러싸는 것"[23]이라고 정의하면서 그 두드러진 특징을 세 가지로 열거한다. 첫째, "모두는 하나이고 하나는 모두"라는 명제에 근거하여 "우주는 질적으로 다르지 않은 서로 연관이 있는 하나의 거대한 에너지이다. 신은 우주 바깥에 있는 것이 아니라, 신 자체가 우주이다"[24]라는 주장을 견지한다. 이런 이해의 범주에 포함되는 것이 생태학, 어머니로서 대지, 하나님에 대한 여성적 심상의 적용과 같은 것이다.[25] 둘째, "인류는 하나"라는 명제 아래 "신적 단일성의 현현"[26]으로서 인류를 정의한다. 달리 말하면 인류는 신적 단일성의 산물이며, 따라서 신적인 에너지의 응집의 산물로 보는 것이다. 신성의 담지자로서 인류는 결과적으로 자신 안에 있는 신성을 찾아 그것을 앙양함으로써 신적인 세계에로 진입하는 영성을 추구할 수 있게 되는 것이다. 달리 말하면, 신성의 담지자로서 인간의 자아가 곧 진리의 원천

---

22 피터 존스, 『교회와 사탄의 마지막 영적전쟁』, 이광식 역 (서울: 진흥, 2001), 20.
23 피터 존스, 『교회와 사탄의 마지막 영적전쟁』, 39.
24 피터 존스, 『교회와 사탄의 마지막 영적전쟁』, 39.
25 이런 문제를 다룬 책으로는 Asphodel P. Long, *The Absent Mother: Restoring the Goddess to Judaism and Christianity*(A. Pirani(ed.), London: Mandala, 1991)를 참고하라.
26 피터 존스, 『교회와 사탄의 마지막 영적전쟁』, 41.

이며, 동시에 개인은 각각의 차이와 더불어 진리의 다양성을 인정하되 점진적인 이해의 진전을 경험하게 된다. 셋째, 결과적으로 "모든 종교는 하나"[27]라는 사고에 이르게 되고 만다. 신적인 에너지로 충일한 우주, 즉 신성의 담지자로서 진리의 척도인 인간이 전개하는 진리의 다양성은 신적인 단일성 안으로 용해되어 보편적인 진리의 체계로 앙양되는 것이다.

이런 요약에서 주목할 사실은 전체적으로 보면 단조로운 일원론적 패러다임이 지배하는 것처럼 보이지만, 둘째에서 지적한 현상이 동반된다는 것이다. 달리 말하여, 내재적이고 일원론적인 경향과 동시에 등장하는 하나의 경향이 바로 물질 혹은 육체적 한계를 넘어서려는 열망의 형성이라는 사실을 주목해야 한다는 것이다. 물질적 세계에 살고 있으나 정신이 이러한 물질의 에너지를 극복하고 신성을 찾아나서 신성한 전체성과 연합되어 있다는 지적인 깨달음에 도달하게 되면, 정신의 물질에 대한 승리가 일어나고 인간은 진정한 "깨달음"[28] 즉, 더 나은 세계에 도달하게 된다는 믿음이 이 일원론적 세계상 안에 내포되어 있다는 것이다. 이때 깨달음이라는 것은 영과 육을 이원론적으로 나누는 데서 비롯되는 것이라기보다는 일원론적인 관점을 견지하면서 갖게 되는 데서 비롯되는 독특한 세계라고 보아야 할 것이다. 일종의 신성이 충일한 범신론적인 세계로의 전환을 꾀한다는 것이다.

존스의 이러한 관점을 견지하는 것으로 보이는 실제적인 예를 한국 토양의 시인인 김지하의 "생명사상"에서 엿볼 수 있다. 김지하는 "나는 물질, 생명, 이성, 영성, 신성, 또는 존재와 무 등을 고립적 개별태 또는 대립적 존재로 파악하는 일체의 관점을 기계론적 패러다임이라고 부릅니다. 이것에 대비하여 그 모든 것들을 살아 있는 생성으로 보며 분할할 수 없는 전체 속에, 비록 개별적 생활 형식으로 독특하게 개성화하되, 모든 것이 모든 것에 연결되는

---

[27] 피터 존스, 『교회와 사탄의 마지막 영적전쟁』, 41.
[28] 피터 존스, 『교회와 사탄의 마지막 영적전쟁』, 43.

우주적 전체 유출의 전체 그물망 속에서 파악하는 관점을 나는 생명의 패러다임이라고 부르지요. 이 패러다임에서 본다면 일체의 우주 생명입니다"[29]라고 말함으로써 우주적 생명의 유기체적인 일원론적 구조를 드러낸다.

그런가 하면, 김지하는 "우주생명론은 신(神), 영(靈), 화(化), 물(物), 성(成), 형(形)을 총체적인 일원적 자기 조직화 과정의 이러저러한 측면으로 밝히되 그 전체적 유출 속에 통합함으로써 창조론과 진화론을 넘어서는 창조적 진화론, 즉 조화론이며 심신 분리의 오랜 이원론을 근원적으로 넘어서 정신과 물질 사이의 관계를 숨겨진 것이 드러나는 유출 과정 속에 일원론적으로 통합함으로써 관념론과 유물론의 대립을 넘어서는 것"[30]이라고 사상의 구조적인 측면을 드러내었다. 이런 김지하의 사상은 정확히 일원론적인 경향을 보여 준다고 할 것이다. 또한 이러한 김지하의 사고 구조에서 간과해서는 안 되는 것이, 생명이란 "'숨겨진 질서'로서" "반드시 눈에 보이고, 고정되고, 접촉되고, 들리는 '드러난 질서'로, 갖가지 생활양식으로 물질화하되, 그 물질화된 형식 안에 한순간도 그대로 머물지 않고 변화화는"[31] 영적인 혹은 귀신적인 측면[32]을 갖는다는 사실이다. 변화를 통하여 자체를 드러내는 생명에 대한 김지하의 사고는 "천지 만물(,즉) 풀, 벌레, 짐승, 흙, 물, 공기, 바람까지도 다 그 안에 한울님을 모셨다는 것이다"라는 구체적 표현으로 적용되어[33] 나타나는데, 이로써 생명은 곧 우주 안에 내재하는 신적인 운동임이 분명해진다.

이런 점에서 볼 때, 존스가 드러내는 일원론은 신인동일체를 기반으로 인간의 정신이 물질세계를 초월하여 정신적인 성숙을 꾀하여 신성을 온전히 담지하는 신인동일체로의 회귀를 꾀하는 방향으로 전개되는 형태를 취한다

---

29 김지하, 『생명과 자치』(서울: 솔, 1996), 55.
30 김지하, 『생명학1』(서울: 화남, 2004), 72.
31 김지하, 『생명학1』, 68.
32 김지하, 『김지하의 이야기 모음 밥』(서울: 분도출판사, 1990), 70.
33 이경숙 공저, 『한국 생명 사상의 뿌리』(서울: 이화여대출판부, 2001), 184.

면, 김지하가 제안하는 일원론은 유기적인 자연 생명체를 영적이고 귀신적인 어떤 세력이 덮어쓰는 방식으로 통합하려는 형식을 취한다는 점에서 서로 구별될 수 있을 것이다. 환언하여 내재에서 초월로의 앙양을 꾀한다는 점에서, 반면 초월에서 내재로 향한다는 점에서 서로 구별될 수 있으나, 결과적으로는 초월과 내재의 구별이 해소되어 범신론적인 상호통합을 이루는 일원론적인 세계상을 꾀한다는 점에서 공동의 관심사를 갖는다고 말할 수 있을 것이다. 존스는 이러한 일원론적인 세계관은 전통적인 기독교 유신론을 대체하려는 종교적인 본질을 감추고 있는 것이 아닌가, 심각하게 의심된다고 말하고 있다.

## 3. 프로테스탄트교회의 영성

영성의 내재적 경향과 초월적 경향을 드러내는 영성을 비롯하여 양자를 포괄하여 하나의 통합을 모색하고 있는 일원론적인 영성은 그 본성상 이교주의적인 태도를 감추고 있다는 사실을 발견하였다. 이에 응전하는 프로테스탄트교회의 영성의 방향도 통합적인 성격을 신중하게 반영할 수 있어야 할 뿐만 아니라, 유신론적 기초인 초월과 내재의 구별을 확고하게 유지하면서 추구되어야 할 것이다. 유신론적 기초를 가지고 있는 프로테스탄트교회의 영성의 흐름을 두 가지로 크게 나눌 수 있다고 보는데 그 하나가 복음주의 모델이고, 다른 하나가 개혁신학의 모델이다.

### 3.1. 복음주의 모델: 인간의 영혼 구원을 중심으로 한 영성

정확한 이해를 위하여 복음주의(evangelical)란 용어를 정확하게 규정하는 것이 필요할 것이다. 마크 놀(Mark A. Noll)과 데이비드 웰즈(David F. Wells)는 "복음주의"라는 용어가 무엇을 의미할 수 있는지에 대하여 의견을 제시한 바 있다. 이들의 의견에 따르면,³⁴ 복음주의는 네 가지 범주를 근간으로 간추릴 수 있다. 첫째, 16세기의 전통을 중심으로 형성된 루터교회를 의미할 수 있으며, 그 특징은 "그리스도의 복음"(the Gospel of Christ)에 놓여 있다. 둘째, 복음주의란 18세기의 부흥운동과 관련되어 사용되는데, 존 웨슬리, 조나단 에드워즈, 조지 휫필드, 독일의 경건주의자들이 그 배경에 있으며, 주로 회개와 생활의 경건과 열정적인 영혼 구원을 강조하였다. 셋째, 최근 수십 년 동안 복음주의는 성경을 하나님의 말씀으로 받으며, 그리스도 예수를 믿음으로부터 오는 구원, 거룩한 삶에의 열망, 세상에서의 정의와 같은 것에 관심을 기울이는 신학적으로 보수적인 흐름을 견지하는 이들을 지칭하는 용어로 사용되었으며, 초교파적인 인사들을 포함한다. 넷째, 조지 말스덴(George Marsden)은 복음주의를 조금 좁게 "복음주의 교단"으로 정의했는데, 고든 콘웰, 시카고의 트리니티, 켄터키의 애즈베리, 밴쿠버의 리젠트, 파사데나의 풀러 신학교와 같은 부류가 여기에 속한다고 보았다. 전반적으로 볼 때, 후기-근본주의적인 사고로부터 과학적 발전에 귀를 기울이는 조금 더 세련된 형태의 신학적 보수주의로 옮겨간 흐름으로 이해할 수 있을 것이다.

이상의 분류를 종합적으로 읽어 내면, 복음주의란 그리스도 예수의 복음을 중심으로 영혼 구원과 이를 효율적으로 수행하기 위하여 사회 정의에 관심을 많이 기울이며, 과학적인 사고에 대하여 폐쇄적이지 않은 신학적 기조를 유지하는 초교파적인 운동을 의미하는 것으로 볼 수 있을 것이다. 사실 복음주의의 이러한 움직임을 신앙고백적인 형태로 구체화한 것으로는 『로잔언약』(The Lausanne Covenant)을 들 수 있을 것이다. 20세기 들어와서 영혼 구원에 집중하던 모임을 끌어안으며 융기하기 시작하여 1948년 암스테르담에서 결성된 세계교회협의회(World Council of Churches, WCC)의 활동을 보면

---

34 마크 놀, 데이비드 웰즈 편집, 『포스트모던 세계에서의 기독교 신학과 신앙』, 이승구 역 (서울: 도서출판 엠마오, 1994), 20-23.

서 복음을 제시하고 영혼을 구원하는 일은 이차적인 관심사로 돌려놓고 사회변혁에만 관심하는 경향을 불편하게 여기는 복음주의의 지도자들이 자연스럽게 생겨났다. 세계교회협의회의 이런 경향에 대하여 비판적인 자기반성과 함께 1974년에 처음으로 그 모습을 구체적으로 드러낸 복음주의가 정확히 어떤 삶의 체계를 모색하고 확보했었는지를 확인하는 데 이 자료(The Lausanne Covenant)가 매우 중요하게 여겨지지 않을 수 없을 것이다.[35]

『로잔언약』 제1조항에서는 하나님의 목적을 설명하면서, "우리는 세계의 창조자이시며 주되신 영원한 한 분 하나님, 곧 성부, 성자, 성신에 대한 우리의 신앙을 확인한다. 하나님은 그의 뜻과 목적에 따라 만물을 통치하신다. 그는 자기를 위하여 세상으로부터 한 백성을 불러내시며 다시금 그들을 세상으로 내보내시어 그의 나라의 확장과 그리스도의 몸의 건설과 그의 이름의 영광을 위하여 그 부름받은 백성들을 그의 종들과 증인들이 되게 하신다"라고 기술함으로써 이 세상을 향한 하나님의 목적이 복음의 전파를 통하여 그리스도의 몸을 세우는 데 있음을 분명히 한다. 이 내용이 구체적으로 무엇을 의미하는 것인지를 제3조항에서 다음과 같이 기술하고 있다. "예수를 '세계의 구주'로 전한다고 하는 것은 오히려 죄인의 세상을 향한 하나님의 사랑을 선포하는 것이며, 마음을 다한 회개와 신앙에 의한 인격적 헌신으로 예수를 구주로 맞이하도록 모든 사람을 초대하는 것이다."

---

[35] 조종남, 『로잔언약』 (서울: 생명의말씀사, 1986)을 본문으로 사용한다. 물론 1980년 마닐라에서 열린 제2차 로잔대회, 그리고 2010년 남아프리카공화국 케이프타운에서 열린 제3차 대회를 통하여 복음주의신학의 최종적인 버전이 케이프타운 서약으로 완결되어 나왔다는 사실을 충분히 고려할 필요가 있고, 사실상 로잔언약의 미진한 내용이 상당 폭 극복되었다는 사실을 인정하지 않을 수 없다. 온 교회가 온전한 복음을 온 세상에 선포하자는 내용을 근간으로 작성된 선언문은 이 글에서 펼쳐가는 개혁교회의 관점에로의 대대적인 전환을 모색했다고 말할 수 있다. 이를 위하여, 로잔 운동, 『케이프타운 서약』, 최형근 역 (서울: IVP, 2016)를 보라. 이에 대한 상세한 해설서로는 크리스토퍼 라이트, 『하나님의 선교』, 정옥배·한화룡 역(서울: IVP, 2010)를 보라. 이 논문을 읽고서 로잔언약과 케이프타운 서약을 서로 비교하면서 그 내용을 확인하고, 크리스토퍼 라이트의 『하나님의 선교』를 읽으면 정확한 이해를 도모하는 데 도움이 될 것이다.

제4조항에서 복음 전도는 본질상 "성서적 그리스도를 구주요 주로서 선포하여 사람들로 하여금 그에게 개인적으로 와서 하나님과 화목함을 얻도록 설득하는 일"이라고 정의하며, 복음 전도의 결과는 "그리스도께의 순종, 그의 교회와의 협력, 세상 안에서의 책임 있는 봉사를 포함한다"라고 같은 조항에서 표명하고 있다. 일차적인 관심이 그리스도 예수와의 개인적인 만남을 통하여 하나님과 화목케하게 하는 것에 집중되면서도, 동시에 특별히 사회적 책임을 하나의 구별된 항목으로 설정하여 "전도와 사회 참여가 서로 상반되는 것으로 잘못 생각한 데 대하여 참회한다. 사람과의 화해가 곧 하나님과의 화해가 아니며, 사회행동이 곧 전도는 아니며, 정치적 해방이 구원은 아닐지라도, 전도와 사회-정치적 참여는 우리 그리스도인의 의무의 두 가지 부분이라는 것을 우리는 인정한다"라고 선언한다. 바로 이러한 전제 아래, "인종, 종교, 피부빛, 문화, 계급, 성 또는 연령의 구별없이 모든 사람이 타고난 존엄성"을 존중해야 한다고 선언하였다.

이상의 『로잔언약』의 내용을 볼 때, 한 가지 두드러지는 국면이 있다. 즉, 전도를 그리스도 예수의 몸을 건설하는 것으로 파악하며, 바로 그 일을 하는 과정에서 발생하는 연관된 문제들을 다룸에 있어서 그 특징적인 국면이 배타적으로 인간 중심적인 이해를 드러낸다는 점이다. 신학적인 분석을 시도한다면, 기독론과 인간론 중심적인 사고가 『로잔언약』을 지배하고 있다고 할 수 있다. 『로잔언약』이 형성되는 정황적인 면에서 볼 때나 『로잔언약』의 내용적인 배열에서 볼 때나 기독론과 인간론을 강조하는 이유는, 복음의 사회적인 책임과 관련되어 있다고 할 것이다. 쉽게 설명하면, 복음을 전파하는 과정에서 발생하는 여러 가지 정황적인 요소들, 이를테면 가난, 인권, 의료, 문맹 등등의 문제들을 배제하고서는 효과적인 선교 혹은 전도의 열매로서 교회 세움이 불가능하다는 판단에서부터 반성되고 형성되어 나온 것이 바로 『로잔언약』이라는 것이다. 뒤집어서 말하면, 복음을 전파하는 과정에서 비롯되는 여러 가지 문제들, 예를 들어 인권, 가난, 문맹 등등의 문제에 대하여 관심을 기울이게 되는 동기는 복음을 효과적으로 전하려는 데 있다는 사실이 이 문서에 반영되어 있다는 것이다.

이러한 이해를 비판적으로 읽어 나가게 되면, 이러한 배려, 즉 가난, 인권, 의료, 문맹퇴치와 같은 것이 인간이 하나님께서 자신의 형상을 따라 창조하신 존재이기 때문에 그가 누려야 할 마땅한 것을 존중하려는 데서 나온 것이 아니라, 복음증거의 효율성 때문에 부차적으로 일어나는 봉사일 수 있다는 것이다. 그것이 기독론과 인간론을 강조하는 형태로 나타나게 되었으며, 이렇게 되면 양자의 관련성이 어떤 견고한 객관적 기초에 근거한 것이 아니라, 상황에 응전하려는 식의 형태로 가게 되지 않을까 하는 염려를 지울 수가 없게 된다. 물론 여기에 갈라디아서 3장 28절의 "너희는 유대인이나 헬라인이나 종이나 자유자나 남자나 여자나 다 그리스도 예수 안에서 하나이니라"는 말씀을 강조하는 "그리스도 왕국윤리"라는 것이 등장하지만,[36] 이것보다 선행하는 보다 근본적이고 시원적인 근거가 논의될 필요가 있다는 생각을 떨치기 어렵다. 왜냐하면, 유대인이나 헬라인이나 종이나 자유자나 남자나 여자 모두 존중받아야 할 인간임을 언급할 수 있는 보다 근원적인 출발점을 성경에서 찾을 수 있고, 또 그런 근거에서 볼 때 상황에 임시적으로 응전하는 형태로 인하여 비롯되는 임의성을 피할 수 있기 때문이다. 달리 표현하면, 이러한 그리스도의 왕국윤리가 과연 그리스도 예수와 더불어 비로소 나타난 것인지 아니면 그 이전에도 존재했던 윤리인지 하는 것이다. 사실상 이러한 윤리적 덕목은 창조와 함께 이 세상에 주어진 질서이며, 그리스도 예수는 바로 이 창조질서를 회복하신 것으로 보는 것이 옳다. 그러므로 보다 견고한 사회적 책임의 근거가 창조신학적인 지평에서 모색되어야 할 뿐만 아니라 책임 영역의 인간론 중심성도 비판적으로 그 외연이 확장되어야 할 필요가 있다. 과연 그리스도 예수의 오심이 인

---

[36] Cf. R. Longenecker, *New Testament Social Ethics for Today* (Grand Rapids: Eerdmann, 1984), 84-88.

간론적인 의미만 갖는 것인가 하는 물음이 제기되어야 할 필요가 있을 것이다. 구속의 인간론적인 의미만을 고집하게 되면, 그리스도의 구속주로서의 직무(Redemption-Mediatorship of Christ)가 온당하게 평가되고 있는 것인가 하는 비판적인 물음이 일어나게 된다. 달리 표현하면, 그리스도의 창조중보직(Creation-Mediatorship of Christ)은 어떻게 이해되어야 하는가 하는 질문이 구체적으로 제기될 수 있을 것이다. 따라서 그리스도의 구속중보직은 창조중보직과 어떤 관련성을 가지는가 하는 문제들을 신중하게 고려할 필요가 있으며, 이런 관점에서 보다 더 큰 틀을 찾아서 그리스도인의 삶의 체계, 혹은 양식을 형성해 주는 노력이 더욱 신중하게 이루어져야 것이다.

### 3.2. 개혁신학의 모델: 인간론과 우주론의 균형을 유지하는 영성

복음주의와 구별하여 언급할 수 있는 프로테스탄트교회의 한 흐름이 개혁교회(the Reformed Church)이다.[37] 개혁교회의 정체성을 여러 가지로 정의할 수 있지만, 대표적으로 셋이 하나를 이루는 신앙고백서나[38] 웨스트민스터 표준문서[39]를 신앙의 정체성을 담아낸 것으로 받아들이는 교회로 말할 수 있을 것이다. 이런 신앙고백서들을 볼 때, 창조 · 타락 · 구속 · 완성이라는 성경의 '대하-이야기'(meta-narrative)를 따라서 신학을 형성하였다는 사실을 발견하게 된다. 삼위 하나님께서 세상을 창조하셨으나 인간의 불순종을 인하여 타락하였으며, 그럼에도 불구하고 하나님의 창조에의 의지는 후퇴하지 않으며, 따라서 타락한 창조세계를 구속하여 완성하시려는 하나님의 구체적인 행동이 그리스도 예수 안에서 드러난다는 사실을 핵심으로 신학을 형성하는 특징을 보여 준다.

---

[37] 개혁교회의 교단적, 신학적 정체성을 파악하기 위해서는, Willem D. Jonker, 『자유에로 초대하는 진리』, 유태화 역 (서울: 도서출판 대서, 2008)를 참고하라.
[38] 하이델베르크 신앙교육서, 벨직 신앙고백서, 그리고 도르트레히트 정경, 이렇게 셋을 통합적으로 받아들이는 교회를 개혁교회라고 부른다.
[39] 웨스트민스터신앙고백서, 웨스트민스터 소요리문답, 웨스트민스터 대요리문답을 묶어서 사용하는 표현이다.

개혁교회의 신학(theology of the Reformed Church), 즉 개혁신학은 창조를 파악할 때 요한복음 1장 2절과 3절의 내용이라든가 골로새서 1장 15절 이하의 말씀을 신중하게 이해하였으며, 따라서 우주 창조가 성육신하시기 이전의 로고스(logos asarkos)의 중보로 말미암았다는 사실을 강조하였다. 특히 하나님이신 로고스를 통하여 창조세계를 불러내었으나, 이것이 그리스도의 신성을 나눔 혹은 유출함으로써 이루어진 것이 아니라는 사실을 전통적으로 강조하였는데, 무로부터의 창조(creatio ex nihilo)가 바로 그것이다. 이 문구는 단순히 하나님께서 어떤 물질로부터 세계를 창조하지 않았다거나, 혹은 선재하는 재료를 사용하여 이 세계를 창조하지 않았다는 의미를 넘어서, 이 창조세계는 존재론적인 면에서 볼 때 하나님의 본질 혹은 존재와 어떤 연속성도 없다는 사실을 강조하려는 것이다. 달리 말하여, 창조주와 창조세계 사이에는 어떤 존재론적 연속성(ontological continuity), 혹은 필연성(ontological necessity)이 없다는 것이다. 창조주는 본질상 세계로부터 초월하신 분이라는 사실을 확고히 하였던 것이다. 동시에 언약 안에서 세계 안으로 들어오실 수 있는 분이 되신다.

아울러 구속을 이해할 때, 단순히 인간론적인 의미로만 파악하지 않고, 우주론적인 의미까지도 반영하였다. 달리 말하면, 그리스도 예수의 성육신과 죽음과 부활과 재림은 타락한 창조세계에서 자기 백성을 불러내시는 사역뿐만 아니라 타락한 창조세계 그 자체를 되사내시고 회복하시는 사건으로서 이해되었다는 것이다. 성육신하신 로고스(logos ensarkos)는 타락한 창조세계를 되사내시는 분으로 이해되어야 한다는 것이다. 이 사실을 알버트 월터스(A. Wolters)는 다음과 같이 언급하였다.

"구원이 창조 이상의 그 무엇을 가져오지 않는다고 할지라도, 창조보다 덜 가져오지도 않는다. 그리스도의 구속의 범위에 포함되는 것은 창조계 전체이며 그 범위는 실로 우주적이다. 바울의 말대로 하나님은 그리스도를 통해서 만물을 자기와 화목케(골 1:20) 하시려고 했다. 여기에서 바울이 사용한 단어 '만물'은 그가 화해라는 개념을 협소하게 혹은 개인주의적으로 이해하고 있지 않음을 밝히 드러낸다. 사도가 인간을 넘어서는 범위를 염두에 두면서도 이 문맥에서 화목케 한다는 단어를 사용한다는 것이 우리에게는 이상하게 보일지도 모른다. 그러나 이 용례는 우리가 타락의 범위에 관하여 배웠던 바를 확정해 준다. 즉, 모든 사물이 인류의 반란과 하나님께 대한 적대적인 태도에 연루되었는데, 그들의 하나님과의 긴장 관계는 '해소되어야' 하며, 다시금 그분과 화목하게 되어야 하는 것이다. 구속의 범위는 타락의 범위만큼 넓고 전 창조계를 포괄한다."[40]

한마디로 그리스도 예수는 창조의 중보자이면서 동시에 구속의 중보자라는 것이다. 달리 말하여, 그리스도 예수께서 구속주로 오심으로써 자기 백성을 불러내시는 구원의 인간론적(anthropological salvation) 사역의 확고한 토대를 놓았을 뿐만 아니라 우주론적인 회복(cosmological recapitulation)도 개시하셨다는 것이다.

복음주의와 개혁신학의 대조점을 찾는 이 논의에서 구속의 우주론적인 맥락을 조금 더 고찰하는 것이 필요할 것이다. 인격적인 존재이신 창조주 하나님께서 세상을 창조하실 때, 마치 도예공이 도기를 빚을 때에 자신의 작품세계를 반영하듯이, 창조세계에 자신의 고유한 세계관을 반영하셨을 것이 틀림없으며 그 결과로서 형성된 세계는 하나님의 성품을 분명하게 드러내게 되었을 것이다. 하나님께서 디자인하신 세계의 질서를 소위 창조질서(creation ordinances)라고 부르는데, 칼빈은 "어떤 것도 외관상 이 이상 더 상상할 수 없을 만큼 아름다운 무수한 성군들을 놀라운 질서에 따라 배치하고 배열하시어 서로 어울리게 하신 그 예술가야말로 얼마나 위대하신가 함을

---

[40] 알버트 월터스, 『창조, 타락, 구속』, 양성만 역 (서울: IVP, 1992), 82.

생각할 때 비로소 이 법칙의 첫째 부분이 예증된다. 그는 어떤 별들은 움직이지 못하도록 위치를 고정시켜 놓으셨으며, 어떤 별들에게는 한층 더 자유로운 운행을 허용하셨다. 그렇지만 그들이 지정된 궤도에서 벗어날 수 없게 하셨으며, 모든 별들의 운행을 조정하여 별들을 통해 낮과 밤, 달과 해 그리고 계절을 구분하셨고, 우리가 항상 보는 대로 혼란이 일어나지 않도록 날의 균차를 조정하셨다"[41]라고 언급함으로써 이 가능성을 구체적으로 시사한 바가 있었다.

이런 전통을 딛고서 헤르만 바빙크(Herman Bavinck)는, "하늘과 땅은 처음부터 구별되었다. 모든 것이 그 자신의 속성을 가지고 창조되었으며, 하나님께서 정해 주신 질서 안에 머문다. 태양과 달과 별들이 그들 고유의 임무를 가지고 있다. 식물과 동물과 인간도 각각 구별된 본성을 갖는다"[42]라고 말함으로써 이 사실을 보다 더 구체적으로 적용하여 식물과 동물과 인간과 관련한 측면을 거론하였다. 칼빈과 바빙크의 견해를 넘겨받은 것으로 보이는 월터스는 피조물을 향하여 하나님께서 제정하신 질서를 자연의 법칙과 규범으로 더욱 구체적으로 구별하였다. 자연의 법칙은 우주와 비인격적인 피조물에게 적용하였는데, 이를테면 중력의 법칙, 운동의 법칙, 열역학 법칙, 광합성 법칙, 유전 법칙, 물리학, 화학, 생물학, 그 외 다른 자연과학에서 발견되는 모든 자연법칙을 포함한다. 그런가 하면 동물들에게는 본능과 같은 것을, 식물들에게는 고유한 생존의 법칙을 적용한 반면에, 인격적인 피조물들에게는 규범을 적용하였다. 이로써 인격적인 피조물인 인간은 부모와 자녀, 인간과 인간, 남편과 아내와의 관계에서 마땅히 지켜져야 할 것을 결정하는 능력을 갖게 되었다는 것이다.[43]

---

[41] J. Calvin, *Institution of the Christian Religion*(Philadelphia: The Westminster Press, 1961), I.14.21.
[42] H. Bavinck, *Gereformeerde Dogmatiek II*(Kampen: Kok, 1998), 399.
[43] 알버트 월터스, 『창조, 타락, 구속』, 28-30.

그리스도 예수의 구속의 우주론적 의미를 이러한 이해의 맥락에서 본다면, 이것은 바로 이 창조질서의 회복을 의미하는 것이다. 그리스도 예수의 창조중보직을 통하여 창조된 창조세계는 그리스도 예수의 구속중보직을 통하여 다시금 하나님과 화목케 되는 화해의 길에 접어들었다는 것이다. 이로써 죄로 인하여 그 방향이 잘못 설정되어 있었던 관계가 올바른 관계를 찾아갈 수 있도록 배려하는 일체의 일이 그리스도인의 과제가 되는 셈이다.

이렇게 볼 때, 하나님께서 자기계시의 발현인 그리스도 예수를 중심으로 자신이 창조하신 세상에 접근하신다는 사실을 강조한다는 점에서, 복음주의와 개혁교회는 동일한 걸음을 걷고 있음이 분명하다. 그러나 그리스도 예수의 구속을 인간론적인 것에만 적용한다는 점에서, 복음주의가 구속의 인간론적인 측면과 우주론적인 측면을 동시에 고려하는 개혁교회보다는 삶을 이해하는 체계를 협소하게 파악한다고 할 수 있을 것이다. 신학적인 면에서 볼 때, 복음주의가 구속신학을 창조신학과 연결시키는 점에 있어서 충분하지 못한 측면을 드러낸다는 것이다. 영성은 그리스도 예수와의 개인적인 만남뿐만 아니라 삶 전반의 체계를 제시하는 것이라는 흐라프란트의 견해를 다시 상기한다면, 그리스도 예수와의 개인적인 만남을 강조한다는 점에서는 복음주의와 개혁교회가 동일한 이해를 공유하는 반면에, 세계관적으로 삶을 파악하고 형성하는 데 있어서는 개혁교회가 조금 더 넓고 견고한 성경적인 틀을 가지고 있다고 할 것이다.

노르트만스(O. Noordmans)가 재세례파적인 영성의 흔적이라고 언급했던[44] 바로 그 지점에서, 삶의 전 영역의 성화를 꿈꾸는 개혁교회의 이상은 그리스도 예수 안에서 자신을 계시하시고 만유를 자신의 소유로 선언하시는 하나님의 통치가 만유 안에 드러나도록 해야 한다는 데서 그 진면목을 보여준

---

44 O. Noordmans, "Het Koninkrijk der Hemelen," in *Verzaam Werken II*(Nijkerk: Callenbach, 1979), 464, 540.

다고 할 수 있을 것이다. 이러한 개혁교회의 이상은 하나님 나라 사상과 깊숙하게 연결되어 있다는 것이 개혁교회의 일반적인 이해이며,[45] 특히 발커(W. Balke)는 칼빈의 경우도 크게 다르지 않은 것으로 이해하였다.[46] 달리 말하면, 개혁교회는 그리스도 예수 안에서 자신을 계시하시는 하나님께서 내 것이라고 주장하지 않은 단 일 평방센티미터($1cm^2$)의 공간도 이 세상에 없다는 사실을 깊이 인식하고 자신의 삶을 형성하려는 이해를 가지고 있다는 것이다.[47] 바로 이런 이해의 맥락을 반영하여 남아공의 신학자인 요하네스 헤인쯔(Johaness A. Heyns)는, "하나님의 나라는 그의 신하들, 즉 먼지와 식물과 동물과 인간과 천사들을 향한 하나님의 주권적인 통치요, 이 왕권에 대한 신하들의 자발적인 순종 안에 현존한다. 보다 더 요약한다면, 하나님의 나라는 그의 의지의 승리이다"[48]라고 주장하였다.

## 4. 21세기 영성과 개혁교회 영성의 비교

개혁신학과 복음주의는 그리스도 예수를 통하여(extra nos) 우리를 위한(pro nobis) 하나님의 참된 계시가 일어난다는 사실을 공히 인정한다는 점에서 창조주와 창조세계 사이의 질적인 차이를 견고하게 붙잡고 있다는 사실을 확인하게 되며, 이런 점에서 이교주의적 일원론과 뚜렷하게 구별되는 관점을 공유하고 있다. 창조주와 창조세계 사이의 질적인 차이를 간과하지 않기 때문에, 창조주가 창조세계 안에 파묻히거나 혹은 창조세계 내의 어떤 생명운

---

[45] A. A. Van Ruler, "Das Leben und Werk Calvins," in: *Calvinstudien*(Neukirchen: Neukirchener Verlag, 1959), 91-95.
[46] W. Balke, *Calvijn en de doperse radikalen*(Amsterdam: Bolland, 1977), 217-225.
[47] C. Veenhof는 아브라함 카이퍼의 신학을 연구하는 가운데, 다음과 같이 이 사실을 언급하였다. "Geen duimbreed is er op heel 't erf van ons menschelijk leven, waarvan de Christus, die aller Souverein is, niet roept: 'Mijn!' " (Souvereiniteit in eigen kring, 29)
[48] J. A. Heyns, *Die Kerk*(Pretoria: N. G. Kerkboekhandel, 1977), 6. "Die koninkryk is Gods heerskappy oor en die gehoorsame aanvaarding daarvan deur sy onderdane: stof, plant, dier, mens en angele. Nog korter: die koninkryk is die triomf van Gods wil."

동자나 에너지로 화하지 않으면서도 자신을 세계 안에 주실 수 있는 구조를 언급할 수 있는 온전한 세계관을 갖는 것이다.

바로 이런 가능성을 교회일치적 신앙고백인 삼위일체론에서 보다 충실하게 찾을 수 있다. 개혁교회는 성부와 성자와 성령, 삼위일체 하나님을 신앙한다. 하나님은 단독자가 아니라 삼위격의 영원한 순환과 교제 가운데 계시는 분이다. 비록 전유론(per appropriationem)을 통해서 성부에게 창조, 성자에게 구속, 성령에게 성화를 돌리는 교회의 신학적 전통이 있으나, 이때조차도 삼위격은 항상 함께 하신다. 성부와 성자와 성령의 사역적 구별과 집중이라는 바로 이 사실에서 개혁교회는 창조주와 창조세계 사이에서 비롯되는 문제, 즉 초월과 내재라는 문제를 사고했고 해결해 왔다고 할 수 있을 것이다. 신의 초월이라는 측면은 항상 성부와 성자와 성령에게 공히 돌려진다. 그러면서도 특히 성부 하나님에게 초월성을 구별과 집중을 통하여 적용하였다. 그런가 하면 성자와 성령과 관련해서는 내재성을 구별과 집중을 통하여 적용하였다. 물론 성자와 성령조차도 창조세계 안에 내재하시지만 동시에 항상 구별되신다. 달리 말하면, 성자께서 참 인간이시면서 동시에 참 하나님이라는 점에서 항상 초월하신다. 이것을 개혁교회는 'Extra-Calvinisticum'으로 표현했는데,[49] 그 핵심은 신성은 "인성을 넘어서"(beyond human nature) 자신을 표현할 수 있다는 데 있다. 성령도 인간과 우주 안에 내재하시지만 동시에 인간의 영혼으로 바뀌지 않고 그 구별을 유지하신다는 점에서, 또한 우주 안에 내재하시면서 생명의 약동에 직접 관여하시지만 단지 창조 시에 하나님께서 만물 안에 집어넣으신 만물의 존재법칙, 달리 말하여 창조질서를 운용하시는 분으로서 관여하실 뿐이다. 따라서 성령은 창조의 에너지와 동일시되지 않으신다. 이렇게 볼 때, 성부와 성자와 성령께서는 본질상, 창조세계의 한 구성요소로, 혹은 우주적 생명으로 전락하시지 않고 항상 구별

---

[49] Jonker, 『자유에로 초대하는 진리』, 176.

되신다. 그러나 동시에 이 우주 안에 온전하게 내재하실 수 있는 분이다. 바로 이 점에서 이교주의적 일신론과 구별되는 개혁신학의 유신론이 성립하는 것이다.

이러한 사실을 인간론적으로 적용하게 되면, 인간이 하나님을 모심으로써 동시에 인간이 신 안에 참여함으로써 인간과 신이 상호통재[50]하여 신화(神化)에 이르지 않는다는 사실을 손에 쥐게 된다. 인간은 그리스도 예수를 통한 구속에 참여하고 성령의 내주를 갖는 존재가 되지만, 그러나 결코 신이 되지 않는다. 하나님이신 성령께서 그리스도인 안에 영원한 내주를 갖지만, 그리스도인의 고유한 인격적 자아정체감을 훼손하지 않으신다. 우리 안에 거하면서 우리의 영과 더불어 우리가 하나님의 자녀임을 증거하시면서(롬 8:16), 동시에 우리가 잘못된 길을 갈 때에 인격적인 탄식과 대도를 통하여 우리를 바른길로 인도하신다(롬 8:26). 구원이 종말론적으로 완성되는 때에도, 이 인격적인 구별은 계속될 것이다. 달리 말하면, 인간은 신이 되지 않는다. 인간은 인간으로 남게 될 뿐이다. 가장 인간적인 인간으로 남게 될 것인데, 제임스 팩커(J. Packer)는 그 인간을 하나님의 말씀에 일치하는 삶을 살아가는 인간으로[51] 파악한 바가 있다. 성령의 내주를 인하여, 하나님의 뜻에 온전히 순종하며 사는 인간이 바로 구원의 최종적인 자리에서 만나게 될 "순전한" 인간일 것이다.

## 5. 현 상황을 위한 제안: 삼위일체론적 영성

자, 그렇다면 이러한 이해로부터 구성되는 영성의 구체적인 내용은 무엇인가? 삼위 하나님의 구별과 집중을 통하여 이 내용을 진술하는 것도 유익

---

50 Jürgen Moltmann, *Der Geist des Lebens*, 209.
51 제임스 팩커, 『하나님을 아는 지식』, 정옥배 역 (서울: IVP, 2008), 179.

할 것으로 보인다.

구별과 집중을 중심으로 볼 때, 성부 하나님은 창조주이시다. "전능하사 천지를 창조하신 하나님 아버지를 내가 믿사오며"라고 신앙고백하는 그리스도인은 창조세계가 하나님께 속한 것임을 인식하여야 한다. 주말이면 산꼭대기에 올라 터질듯 호흡하며 맛보는 공기의 그 상큼함이 바로 하나님께서 베푸시는 은혜임을 인식할 수 있는 자가 바로 그리스도인이어야 한다. 그렇다. 주말 산행을 통하여 호흡 끝자락에 머무는 공기를 깊이 들이마시는 것이 얼마나 귀한 일인가! 그러면서 동시에 견고한 등산화에 파헤쳐지는 산길과 벌겋게 드러나는 나무뿌리의 탄식을 또한 들을 수 있는 귀가 있어야 한다. 그리스도인이라면, 산행과 더불어 버려진 쓰레기를 줍고, 산 등산로 입구에 있는 한 포대의 흙을 가지고 올라가 드러난 나무뿌리에 덮어줄 만한 여유가 있어야 한다. 왜냐하면 창조주 하나님께서 조성하신 동산이기 때문이다. 9월 말에 접어들면 서울 근교의 산자락에 도토리가 익어 땅에 떨어진다. 계절의 변화를 따라 하나님께서 자연을 통하여 배출하시는 열매를 맛보는 즐거움을 인간에게 허락하시지만, 여기에 통전적인 관점이 요청된다. 도토리는 인간에게 주신 간식거리이기도 하지만, 다람쥐와 산토끼에게도 주신 주식이라는 사실에도 주의를 기울일 줄 알아야 그것이 진정한 그리스도인이다. 이것을 자연에 대한 영성이라고 부를 수 있을까? 또한 사회의 부정의와 빈곤과 인권 유린과 같은 것에 관심을 기울이는 것도 바로 이 세상을 창조하신 분이 하나님이라는 사실을 아는 이들에게서 엿볼 수 있는 삶의 태도일 것이다(행 17:22-29).

성자 하나님은 어떠한가? 그분은 진정한 하나님으로서 인간이 되신 분이다. 하나님의 참 형상이신 그분은 하나님을 진정으로 예배하였고, 인간을 편벽됨 없이 사랑하신 분이며, 자연이 하나님에게 속한 것임을 분명하게 알고 그것을 삶에 적용하신 분이다. 하나님의 형상이 회복된 인간은 바로 하나님을 바르게 예배하고 인간을 인간이기 때문에 사랑하며, 자연을 하나님께 속한 것이기에 돌아보는 자라는 사실을 일깨우신 분이다. 무엇보다 그분은 그리스도인에게 인간이 도대체 누구인지를 분명하게 보여주신 분이다. 돈의 유무를 떠나, 신분의 고하를 막론하고, 남녀의 성을 떠나서, 건강의 여부를 떠나서 모든 사람의 필요와 요구에 진정으로 응답하는 삶을 사신 분이다. 독자를 잃은 과부를 위로하시며, 전염병으로 가족과 공동체로부터 소외된 채 외로운 삶을 살아가는 자들을 치유하여 다시 그 본래의 자리로 되돌리시며, 부모 없이 형제들만 사는 집의 남자 형제를 다시 살리심으로 삶을 총체적으로 회복시키시는 배려를 잊지 않으시는 분이다. 몸소 이 삶을 사신 분이며, 동시에 이 삶을 살기를 원하는 자들을 위하여 힘을 더하시는 분이다. 따라서 진정한 그리스도인은 바로 이분과의 인격적인 교제를 게을리 하지 말아야 한다. 그리스도인이 이분과의 인격적인 교제 안에 머무르고, 그 교제가 더 깊어지면 깊어질수록 더욱더 참된 인간의 삶을 향하여 개방될 수 있도록 배려하시는 분이다.

성령 하나님은 하나님 나라의 "이미"와 "아직 아니", 삼위 하나님의 현존과 미래적 내림 사이를 중재하시는 독특한 사역을 하시는 분이다. 미래의 하나님 나라가 온전하게 성취되었을 때의 삶의 능력이요, 동인으로서 오늘 우리 신자들의 삶에서 그 능력을 맛보게 하시는 분이다. 성령 안에서 신자들은 이 땅에 살면서도 미래 하나님 나라의 삶을 지금 여기서 맛보게 되며, 그리스도 예수와의 진정한 교제에로 더욱 깊숙하게 나아갈 수 있게 되며, 하나님을 더욱 깊이 알 수 있게 되며, 그분의 부르심의 소망과 그리스도 예수 안에서 하나님께서 주신 기업의 영광이 어떠한 것인지 알 수 있는 도움을 받게 된다. 그리스도인들은 성령 안에서 설교하며 듣고, 성령 안에서 기도하며, 성령 안에서 진리를 깨달으며, 성령 안에서 그리스도 예수의 한 몸을 경험하게 되며, 성령 안에서 하늘과 땅을 오르내린다. 아놀트 판 룰러(A. A. Van Ruler)가 말한 것처럼, 성육신하고 육체를 따라 부활하신 그리스도 예수와 달리 그리스도인 안에 내주하시면서 동시에 보편적으로 편재하시면서 영적이고 육체적인 모든 면에서 그리스도인을 섬기는 분이 바로 성령이시다. 요컨대, 성령 하나님은 그리스도인으로 하여금 하늘과 땅에 속한 모든 영적인 부요함에 참여하도록 배려하시는 분이다.

이렇게 삼위 하나님의 구별과 집중이라는 관점에서 삶을 파악할 때, 하늘과 땅, 정신과 육체, 영혼과 몸, 기도와 노동, 교회와 세상, 성경 읽기와 학문에 속한 일체의 일이 다 포괄된다는 사실을 발견하게 된다. 이 세상을 창조하신 삼위 하나님의 의지 밖에서 이루어지는 일은 사실상 하나도 없다. 달리 표현하면, 이 세상의 일체의 일은 모두 다 하나님과의 관계 속에서 이루어지는 일인 것이다. 바로 이 하나님과의 개인적인 교제뿐만 아니라 이런 사실을 인식하면서 형성하는 삶의 체계가 필요한 것이다. 이것을 남아공화국의 신학자인 요하네스 헤인쯔는 다음과 같은 다이어그램을 통하여 산뜻하게 표현한 바가 있는데,[52] 우리의 논의의 매듭을 짓는 일에 유익할 것으로 생각된다.

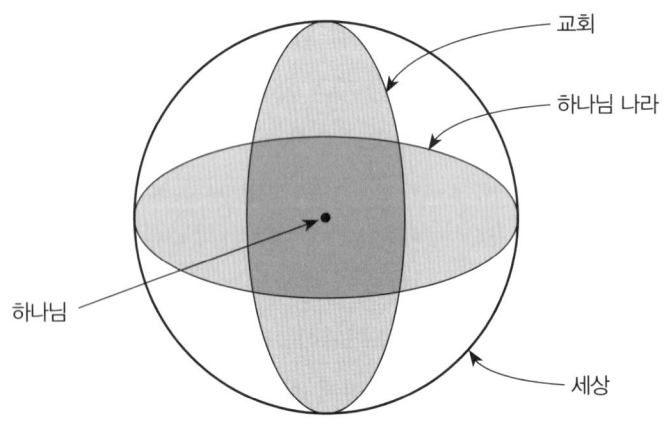

---

[52] J. A. Heyns의 책 Die Kerk의 표지에 나타난 다이어그램이다.

위의 다이어그램을 보면, 우주의 중심에 그리스도 예수 안에서 자신을 계시하시는 하나님께서 계신다. 그리고 그리스도 예수를 인격적으로 만난 하나님의 백성의 모임으로서 교회가 세로로 서 있고, 하나님 나라가 가로로 표기되어 등장한다. 세상의 중심이신 하나님을 예배하는 하나님의 백성은 한편으로는 교회의 일원으로서 다른 한편으로는 하나님 나라의 일원으로서 삶을 형성하지 않을 수 없다는 것이다. 교회의 일원으로서 제의적인 형식을 중심으로 하나님의 백성의 삶을 살아간다면, 하나님 나라의 일원으로서 세상의 모든 영역, 즉 자연, 정치, 경제, 사회, 문화, 학문 등등의 모든 영역에서 하나님의 백성으로서의 삶을 꿈꾸며 성취하는 삶을 펼쳐야 한다는 메시지가 담겨 있는 것이다. 달리 말하여, 그리스도인은 하나님께서 창조세계에 반영하신 창조질서를 궁구하여 드러내는 삶을 동료 그리스도인뿐만 아니라 하나님의 보편적인 은혜의 장 안에서 살아가는 비그리스도인과도 공유하는 삶을 추구함으로써, 교회 안팎에서 하나님의 주권이 세워지는 삶을 꾀하여야 한다는 것이다. 아울러 그리스도 예수 안에서 자신을 계시하신 하나님을 알고 그분을 중심으로 총체적인 삶을 펼쳐가는 일이야말로 성령의 도움이 없이는 불가능하기에, 이 다이어그램을 지배하는 분은 삼위 하나님이시다. 바로 이 점에서 삼위일체론적 영성을 이야기할 수 있을 것이다.

## 6. 나가는 글

"영성은 하나님을 만나면서 갖게 되는 마음의 내적인 구원 경험을 비롯하여 성향이나 행동과 관련된 삶의 총체적인 분위를 망라하는 단어이다. 예를 들어서, 사회생활의 태도와 윤리적이고 사회적인 행동들까지도 포괄하는 생활의 양식, 즉 문화 전반의 삶과 관련된다"라는 흐라프란트의 정의를 모두(冒頭)로 하여 지금껏 설명해 온 바에 따르면, 개혁신학의 유신론의 우산 아래서 참된 영성을 발견할 수 있다는 사실을 다시 손에 쥐게 된다. 사실,

신학은 세대의 변화를 끌어안고 "새롭게 말하는 것이지, 새로운 것을 말하는 것은 아니다"(dicere nove, sed non nova.)라는 한 격언이 신학 작업의 정곡을 꿰뚫고 있다.

하늘을 땅에 묻어버리는 태도나, 땅을 버리고 하늘로 솟구치려는 태도는 개혁신학의 유신론과는 다른 영성의 태도인 것이다. 신과 세계는 전적으로 다른 질서에 속하지만, 초월하신 하나님께서 내재하실 수 있는, 그러나 한 순간도 초월과 내재가 동일시되어 그 구별이 사라지지 않는 그런 견고한 기독교적인 세계관은 개혁신학의 유신론에 바탕을 둔 삼위 하나님의 사역에서만 분명하게 찾아질 수 있다. 삼위 하나님께서 열어 놓으신 이 영역은 인간사 모든 영역, 정치, 경제, 사회, 문화, 교육, 예술, 레저를 포괄하고도 남을 수 있을 만큼 그 품이 넓다. 이 안에서 진정한 하나님과의 만남의 체험과 바른 삶의 형성이 이루어진다는 사실을 기억할 때 바른 영성의 장(場)이 열려질 수 있을 것이다.

# 17

창조 · 타락 · 구속 · 완성의 빛에서 본
아브라함 카이퍼와 클라스 스킬더의 문화관

## 1. 들어가는 글

아브라함 카이퍼(Abraham Kuyper, 1837-1920)와 클라스 스킬더(Klaas Schilder, 1890-1952)의 문화관과 관련한 논의는 화란의 개혁교회 자체 내에서 이미 어느 정도 이루어졌다.[1] 그럼에도 불구하고 이 논의를 다시 끄집어내는 이유는 한국 교회의 상황 변화 때문이다. 그간 한국 교회에 카이퍼와 스킬더에 관한 언급은 많았지만 실제적인 텍스트에는 접근하지 못하는 한계를 벗어나지 못했으나 최근 들어 카이퍼의 『일반은혜』[2]와 스킬더의 『그리스도와 문화』[3]라는 책이 우리말로 번역 출간되면서 다시 새롭게 논점을 구성하였다. 개인적으로 이 주제에 다시 관심을 기울이게 된 계기는 스킬더의 책이 출간되면서 지평서원에서 주관한 북 토크 동영상[4]에서 찾을 수 있다. 이 영상

---

[1] A. A. van Ruler, *Kuypers Idee Eener Christelijke Cultuur* (Nijkerk: Callenbach, 1940); J. Douma, *Algemene Genade: uiteenzetting en vergeliiking en beoordeling van de opvattingen van A. Kuyper, K. Schilder en Joh. Calvijn over 'algemene Genade'* (Goes: Ooster Baan & Le Cointre, 1981); C. Veenhof, *Souvereiniteit in eigen kring: Schets van de leer der "souvereiniteit in eigen kring", zooals die door dr A. Kuyper werd ontwikkeld* (Kampen: Kok, 1939); C. van der Kooi, "A Theology of Culture. A Critical Appraisal of Kuyper's Doctrine of Common Grace," in: *Kuyper Reconsidered Aspects of his Life and Work*, ed. C. van der Kooi & Jan de Bruijn (Amsterdam: VU Uitgeverij, 1999), 123-130.
[2] A. Kuyper, *Common Grace: God's Gifts for a Fallen World*, 임원주 역, 『일반은혜』(서울: 부흥과개혁사, 2017).
[3] K. Schilder, *Christus en Cultuur*, 손성은 역, 『그리스도와 문화』(서울: 지평서원, 2017).
[4] https://www.facebook.com/jipyung/videos/1729925310368639/ 2017년 1월 6일 오후 5시 51분 접속.

을 보면서 카이퍼와 스킬더 사이의 차이가 선명하게 부각되지 않은 채 스킬더적인 경향으로 흐른다는 판단을 하였고, 과연 실제로 그런가 하는 신학적 고민이 시작되었기 때문이다.

개인적으로는 구원론 책을 저술하는 과정에 역사적인 순서를 따라서 존 칼빈, 찰스 핫지, 헤르만 바빙크, 아브라함 카이퍼로 이어지는 일반은총론의 맥락을 간략하게 언급하면서, 카이퍼의 일반은총론을 그의 저작 전반에 의존하면서 비교적 상세하게 다룬 일이 있어[5] 어느 정도의 신학적 판단은 갖고 있었다. 뿐만 아니라 카이퍼나 스킬더의 책이 번역되기 전에도 우리말로 된 명석한 연구서가 출간[6]되기도 하였으나 그 당대의 사회상황을 면밀하게 살피는 가운데 무엇보다도 교회론을 중심으로 내용을 구성하면서 스킬더로 살짝 경도된 관점으로 쓰여진 책이 아닌가 하는 의심이 들었기에, 카이퍼와 스킬더 사이의 신학적 구조의 차이가 무엇인지 살피면서 대화를 시도하는 것이 필요하겠다는 생각을 하게 되었다. 둘 사이에 상당히 깊은 신학적 차이가 있다는 사실은 화란 개혁교회 내부에서 이미 역사적으로 인지되었다.

그런가 하면, 한국 교회의 신칼빈주의 이해는 충분히 숙성되지 않은 측면이 없지 않다. 지금까지의 한국 개혁교회는 문화와 관련하여 사실상 카이퍼의 『정치 강령』(Ons program)[7]보다는 『영역주권』(souvereiniteit in eigen kring)[8]에 드러난 반립구도적인 태도에 집중하는 "밴틸리언적인 경향"[9]을 지배적으로 드러내지 않았는가 싶다. 밴틸리언은 중생한 신자만이 획득할 수 있

---

[5] 유태화, "일반은총", 『삼위일체론적 구원론』(서울: 도서출판대서, 2010), 125-153.
[6] 김재윤, 『개혁주의 문화관』(서울: SFC, 2015).
[7] 아브라함 카이퍼, 『정치 강령』, 손기화 역 (서울: 새물결플러스, 2018).
[8] 우리말로 된 본문을 읽으려면 아브라함 카이퍼, 『아브라함 카이퍼의 영역주권』, 박태현 역 (서울: 도서출판다함, 2020)을 보라.
[9] 밴틸의 일반은총론에 대한 상세한 논구를 위해서는 J. M. Frame, *Cornelius Van Til: An Analysis of His Thought* (New Jersey: Presbyterian and Reformed Publishing Company, 1995)를 참고하라.

는 고유한 관점인 신 중심적인 신학을 전개하는 카이퍼리언의 구조를 차용하면서 신 중심주의와 인간 중심주의로 나누는 전제주의에 근거한 반립구조를 극단적으로 밀고 나가 교회가 아닌 세계를 양극구도로 재단함으로써 일반은총의 생산적인 차원을 강조하는 카이퍼의 관점을 축소하는 경향을 보여 준다. 밴틸리언적인 전제주의를 차용하게 되면 문화는 전적으로 변혁적인 대상으로 전화되고, 일반은총적인 맥락에서는 어떤 생산적인 결과물을 손에 쥘 수 없게 되고 만다. 하고 싶은 이야기는 신칼빈주의의 비전이 밴틸리언적인 관심사로 축소되는 경향을 한국 개혁교회가 견지하고 있다는 것이다.

스킬더리언도 『정치 강령』보다는 『영역주권』에 관심을 집중하지만, 전제주의를 따라서 세계를 둘로 쪼개는 밴틸리언과는 달리 기독론 중심성을 근간으로 중생한 그리스도인의 모임으로서 교회공동체의 중요성을 매우 긴요한 것으로 제안함으로써 교회 안과 밖을 쪼개어 마주세우는 경향을 보여 준다. 스킬더의 관점을 추종하는 그룹은 자연스럽게 교회 밖의 문화와 교회 안의 문화를 구별하고, 전자는 음녀적인 것으로 후자는 온전한 것으로 여기도록 분위기를 조성하게 되는 것이다. 이런 점에서 일반은총 그 자체를 배제하려는 움직임을 드러낸다. 스킬더리언적인 신학은 훨씬 더 20세기적이다. 소위 구속사신학과 바르티안적인 계시신학에 깊은 영향을 받고 있기 때문이다. 스킬더는 20세기에 비롯되는 현대신학적인 기독론 중심주의 자산을 성경의 역사성에 기초하여 그리고 교회를 중심에 두고 창의적으로 재해석함으로써 신학을 전개했다고 말할 수 있을 것이다.

이런 윤곽을 기억하면서 카이퍼와 스킬더 자신의 신학을 직접 살피고 둘 사이의 신학의 구조를 드러내는 것도 유익한 일이지 싶다. 각자가 자신의 고유한 신학적 구조 안에서 자신의 문화관을 어떻게 전개하는지 살피면서 둘 사이의 동일성과 차이성을 찾아내고, 특별히 이것이 한국 개혁교회를 향하여 갖는 함의가 무엇인지 밝히는 일이 필요한 시점이다. 다행스럽게도 두 신학자는 성경의 내러티브를 떠나지 않는 신학을 전개하기에, 그 공통의 관점을 바탕에 두고 논의를 시작할 수 있다. 창조·타락·구속·완성이 바로 그것이다. 사실 교의신학을 충분히 묵상하게 되면, 신학서론을 기반으로 창조·타락·구속·완성이라는 성경의 이야기 구조를 반영하는 신학을 전개하지 않을 수 없다. 아주 다행스럽게도 화란의 두 신학자는 신학전개에 있어서 성경의 내러티브를 잘 인식하고 있다. 이런 이유로 우선 창조·타락·구속·완성의 빛에서 두 신학자가 문화를 어떻게 이해하고 설명하였는지 살피면서 둘 사이의 동일성과 차이성을 드러낼 것이다. 다음으로 그 차이를 가능하게 하는 신학적 쟁점이 무엇인지 끌어내어 토론할 것이다. 뿐만 아니라, 마지막으로 이 작업을 기반으로 자연스럽게 한국 교회의 상황을 인식하며 생산적인 방향을 노정하도록 애쓸 것이다.

## 2. 두 신학자의 사상 개관

두 신학자는 모두 개혁신학의 유산을 공유한다고 말할 수 있다. 이들은 모두 창조의 선함과 타락의 심각함을 깊이 인식하며, 그리스도 예수 곧 우리의 구속자가 아니면 아무런 소망도 없다는 사실에 동의하며 구속을 이루신 그리스도 예수께서 다시 오셔서 당신의 구속을 완성하실 것을 고대하는 신학자들이다. 이런 측면에서 이들이 가진 문화신학적 입장을 성경의 이야기 흐름의 구조 안에서 살펴보는 것도 나쁘지 않다고 생각한다. 이런 관점에 집어넣어서 생각할 때 두 신학자들 사이의 공통점과 차이점이 더욱 분명하게 드러날 수 있고, 또한 누구의 어떤 견해가 성경에 보다 가까운지도 헤아릴 수 있을 것이다.

## 2.1 아브라함 카이퍼

카이퍼가 "창조"와 관련하여 문화를 언급할 때, 중요한 사유의 토대가 되는 것은 "창조질서"(scheppingsordinantie)라는 개념[10]이다. 카이퍼는 하나님의 선한 창조는 질서 있는 창조였다는 사실을 강조하며, 그 창조의 질서는 타락에도 불구하고 본질적으로는 파괴되지 않았다고 본다.[11] 창조질서의 재긍정은 노아언약을 통해서 이루어졌다는 사실을 매우 강조하기 때문이다.[12] 창조질서는 자연, 동물, 식물, 인간으로 구별되게 배열되었다. 자연은 자연법칙을 따라서, 동물은 본능을 따라서, 식물은 본성을 따라서, 인간은 규범을 따라서 질서정연하게 창조했다는 것이다.[13] 타락한 이후에도 이 창조질서가 근본적으로 파괴되지는 않고 구속의 내용으로 살아나며,[14] 이것이 노아언약을 통하여 다시 긍정되었다는 것[15]이 카이퍼의 주장에서 특별히 주목해야 할 부분이다.

그렇다면 "타락"이란 무엇인가? 타락은 "구조"(structure)와 관련되는 측면을 배제할 수는 없지만, 그럼에도 불구하고 보다 근원적인 영향은 "방향"(direction)에 미친다고 보았다. 조금 자세히 말한다면 자연과 관련하여 자연법칙 그 자체는 유지되는데, 문제는 자연재해와 같은 일탈현상이 발생하는 것이다. 동물의 본성에도 변화가 발생하여 인간을 향한 적대감이 생겨나고 상해를 입히는 변화가 나타난다. 토양과 그 토양에서 자라는 식물과 관련해서도 가시와 엉겅퀴의 간섭이 일어나고, 따라서 수고한 만큼의 소출을 내주지 않게 된다. 인간의 경우도 하나님의 형상에 심각한 문제가 발생하여 하나님을 마음에 두기 싫어하고 자기를 추구하는 본성의 변화가 일어났다는

---

[10] A. Kuyper, *De Gemeene Gratie I*(Leiden: D. Donner, 1902), 210.
[11] A. Kuyper, *De Gemeene Gratie II*(Amsterdam/Pretoria: Höveker & Wormser, 1903), 81-113.
[12] Kuyper, *De Gemeene Gratie I*, 15-43.
[13] Kuyper, *De Gemeene Gratie I*, 163-165.
[14] Kuyper, *De Gemeene Gratie I*, 334.
[15] Kuyper, *De Gemeene Gratie I*권의 전반에 걸쳐 이것이 핵심적 논점을 구성한다.

사실을 카이퍼가 주의 깊게 보존한다.[16]

그러나 타락에도 불구하고 창조질서 그 자체가 망실되지는 않았다. 타락에 기인하는 어떤 문제를 갖고 있는 것은 사실이지만, 구조 그 자체가 망가지지는 않았다. 구조 그 자체가 망가지지 않은 것을 근간으로 하여 하나님은 인간에게 자신을 일정 부분 알리실 수 있는데, 그것이 소위 일반계시인 것이다.[17] 그의『정치 강령』에 잘 반영되었듯이, 일반계시는 타락 이후에도 하나님께서 우주와 그 가운데 만물을 통하여 지속적인 창조활동(creatio continua)을 행하신다는 사실을 지시한다. 이로써 인간은 하나님의 존재를 부인할 수 없는 인식(het Godsbesef dat een ieder van nature ingeschapen is)을 갖게 되고,[18] 이로써 도덕적 능력이 어느 정도 보존되어 인간 일반이 양심의 법에 따라 통치하는 국가와 같은 것도 형성할 수 있게 된다.[19] 뿐만 아니라 인간은 죄와 타락에도 불구하고, 일반계시에 상응하는 일반은총적인 하나님의 활동에 근거하여 죄와 오염을 어느 정도 억제하고,[20] 억제와 함께 잔존하는 선을 적극적으로 끌어내어 문화 활동을 할 수 있다고 보았다.

이 문화 활동은 일반계시에 근거한 일반은총과 함께 작용하는 것인데, 이때 일반계시가 일어나는 근간이 바로 창조질서이다. 타락에도 불구하고 하나님께서 창조질서를 보존하시기에 일반계시가 부인되지 않는 것이며, 따라서 이에 상응하는 방식으로 일반은총이 작용할 수 있는 것이다. 인간이 죄에도 불구하고 노아언약에서 보듯이 하나님께서 인간의 삶에 적극적으로 개입하여 창조질서를 반영하는 활동을 하게 하는데, 바로 이 행동으로부터

---

[16] Kuyper, *De Gemeene Gratie I*, 452.
[17] A. Kuyper, *Locus De Deo* (장소: 출판사, 연도 미상), 30-76. 이 책은 카이퍼의 강의를 들은 학생들이 녹취한 것인데, 이런 이유로 *Dictaten Dogmatiek*라고 불리기도 한다. 이 논문에서는 개인적으로 소장한 자료를 근거로 제시하였으나, 독자들은 *Abraham Kuyper, Dictaten dogmatiek: College-Dictaat van een der Studenten*, 5vols. 2nd ed.(Grand Rapids: J. B. Hulst, 1910)을 활용할 수도 있다.
[18] A. Kuyper, *Het Calvinisme. Zes Stone-Lezingen*(Amsterdam/Pretoria: Höverker & Wormser, 1898), 95.
[19] A. Kuyper, *De Gemeene Gratie III*(Amsterdam/Pretoria: Höveker & Wormser, 1903), 119-120.
[20] Kuyper, *De Gemeene Gratie II*, 57-58, 81-82, 104-105.

인간의 문화적 산물이 형성되어 나오는 것이다. 카이퍼는 창조질서 혹은 일반계시에 근거하여 활동하는 성령의 사역을 통하여 타락에도 불구하고 잔존하는 하나님의 형상을 담지한 인간이 형성한 문화 가운데 어떤 것은 종말론적인 의미를 담지하는 경우가 없지 않다고 주장한다.[21] 그리스도의 재림을 통한 역사의 완성의 날에 일반은총을 통하여 형성된 문화 혹은 문명의 결과물이 종말론적인 완성에로 인양될 수 있을 뿐만 아니라 바로 그것을 그리스도인들이 누릴 수 있다는 것이다.[22]

"구속"과 관련하여 카이퍼는 아주 분명하게 그리스도 예수의 초림과 재림의 가치를 확고하게 붙잡는다. 이 일에 대하여는 어떤 의심도 없다. 여기서 두 가지 초점을 살릴 필요가 있는데, 하나는 인간의 구속이고 다른 하나는 자연의 구속이다. 인간을 구속하는 일에 있어서 택자와 불택자 사이에 어떤 간섭도 없다. 카이퍼는 아주 분명하게 구원에로의 선택을 받은 자와 그렇지 않은 자를 구별한다. 그것도 그리스도 예수의 십자가와 부활의 완전성에 근거하여 선택에 참여하고 구원의 은혜를 전적으로 누린다는 사실에 대하여 추호의 의심도 없다. 그러나 자연의 구속과 관련하여 카이퍼는 그리스도 예수를 창조의 중보자로 보았으며, 또한 구속의 중보자로 보았기에 구속의 범위에 자연도 자연스럽게 포함된다.[23] 창조질서의 반영으로서 창조세계를 구속에서 배제하지 않는다는 것이다. 이때 자연의 구속은 창조질서의 극치에 도달함(*consummatio mundi*)을 의미한다.[24] 환언하여, 죄로 인한 부패와 오염에도 불구하고 창조의 중보자인 그리스도 예수의 구속을 통하여 궁극적으로 하나님께서 만유 안에 만유가 되시는 것이다.

이러한 이해의 기저에서부터 카이퍼는 그리스도 예수의 재림에서 확보되

---

21 Kuyper, *De Gemeene Gratie II*, 620-622.
22 Kuyper, *De Gemeene Gratie I*, 454-462.
23 Kuyper, *De Gemeene Gratie II*, 105-107.
24 Kuyper, *De Gemeene Gratie I*, 478-486.

는 "완성"을 구원의 완성으로 언급하지 않을 수 없는데, 이것은 부활을 통한 구원의 완성이다. 그리스도인은 그리스도 예수의 재림의 날에 부활의 첫 열매인 그리스도 예수의 부활에 참여함으로써 완전한 구원을 누리게 되는 것이다. 이와 함께 아주 자연스럽게 부활한 몸에 상응하는 창조세계의 완성이 뒤따른다.[25] 만물을 새롭게 하는 일과 함께 자연을 새롭게 하시는데, 죄와 그 파괴적인 흔적의 말소를 뜻한다. 이로써 창조질서는 완전한 회복을 직면하게 되고, 창조세계의 영광이 완전히 드러난다. 바로 이 완전한 창조세계에 특별은총에 근거한 것은 물론이거니와 일반은총을 통하여 형성되었던 건축이라든지, 음악이라든지, 그림이라든지 하는 것들이 살아남게 되는데, 그 이유는 완성이 창조질서의 완성이기 때문이다.[26] 따라서 일반은총을 따라 창조질서가 반영된 작품이 형성되었을 때, 그것은 새롭게 함 혹은 정화와 함께 하나님 나라로 인양된다고 보는 것이다. 종말론적으로 볼 때, 창조세계와 그 질서에 관련된 일반은총의 역사와 구속에 근거한 특별은총의 역사가 한 성령 안에서 통합되는 것이다.[27]

## 2.2 클라스 스킬더

스킬더는 "창조"의 선함을 명확하게 인지하였다. 그러나 창조세계는 선하되 "문화명령"을 수반함으로써 발전해야 하는 상태였다고 보았다. 하나님의 형상을 따라 창조된 인간은 하나님의 문화명령을 따라서 자신에게 선물로 주어진 땅에서 선지자로서 제사장으로서 왕으로서의 직무를 수행함으로써 하나님을 중심으로 한 문명을 건설해야 할 막중한 사명을 가진 자로 세움을 입었다고 보았다. 그런 의미에서 창조세계는 그 자체로 문화명령을 담지한 상태로 지어졌다고 말할 수 있을 만큼 스킬더는 문화에 대하여 매우 적극적

---

[25] Kuyper, *De Gemeene Gratie I*, 456-457.
[26] Kuyper, *De Gemeene Gratie I*, 452.
[27] Kuyper, *De Gemeene Gratie I*, 485, 486-494.

인 인식을 드러낸다. 환언하여, 스킬더에게 있어서 문화명령은 창조 그 자체에 자연스럽게 반영되어 있는 명령인 셈이다.

이런 맥락에서 스킬더는 창조세계는 그 자체로 폐쇄된 세계라기보다는 미래를 향하여 개방된 세계(een wereld-in-belofte, een wereld-in-hoop)라고 말할 수 있었다.[28] 그러나 그레고리 비일(Gregory K. Beale)이 『성전신학』에서 첫 창조세계의 형편을 묘사할 때, 에덴동산 밖에는 어둠과 공허와 혼돈이 자리하고 있었고, 따라서 그것을 걷어내고 질서 정연한 세상으로 정복해야 하는 그런 차원의 사역은 아니다. 스킬더에게 이것은 이를테면 목가적인 형태의 창조세계가 도시적인 형태로서 하나님의 도성(de polis, de civitas, de "stad" van God)[29]과 같은 범주의 세계로 전향적으로 발전되어질 것이라는 전망에서 이해되었다. 타락 이전에 창조세계 안에서 극복되어야 할 어둠과 공허와 혼돈을 상정하는 것은 하나님의 선하신 창조에 상응하지 않는 개념이기 때문에 스킬더에게는 수용되기 힘든 일이다.

그런데 이런 큰 사명을 갖고 있었던 첫 인간인 아담과 하와는 하나님의 요구에 부응하기보다는 불순종함으로 "타락"하여 이 사명을 감당하는 일에 실패하였다. 죄를 지음으로 하나님으로부터 소외되었고, 소외의 결과로써 오염과 부패가 인간의 본성에 발생하였다. 인간은 하나님의 형상으로서 자신의 직분을 정상적으로 감당할 수 없는 상태에 빠진 것이다. 선지자로서 제사장으로서 왕으로서 자신의 창조주인 하나님을 지향하는 삶을 살아냄으로써 하나님이 기뻐하시는 예배하는 문화와 문명을 이루어야 하는데, 그 기반을 상실하고 만 것이다. 인간은 하나님을 기뻐하는 가운데 하나님을 기쁘시게 하는 통합적인 삶을 일구어 낼 능력을 잃어버린 것이다.[30] 스킬더에게

---

[28] K. Schilder, *Christus en Cultuur*(Franeker: T Wever, 1953), 52.
[29] Schilder, *Christus en Cultuur*, 52.
[30] Schilder, *Christus en Cultuur*, 57.

있어서 죄는 정확하게 하나님으로부터의 인간의 소외를 낳았고, 또한 죄로 인하여 오염되고 왜곡된 인간의 모든 행위가 파편화되고 부도덕하게 됨으로써 하나님을 지향하지 않는 결과를 낳은 것이다.

여기서 한 가지 매우 흥미로운 사실은 스킬더가 인간의 범죄에도 불구하고 죄가 "자연질서"(de natuurwet)에는 아무런 영향도 끼치지 않았다고 주장한다는 점이다. 죄가 하나님이 창조하신 자연세계 그 자체에는 아무런 흠결을 남기지 않았다는 것이다.[31] 자연, 즉 시간의 흐름 속에 있는 세계는 그 자체로 아무런 탈도 일어나지 않았다는 것이다. 바로 이러한 전제에서부터 스킬더는 문화형성 그 자체는 죄로 인한 타락에도 불구하고 지속되는 것으로 인식한다. 환언하여, 죄가 문화형성이라는 인간의 과제 그 자체를 단절하게 하지는 않았다는 것이다. 맥락을 따라서 정확하게 표현하자면, 문화행위를 하는 일 그 자체는 자연에 속하는 것일 뿐 결코 은혜에 속하지 않는다는 것이다. 그러니까 신자와 불신자를 떠나서 인간이면 누구나 창조 그 자체에 속한 자연질서를 따라서 시간의 흐름과 함께 문화행위를 하지 않을 수 없는 것이다.

그러나 인간이 죄를 범하고 그 본성이 오염되고 부패하여 그 마음에 하나님 두기를 싫어하기 때문에, 인간이 자연에 부착되어 있는 능력을 따라서 문화행위를 하게 되면 그 문화는 전적으로 하나님을 반항하는 형태로 귀결될 수밖에 없다는 사실을 스킬더는 아주 힘주어 강조한다. 스킬더는 타락 이후의 인간의 문화 활동은 전혀 은혜를 수반하지 않는다는 사실을 의도적으로 강조하기 위하여 문화행위 그 자체를 자연에 귀속시키고 그것에 죄가 유입되지 않았다는 사실을 강조하는 것이다. 바로 이 사실에서부터 노아언약을 일반은총을 간직한 언약으로 읽지 않으려는 신학적 결단을 하게 되는

---

31 Schilder, *Christus en Cultuur*, 59.

것이다. 노아언약도 구속언약의 일환이었을 뿐이라고 본 것이다. 결과적으로 자연질서에 수반되는 문화형성의 능력에 근거하여 왜곡되고 오염된 본성을 지닌 인간이 형성하는 실제적인 문화나 문명은 온통 죄의 성향을 드러낼 수밖에 없을 뿐이다. 그 행위에는 은총이라곤 눈을 씻고 찾아봐도 없다는 것이다.

이런 사실에 근거하여 스킬더는 죄인이 형성한 문화는 일절 하나님의 종말론적인 심판과 저주에 귀속된다고 말한다. 자신의 책 『그리스도와 문화』를 "천국"과 "지옥"으로 여기는 것처럼, 죄인이 형성한 문화는 지옥으로 결정되어 있는 문화일 뿐이라는 것이다. 어떤 긍정적인 요소도 없는 문화일 뿐이어서 그것이 관영하게 되면 인간은 그 문화와 더불어 하나님을 마음에 두기 싫어하며, 결과적으로 하나님 없는 삶을 다차원적으로 뿐만 아니라 포괄적으로 실행하는 불행한 인간이 될 뿐이라고 말한다. 이런 범주의 문화가 교회 밖 세상을 꽉 채우고 있는데, 그것은 일반은총(algemeene genade)과 연관되어 있다기보다는 일반저주 혹은 심판(algemeene oordeel)과 직결되어 있다고 말한다.[32] 그러한 문화가 계속되는 것은 그러한 문화를 형성하기를 멈추지 않는 인간의 죄를 억제함으로써 하나님께서 저주를 유예하고 있기 때문일 뿐이라고 말한다. 환언하여, 은총을 베푸는 것이 아니라 저주와 심판을 유예하고 있을 뿐이라는 것이다. 이런 면에서 보면 스킬더는 아주 철저하게 인간을 전적으로 부패한 존재로 보고 있으며, 어떤 선도 기대할 수 없는 존재로 인식하고 있음을 보게 된다.

바로 이 상태에서 하나님은 새로운 질서를 시작하신다. 그것이 바로 특별히 인간을 새롭게 하는 "구속"의 일이다. 그리스도 예수께서 우리 가운데 구원의 중보자로 오셨기에 가능한 일이다. 그리스도 예수는 우리 가운데 오셔

---

[32] Schilder, *Christus en Cultuur*, 61.

서 선지자로서 제사장으로서 왕으로서의 직무를 감당하신 분이다. 이런 점에서 그리스도 예수는 첫 아담을 대체하는 종말론적인 존재이다. 첫 아담이 실패했던 바로 그 삶의 자리인 에덴동산에 오셔서 첫 아담과는 반대로 하나님께서 맡기신 직무를 온전하게 감당함으로써 죄인 가운데서 종말론적인 구속의 길을 여셨다. 문화명령과 관련하여 언급하자면, 스킬더는 그리스도 예수를 자신이 구속한 인류를 이끌고 창조의 원래 자리 곧 에덴동산에로 들어가셨고, 자신을 머리로 하는 새 인류를 다시 새롭게 문화명령의 시발점에 세우신 분으로 인식한다.[33] 이것이 바로 구속의 중보자인 그리스도 예수를 통하여 하나님께서 기획하신 일의 핵심이며, 문화명령을 이해하는 결정적인 기점이라는 것이 스킬더의 핵심적 주장이다. 스킬더는 이 일과 관련된 일에만 한정적으로 은총이라는 단어를 쓸 수 있다고 본다.

이제 하나님께서 창조와 함께 자연스럽게 부여했던 문화명령은 그리스도 예수를 머리로 한 사람들을 통해서 새롭게 시작된 셈이다. 그 시작된 문화명령의 직접적인 담지는 교회를 통하여 구체화된다는 것이 스킬더의 생각의 또 다른 핵심을 이룬다.[34] 교회는 선지자로서 제사장으로서 왕으로서의 그리스도 예수의 직무를 계속하는 지상의 실체이기 때문이다. 그리스도 예수로 말미암아 자신들을 구속하신 하나님을 알게 되었으며, 또한 바로 그분이 우주와 그 가운데 만물을 창조하신 분임을 알았기에 이제 교회는 복음을 전파하며 동시에 그리스도 예수를 중심으로 한 문화를 이루어야 한다. 그런 의미에서 문화를 진정한 의도를 따라서 건설할 수 있는 주체는 교회인 셈이다. 죄인들이 포진한 세상의 한가운데서 환언하여, 세속적인 문화로 뒤덮인 세속사회 한가운데서, 교회는 그리스도 예수 안에서 하나님께서 열어 보이신 세계를 보며 새로운 스타일의 삶을 형성해야 하는 중대한 사명을 갖게 되었고, 이제 그 사명을 구체화하여야 한다.

---

33 Schilder, *Christus en Cultuur*, 65-74.
34 Schilder, *Christus en Cultuur*, 72, 88, 90.

그렇다면 그 삶은 도대체 무엇인가? 예배하는 공동체로서 예배에 집중하는 삶을 살아가는 것이고, 그 예배에서 섬김을 받으신 하나님을 가정에서도 경험해야 하고 학교에서도 경험해야 하고 직장에서도 경험해야 하는 것으로 확대될 수 있는 것일까? 원칙적으로 예로 응답하지만, 스킬더는 이 지점에서 순간 분명치 않은 모습을 보여 준다. 당위를 신학적으로 선언했음에도 불구하고, 그러면 그 삶이 구체적으로 무엇인가라는 질문에 대하여는 그렇게 구체적으로 답하지 않은 채 모호한 입장을 남겨 놓는다. 적어도 스킬더는 밴틸리언이 견지하듯이 죄로 인하여 왜곡되고 오염된 본성을 가진 죄인들이 형성한 세속문화를 "변혁"하여 하나님을 중심으로 한 문화를 형성해야 한다는 사명을 새롭게 하는 것으로 이해하지는 않는 것으로 보인다. 이런 점에서 문화변혁자로서 그리스도 예수를 말했다기보다는 교회를 중심으로 한 새로운 문화건설자로서 예수를 언급했다고 말하는 것이 더 옳을 것이다. 그리스도 예수의 마음을 읽고 그 사명을 수행하는 중심에 바로 교회가 있다. 환언하여, 교회가 곧 하나님의 도성인 셈이다. 스킬더의 이러한 교회 중심의 문화관에서 리처드 마우(R. J. Mouw)는 재세례파적 모습을 보게 된다고 말하면서 비판적인 입장을 드러냈다.[35]

그리스도 예수의 재림의 날, 곧 "완성"의 날에 불신자들은 지옥을 상속하게 되고, 그들이 남긴 문화는 모두 불에 타 사라지게 될 것이다. 그럼에도 불구하고 교회의 머리 되신 그리스도 예수를 중심으로 형성된 문화는 천국으로 노정되어 있다는 사실만큼은 스킬더가 매우 확정적으로 제안한다. 그리스도인들은 천국을 상속하게 되고, 그들이 형성한 문화는 미래 하나님 나라에서도 궁극적으로 상속될 것이다. 스킬더는 이 구조에서 전자에 재즈 음악을 후자에 바흐 음악을 각각 할당하는 언설을 지나가듯 남긴다.[36] 이러한 그의 입장에 비추어 볼 때 교회가 수행해야 하는 과제가 어느 정도는 노정

---

[35] R. J. Mouw, "Klaas Schilder as Public Theologian," *Calvin Theological Journal* 38(2003): 281-298.
[36] Schilder, *Christus en Cultuur*, 80.

된다고 말할 수 있다. 그리스도 예수를 중심으로 한, 혹은 교회의 머리이신 그리스도 예수를 드러내는 일을 중심으로 한 어떤 행위를 구체화하는 일이 노정되기 때문이다.

그런데 위 단락에서 언급했듯이 그리스도인이 형성하는 문화가 구체적으로 무엇인지를 말하지 않았기 때문에, 환언하여 교회가 자신의 머리이신 그리스도 예수를 중심으로 형성하여야 할 삶이 무엇인지 다차원적으로 그리고 포괄적으로 제안되지 않았기 때문에, 스킬더의 문화구조에서는 그리스도 예수 자신이 문화의 궁극적인 완성자로서 매우 결정적인 역할을 수행할 수밖에 없다. 스킬더의 사고에 따르면, 그리스도 예수는 그날에 문화를 완성해야만 한다. 왜냐하면 그리스도 예수의 재림은 자연에 귀속되는 문화가 더 이상은 진전될 수 없는 상황을 만들기 때문이다. 스킬더에 따르면 문화는 시간을 조건으로 해서만 가능한 것이고, 시간이 종결되고 영원한 상태에 이르면 더 이상의 문화형성은 원칙상 불가능하기 때문이다.[37] 최대한 미루어 놓아도 그리스도 예수는 자신의 재림의 날에는 궁극적인 완성을 꺼내놓아야만 한다는 것이 스킬더가 스스로 끌어안는 문제이기 때문이다.

여기에 딜레마가 일어난다. 그리스도인은 이 땅에 살면서 완전한 문화를 이루지 못한다. 그러나 그리스도 예수는 재림과 함께 문화를 완성해야 한다. 재림 이후에는 이것이 불가능한 것은 문화형성의 배경인 시간은 더 이상 경험되지 않기 때문이다. 그렇다면 스킬더가 언급했던 창조세계의 특징, 곧 목가적인 세계로부터 도시적인 세계로 진행하는 일은 그리스도 예수의 재림과 함께 순식간에 홀연히 이루어지는 것인가? 문자 그대로 새 하늘과 새 땅이 일어나는가? 새 하늘과 새 땅은 기존의 하늘과 땅과는 완전히 절연한, 완전히 새로운 거처인가? 스킬더의 주장을 보면 한편으로는 그런 당위

---

[37] Schilder, *Christus en Cultuur*, 60-65.

가 분명하게 파악되는데, 문제가 그렇게 간단치 않은 것이, 스킬더는 이 세계와 올 세계 사이의 연속성을 또한 상정하기 때문이다. 바로 이 지점에서 스킬더는 그리스도 예수를 머리로 하여 만물을 하나의 유기적 일체 안으로 모으는 하나님의 총괄갱신이 있을 것을 언급한다.[38] 그렇다면 총괄갱신에 포함되는 것이 무엇일까 하는 질문이 일어날 수 있는데, 스킬더는 이에 대한 분명한 입장을 표하지 않는다. 다만 그리스도 예수를 머리로 한 교회의 예배와 말씀의 선포를 따라 그리스도인이 행하는 삶을 기반으로 한 무엇일 것이라는 암시만 제공할 뿐이다.

## 3. 두 신학자의 사상 쟁점

### 3.1 행위언약의 중요성

개혁신학을 추구하는 카이퍼나 스킬더에게 있어서 언약의 중요성은 두말할 나위도 없다. 행위언약과 은혜언약은 두 신학자의 신학을 근간하는 핵심을 이룬다. 특별히 문화와 관련하여 중요한 것은 행위언약이다. 스킬더가 『그리스도와 문화』라는 책에서 문화를 논하는 가운데 행위언약이란 용어를 1회 사용하였으나, 선지자로서 제사장으로서 왕으로서 그리스도를 언급하고 그 직무수행자로 내세울 때 스킬더의 마음을 채우고 있었던 사상은 행위언약(werkverbond)이었다.[39] 성경 상에서 행위언약의 두 당사자는 첫 아담과 마지막 아담[40]이다. 카이퍼도 첫 아담의 지위를 정확히 인지했고, 그에게 선지자, 제사장, 왕의 직무를 돌렸으며, 스킬더의 경우는 마지막 아담 그리스도 예수에게 직접적으로 돌리고 그 결과를 첫 아담의 자리로 복원하는

---

[38] Schilder, *Christus en Cultuur*, 102-115.
[39] Schilder, *Christus en Cultuur*, 52.
[40] Schilder, *Christus en Cultuur*, 42에서 스킬더는 첫째(de eerste), 둘째(de tweede)라는 표현을 사용하는데, 둘째보다는 마지막(de laaste) 아담이 더 적절하다.

것에서 찾는 것으로 보아 본질적으로 다른 생각을 가진 것으로 보기는 힘들며, 따라서 같은 입장을 가진 것으로 읽힌다. 정리해서 말하자면, 첫 아담을 통해서 하고 싶었던 일을 마지막 아담을 통하여 다시 새롭게 시작하는 핵심 가치를 두 신학자 모두 분명하게 갖고 있다는 것이다.

비록 창조세계는 그 문화적 완성을 내다보는 방식으로 서 있었지만, 창조 그 자체는 선한 세계였다는 점에서도 두 신학자는 동일한 생각을 공유한다. 두 신학자가 보기에, 인간은 행위언약 하에서 문화명령의 요구를 받았던 것이다. 행위언약의 조건으로서 선악과는 사실상 두 돌판에 새겨진 실정법으로서 율법의 핵심 가치를 의미했기에 첫 인간인 아담은 창조주 하나님을 왕으로, 자신을 그 왕의 백성으로 인지하면서 하나님을 알리고 예배하며, 그분의 왕권을 피조물 가운데 실행하는 자로서 자신의 직무를 수행해야 한다는 사실에 분명히 서 있었다. 환언하여, 두 돌판의 핵심 가치를 구현하는 자로서 자신의 삶을 형성하면, 인간은 왕이신 하나님의 축복을 누리며 자신의 삶을 형성하여 하나님 중심의 "문화"를 이루었을 것이며, 자신의 삶에서 사망에서 비롯되는 온갖 형태의 비참과 저주는 멀리 물러갔을 것이다.

그런데 인간은 그런 삶의 자리를 지켜 내지 못했고, 유혹자의 유혹에 빠져 하나님을 중심에 둔 삶에서 돌이켜 자기 자신이 삶의 중심이 되는 삶을 실행하기에 이른다. 그 결과는 행위언약의 저주가 그 세력을 떨치는 것으로 귀결되었다. 하나님을 중심한 삶이 아닌 자신을 중심으로 한 삶으로 전환되면서, 인간은 행위언약의 저주 아래 놓이게 된 것이다. 이 지점은 정확히 두 신학자에게 공유된다. 카이퍼도 스킬더도 이 사실을 예사롭게 보지 않는다. 치명적인 일이 일어난 것이다. 문제는 그 저주가 인간의 본성에만 미쳤는지, 아니면 인간의 본성의 부패뿐만 아니라 자연질서에도 미쳤는지에 대하여 카이퍼와 스킬더 사이에 불일치가 있다. 카이퍼는 인간의 본성의 부패와 함께 자연 전반에 죄의 세력이 영향을 미친다고 보았고 따라서 인간의 구원과 함께 자연질서를 보존하는 일반은총을 말할 수 있는 길을 모색했던 반면에, 스킬더는 인간의 본성에만 미친다고 생각하였고 따라서 인간의 구원과 그 구원에서 새롭게 시작되는 문화만을 언급하고, 자연질서에 반영되는 일반적인 선을 고려하는 일반은총을 말하지 않는 결과에 이르게 된다.

죄의 결과가 어디까지 미치는지와 관련된 문제는 3.2에서 조금 더 구체적으로 논의하기로 하고, 여기서는 행위언약에만 집중하는 것이 좋겠다. 행위언약의 마지막 당사자는 그리스도 예수이다. 그리스도 예수는 첫 아담의 실패의 자리에 대체자로서 등장한다. 행위언약의 당사자로서 그리스도 예수는 두 가지 일을 수행해야 한다. 하나는 행위언약의 저주를 걷어내는 것이고, 다른 하나는 행위언약을 성취하는 것이다. 전자를 통하여 죄와 그 세력을 제거하고, 후자를 통하여 의와 영생을 얻어내는 것이 그리스도 예수의 핵심사역이다. 그 결과로서 인간을 본래적인 삶의 자리로 회복하는 일이 일어난다는 점에서 두 신학자는 원칙적으로 같은 생각을 공유한다. 그러나 카이퍼는 구약이라는 역사의 과정을 고려하면서 그 지점을 파악하고, 스킬더는 구약이라는 "역사"를 배제하거나 충분히 고려하지 않은 채[41]로 그리한다는 점에서 서로 다른 양상을 드러낸다.

이런 비교를 통해서 잠정적으로 내릴 수 있는 결론은 두 신학자 모두 그리스도 예수 안에서만 창조의 목적이 그 완성에 이를 수 있다는 사실에서 같은 입장을 갖고 있다는 점이다. 창조세계에 유입된 죄를 근절하고 의와 생명이 충만한 삶을 전개할 수 있는 출발점은 첫 아담의 삶의 계보를 따르기보다는 마지막 아담의 계보를 따르는 일을 통해서만 가능하다는 점에서 같은 생각을 공유하고 있다. 혹 누군가가 스킬더에게서만 이 가치가 견지되고 카이퍼에게는 불분명하게 이해되었다고 가정한다면 그것은 전적으로 잘

---

41 스킬더의 경우 구약의 역사를 선지자, 제사장, 왕의 직무를 통해서 읽어 냄으로써 기독론적인 집중을 시도하는데, 이것이 전반적으로 균형을 잃게 만드는 일에 기여한다.

못된 생각이다. 뿐만 아니라 행위언약의 당사자인 그리스도 예수의 사역은 그 자체로 완전한 사역이라는 사실에 대하여도 기꺼이 같은 생각을 공유함으로써 개혁신학의 전통을 분명하게 계승한다고 말할 수 있다.

### 3.2 일반은총인가, 일반저주인가?

그러나 이렇듯 개혁신학의 언약신학적인 전통을 공유함에도 불구하고 두 신학자 사이에는 상당한 신학적인 이견이 존재하는 것도 사실이다. 앞에서 잠깐 제기했듯이, 죄의 파급이 인간의 본성에만 미친 것인지 아니면 그것과 함께 자연에도 미쳤는지를 확인하면서 이 문제를 살펴볼 필요가 있다. 스킬더는 죄의 파급은 인간의 본성에 제한되고 자연과는 상관이 없는 것처럼 주장하고 있는[42] 반면에, 카이퍼는 자연에도 죄의 파괴적인 영향력이 미친 것으로 인식했다고 언급된다.[43] 이러한 스킬더의 카이퍼에 대한 비평은 사실에 기반한 것이다. 카이퍼는 일반은총을 변증하기 위하여 노아언약에 집중하는데, 바로 이 대목에서 그가 강조한 바가 죄의 세력이 인간의 본성뿐만 아니라 자연에까지 미쳤다는 사실이다.[44] 카이퍼는 일반은총을 변호하면서 일반은총이 노아언약에서부터 두드러지게 나타나지만, 아담과 하와가 범죄하던 그날에 둘이 즉각적으로 죽지 않은 사건에서부터 일반은혜가 침투하여 작용하기(het intreden en het optreden der algemeene genade of der gemeene gratie) 시작했다고 본다.[45]

여기서 중요한 것은 카이퍼에 따르면, 일반은총은 행위언약의 저주 아래 놓인 인간의 죽음의 지연에서부터 작용하기 시작하는데, 그 이유는 일반은

---

[42] Schilder, *Christus en Cultuur*, 59, 62-63.
[43] Schilder, *Christus en Cultuur*, 62.
[44] Kuyper, *De Gemeene Gratie I*, 29-36.
[45] Kuyper, *De Gemeene Gratie I*, 209.

총이 개입하지 않으면 죄인을 구속하는 일까지도 가능하지 않다고 보았기 때문이다. 일반은총은 스킬더가 비관적으로 판단하는 인간 본성의 부패에서 기인하는 악을 억제하는 것뿐만 아니라 우주와 그 가운데 만물을 붙잡아 유지하는 하나님의 활동에서도 관찰된다는 것이 카이퍼의 생각이다. 죄의 세력이 자연세계와 동물과 식물에까지 영향을 미치되 끝까지 미치게 되면 창조의 질서가 붕괴되어 그야말로 지옥으로 곧바로 빠져나가게 된다고 보았기 때문이다. 이렇게 되면 창조와 더불어 하나님께서 내다보시는 하나님의 나라는 요원하게 되고 결과적으로 하나님 자신이 자신을 위험에 빠트리는 결과에 이르기 때문이다.

따라서 카이퍼에게는 자연세계와 인간의 본성의 악함을 억제하고, 동시에 그럼으로써 형성되는 창조질서와 인간의 선을 보존하고 장려하는 일을 행하시는 하나님의 사역이 긴요하게 되는 것이다. 바로 이것을 카이퍼는 일반은총이라고 보았던 것이다. 이런 면에서 보면, 일반은총론을 주창했던 카이퍼가 죄에 대하여 낙관적인 생각을 가졌다고 비판하는 것[46]은 카이퍼의 의도를 벗어나고 있는 셈이다. 죄의 파괴적인 성격을 누구보다 더 깊이 인식했을 뿐만 아니라 인간 안에 잔존하는 선의 가치가 놀랍도록 경이로웠기 때문에 하나님을 바라볼 수밖에 없었다고 보는 것이 더 맥락에 부합하는 것이다. 죄의 치명적인 깊이를 누구보다 더 깊이 인식했던 스킬더는 그런 인간의 악의 치명적인 깊이를 인식하여 죄를 억제하시는 하나님의 소극적 행동은 강하게 언급해 행위언약의 저주를 늦추고 유예하는 행위로만 해석하고, 인간의 죄에도 불구하고 나타나는 선을 일반은총과 연결하지 않은 것은 매우 역설적이게도 죄의 깊이를 제대로 보지 못하는 일일 수도 있다.

이와 관련하여, 스킬더가 호소하는 도르트레히트 정경의 전적인 부패의

---

[46] Schilder, *Christus en Cultuur*, 112-119.

교리[47]에 대하여도 조금 설명할 필요가 있지 않나 싶다. 도르트레히트 정경에서 드러난 전적인 부패의 교리는 일정한 한계와 함께 이해될 필요가 있는데, 그것은 바로 "구원에 있어서"[48]라는 단서와 함께 이해하는 것이다. 인간은 구원에 있어서 전적으로 무능하고, 따라서 성령의 중생케 하는 은총이 필연적으로 요청된다. 성부와 성자 사이의 완전한 구속사역과 이 결과를 죄인에게 알리고 동의하게 하시는 성령의 유효적 사역이 없이는 어떤 인간도 구원의 은혜에 참여할 수 없다는 확신이 바로 이 신경에 담겨 있는 전적 부패 교리의 심장 고동소리다. 환언하여, 복음을 직면한 인간의 지성과 감성과 의지에 직접 개입함으로써 성령께서 인간의 전적인 자유를 방해하지 않으면서 예로 반응하도록 하시는 사역을 통해서만 인간은 구원의 은혜를 받을 수 있다는 명확한 확신을 반영하고 있다.[49] 성령께서 전인적으로 개입하지 않으면 인간은 복음에 전인적으로 반응할 수 없다는 사실을 확고히 인정했다는 점에서, 전적인 부패의 교리를 명확히 한 것이 도르트레히트 총회에 참여한 교부들이었다.

그러나 이러한 확신이 인간에게는 아무런 선도, 어떤 선한 일을 행할 가능성도 없다는 사실을 의도한 것은 아니다. 아우구스티누스의 신학에서부터 엿볼 수 있듯이 인간은 전반적으로 일반계시에 근거한 성령의 일반적인 은혜 안에서 자신의 생을 유지하고 있기 때문이다. 소위 선행은총(prevenienting grace, 先行恩寵)이라고 불리는 이 성령의 활동에서 비켜선 인생은 아무도 없다. 도르트레히트 총회에서의 쟁점은 선행은총이 인간을 점진적으로 구원에로 설득해 내는 힘을 발휘함으로써 최종적으로 인간이 그 은총 가운데서 활동하는 성령이 일으킨 자신의 내적인 힘에 근거하여 복음에 반응하거나 혹은 하지 않거나 하는 자유를 "독자적으로" 실행할 수 있는가

---

47 Schilder, *Christus en Cultuur*, 80-83.
48 W. D. Jonker, *Bevrydende Waarheid. Die karakter van die gereformeerde belydenis*, 유태화 역, 『자유에로 초대하는 진리』(서울: 도서출판대서, 2008), 210.
49 Jonker, 『자유에로 초대하는 진리』, 223.

에 있었고, 그 사실은 정확하게 거부되었다.[50] 이러한 은총은 구원에 있어서는 무능하기 때문이다. 그러나 그럼에도 불구하고 도르트레히트 정경이 이런 성령의 활동이 인간의 일반적인 삶과 깊숙하게 연루되어 있었고, 바로 이런 성령의 활동에 의하여 인간은 교육을 수행하고 시민적 덕을 추구하며, 법을 제정하여 도덕적인 삶을 추구하는 존재로 설 수 있도록 하는 미미하지만 실재하는 "자연의 빛"을 배제한 것은 아니다.[51] 사실 이러한 아우구스티누스의 주장은 칼빈에게도 낯설지 않은 것이어서 하나님의 형상의 광의적 차원에로 반영되었고, 일반적인 의미에서 개혁신학의 중요한 신학적 유산이기도 하다.

카이퍼의 일반은총론은 어떤 의미에서는 이러한 사상적인 계보를 따라서 형성된 것이라고 말하는 것이 옳고, 이 점에서 스킬더가 개혁신학의 전통에서 떠났다고 말할 수 있다. 바로 이 지점에서 조심스럽게 칼 바르트(Karl Barth, 1886-1968)의 영향을 본다. 스킬더가 바르트의 신학을 비판했다는 사실에 마음을 너무 쉽게 빼앗겨서는 곤란하다. 스킬더가 바르트를 비판한 것은 행위언약의 중보자인 그리스도 예수 안에 들어온 사람, 혹은 교회가 적극적인 문화형성자로 살지 않아도 되는 것처럼 말하는 지점에서 비롯되며, 이것은 정당한 비판이다. 그러나 스킬더는 그리스도 예수 밖에 있는 문화에 대하여는 바르트와 같은 생각을 공유하였다. 바르트가 일반계시와 그 일반계시를 비춤으로써 하나님의 존재에 대한 어떤 빛을 발견할 수 있다는 가능성을 부인하는 바로 그 지점에서, 스킬더는 타락의 상태에서조차 자신의 섭리적 주권을 내려놓지 않고 활동하시는 하나님의 사역을 비추는 성령의 일반적인 조명을 부정하고 있는 것이다. 일반은총은 바로 일반계시에 근거한 하나님의 활동을 의미하는 것이기 때문이다. 역사적으로 볼 때, 카이퍼에게서 발견되는 차원 곧 일반계시에 근거한 하나님의 일반적인 활동을 논하는

---

50 Jonker, 『자유에로 초대하는 진리』, 210.
51 Jonker, 『자유에로 초대하는 진리』, 222.

것은 칼빈 이후 개혁신학자들이 갖고 있는 보편적인 자산이다. 개혁신학의 이러한 보편적인 유산(legacy)에서 두드러지게 벗어난 신학자는 칼 바르트이며, 이런 점에서 스킬더는 바르트의 초기신학에서 영향을 받고 있다고 말해야 한다.[52] 스킬더가 일반은총을 부정하는 것을 단순히 당시의 교회가 처했던 문화적이고 역사적인 상황에서만 찾는 것은 불충분하며, 오히려 신학적인 관점에서 평가해야 할 필요가 있다.

일반계시에 근거한 일반은총적인 사역을 배제하려는 이러한 시도는 그리스도 예수를 구약의 삼직론과 신속하게 결속시키면서 구약의 긴 역사를 통하여 이스라엘에서뿐만 아니라 (이스라엘과 연관된) 이방민족 가운데서 활동하셨던 하나님의 다양한 모습을 충분히 살피지 않고 간과하는 데서 비롯되는 것이기도 한데, 이것은 성경 해석의 문제를 초래하기도 한다. 이와 관련하여 스킬더의 사도행전 17장 해석[53]은 그리스도 예수를 중심으로 한 교회가 공동으로 소유하는 은혜, 곧 특별은총에 경도됨으로써 17장 전반에 반영되어 있는 하나님께서 그곳 사람들에게 베풀어 온 일반은총을 17장의 문맥을 따라서 읽어내지 못하는 대표적인 경우가 아닐까 싶다. 스킬더가 특별은총을 말하는 것과 일반은총을 말하는 것은 범주를 달리 하여 이해될 필요가 있고, 그렇게 이해하는 것이 특별은총을 통하여 말하려고 하는 바를 전혀 해치지 않을 수 있으며 오히려 돕는 것으로 사용될 수 있다는 사실을 놓치고 있다.

---

52 Eberhard Busch, *Die grosse Leidenschaft: Einführung in die Theologie Karl Barths*, 박성규 역, 『위대한 열정』(서울: 새물결플러스, 2017), 43-69. 부쉬의 연구에 따르면, 1931년 바르트가 캔터베리의 안셀무스 연구와 함께 『로마서주석』과는 구별되는 신학 저술로서 『교회교의학』을 위한 균형을 유지하는 신학 작업을 시작하였다. 클라스 스킬더는 독일에서 박사과정을 진행하면서 초기 바르트 연구에 집중하였고, 따라서 『로마서주석』에 강력하게 반영되어 있는 사상, 즉 그리스도와 세속화된 기독교 사회 사이의 반립을 가능하게 하는 일반계시에 대한 전면적인 거절에 익숙하였을 것이고, 그런 신학적 착상을 기독론적으로 수용하였다고 판단된다.
53 Schilder, *Christus en Cultuur*, 64-65.

### 3.3 구속의 중보자인가, 창조와 구속의 중보자인가?

스킬더의 신학과 카이퍼의 신학의 일관성 문제를 다룰 때, 이 주제가 매우 중요한 기능을 수행한다고 여겨진다. 스킬더는 창조와 구속에 있어서 그리스도 예수의 불연속적인 의미뿐만 아니라 연속적 의미에 대하여 인식하고 있었다.[54] 그러나 스킬더는 그리스도 예수를 일컬어서 "창조의 중보자요, 구속의 중보자다"라는 표현을 직접적으로 사용하지는 않는다. 오히려 "구원자—구속주"(Heiland-Verlosser)이며 "구원자—보복주"(Heiland-Wreker)라는 구도를 선호한다.[55] 이것이 스킬더의 신학에서 발견되는 긴장이 아닌가 생각된다. 창조와 구속의 중보자로서 그리스도 예수를 명확하게 언급하면, 구속의 범주에 자연과 그 가운데 실존하는 생명체들을 포함시키는 것이 역시 자연스럽게 뒤따른다. 그러나 스킬더는 이런 입장을 그렇게 분명하게 세우지 않는다. 이런 점에서 구속의 가치에 비하여 창조의 가치를 평가절하하려는 바르트의 신학적 그림자가 스킬더의 신학에 상당히 깊게 드리워 있다. 구속이 창조를 자기를 전개하려는 하나의 밑그림 정도로만 생각할 뿐 적극적으로 혹은 본질적으로 끌어안지 않는 것이다.

이러한 입장은 스킬더로 하여금 창조의 새로움, 혹은 새로운 창조라는 차원을 조금 더 깊이 읽어 가도록 도전한다. 스킬더의 신학에서 행위언약의 당사자로서 그리스도 예수는 구원의 완성자이면서, 동시에 문화의 완성자이기도 하다. 인류를 에덴동산에의 문화명령에로 복귀시킨 이가 이제는 자신이 시작한 일을 말끔하게 처리해야 하기 때문이다. 사실 스킬더는 그리스도 예수가 문화의 완성자라는 사실을 분명하게 강조하는 것만큼 그를 머리로 한 그리스도인이 어떤 문화를 추구해야 하는지를 구체적으로 말하지 않

---

**54** Schilder, *Christus en Cultuur*, 41, 74.
**55** Schilder, *Christus en Cultuur*, 65.

는 묘한 긴장을 연출한다.[56] 스킬더의 『그리스도와 문화』라는 책을 읽으면서 드는 확신은 에덴동산으로 복귀하여 형성하는 문화의 중심은 그리스도 예수를 머리로 하는 교회구나 하는 것이지만, 그 공동체와 함께 어떤 문화를 구체적으로 이루어야 하는지에 대하여는 거의 언급하지 않는다는 점이다.

한편으로 이것은 그리스도 예수의 재림과 함께 주어지는 새로움에 대하여 스킬더가 열어 보일 수 있는 긍정적인 지점일 수 있을 것이다. 그것을 구체적으로 말하지 않음으로써 새로운 차원으로 인간을 더욱 개방하는 기능을 수행하는 셈이기 때문이다. 하지만 다른 한편으로 이것은 스킬더가 일반은총과 그 은총에 근거하여 형성한 문화의 가치를 전적으로 부정하기 때문에 필연적으로 직면하는 구조적인 문제이다. 다시 말하여, 이와 관련하여 구체적인 언급을 전개할 수 있는 전망을 스스로 닫아버리지 않을 수 없는 상황을 초래했기 때문에, 언급하지 못하는 것일 수도 있다. 교회 안과 밖을 명확하게 분리하였기에 세속문화와 관련하여 문화변혁적 전망을 강조할 수도 없고, 그렇다고 교회중심의 문화로 일방통행하기에는 내용물의 포괄성이나 다차원성이 너무나 빈약한 결과에 직면하기 때문에 스스로 입을 닫아버린 상황에 필연적으로 내몰리고 있다는 것이다.

반면에 카이퍼는 그리스도 예수를 창조와 구속의 중보자로서 매우 명확하게 인식하고, 그 기저에서 자신의 신학을 구축한다. 그리스도 예수는 십자가와 부활로써 구원의 일을 선취하여 종말론적으로 완성하시되, 그 실제적 완성의 날에 창조세계를 배제하지 않는다는 사실을 명확하게 언급한다. 완성되는 하나님의 나라에는 스킬더가 그리스도 예수 중심성에서 확보했던 바로 그 동일한 성도가 카이퍼의 비전에도 정확히 잡혀 들어온다. 그리스도 예수를 머리로 한 구약의 백성과 신약의 백성이 모두 그리스도 예수의 재림

---

[56] Schilder, *Christus en Cultuur*, 48. 88, 92-93, 108-109.

과 함께 하나님의 나라를 상속하게 된다. 그러면서 동시에 하나님의 나라는 창조세계가 새롭게 되는 바로 그 시공간에서 성취된다는 사실을 스킬더보다는 카이퍼가 훨씬 더 적극적으로 기꺼이 수용한다. 그런 면에서 카이퍼에게 구원의 완성은 창조세계를 새롭게 함과 떼려야 뗄 수 없이 결속되어 있다. 신칼빈주의(Neo-Calvinism)는 창조세계의 완성(*consummatio saeculi*)을 강조하는 데서 그 특징을 발견할 수 있는데, 그런 면모가 카이퍼에게서 두드러지게 드러나고 있다.

그렇다면 그 세계는 그간의 인류의 문화와 문명을 선택적으로 받아들일 것인가, 아니면 전적으로 배제할 것인가에 대하여 카이퍼는 양수잡이 입장을 취한다. 환언하여, 카이퍼는 한편 유입될 것이고 다른 한편 유입되지 않을 것이라고 보았는데, 그렇다면 그가 생각한 구별의 기준은 무엇인가? 카이퍼는 결정적으로 기독론적인 결과물과 일반은총을 통하여 창조질서를 반영한 결과물일 경우에는 유입되고, 그리스도 예수 안에서 드러난 하나님을 적대시한다든가 혹은 창조질서를 훼손함으로써 창조주 하나님을 욕되게 하는 결과물은 유입되지 않을 것이라고 그 기준을 제시한다. 논의의 핵심을 짚으면서 말하자면, 스킬더와 함께 그리스도 예수를 머리로 하고 형성해 온 문화나 문명은 긍정적으로 평가될 뿐만 아니라, 카이퍼 자신과 함께 일반은총의 작용 아래서 형성된 문화나 문명, 곧 창조질서를 반영하고 있는 것들 역시 유입된다고 보는 것이다.[57]

사실 역사의 흐름 가운데서 그리스도인과 비그리스도인들이 함께 형성해 온 다양한 문화나 문명이 없지 않다. 문화명령에 근거하여 형성된 건축물 가운데 어떤 것은 그리스도인과 비그리스도인이 함께 올린 건축물도 없지 않을 것이다. 그런 경우는 어떻게 해야 하는가? 스킬더와 카이퍼는 이 지

---

[57] Kuyper, *De Gemeene Gratie II*, 173-180, 243.

점에서 상당히 다른 선택에 직면하게 된다. 비록 스킬더가 일반은총이 아닌 일반저주를 명확히 하면서 발생하는 이원론적인 문제[58]를 누그러뜨리기 위하여 공존(sunousia),[59] 조절(tempering),[60] 조정(tempernatie)[61]이라는 개념을 등장시킬지라도, 그리스도 예수를 통하여 행위언약이 체결된 때로부터 그분이 다시 오실 때에 걸쳐 있는 중간시대(het Interim)[62]에 형성된 모든 문화적 산물은 그리스도 예수라는 유일한 잣대에 근거한 비극적인 심판의 운명을 회피하지 못하고, 파국적인 결과에 직면하게 될 것이다. 이 중간시대에 형성된 모든 문화적 산물은 파편적인 것[63]이어서 그리스도 예수 안에서 전체로 통합하는 날에 소용되기에는 너무나 일시적인 성격을 갖고 있다고 진단한다. 스킬더는 이 중간시대에 걸쳐서 형성된 문화적 산물은 건설적이기보다는 파괴적인 본성을 지닌 것이라고 판단하여, 비록 그리스도인들과 비그리스도인들이 함께 참여한 것이라고 하더라도 종말론적인 가치를 갖지 않는다고 준엄하게 책망한다. 심지어 스킬더는 그리스도인들이 비그리스도인들과의 공동작업에 참여하는 것을 자랑스러워하는 것은 바보 같은 짓이라고까지 평가한다.[64]

결국은 자신의 책을 열면서 잡아놓은 구도, 즉 "천국"과 "지옥"으로 궁극적으로 갈라지는 데까지 그리스도인과 비그리스도인의 문화적 활동은 단순히 공존, 조절, 조정 아래 있는 셈이다. 비그리스도인들이 형성한 문화적 산물은 물론이거니와 그리스도인이 비그리스도인들과 함께 형성한 것조차 하나도 건질만한 것이 없다는 것이 스킬더가 갖고 있는 신념이다. 이런 점에서 보면, 스킬더는 그리스도 예수를 머리로 한 그리스도인과 교회가 궁극적

---

[58] Mouw, "Klaas Schilder as Public Theologian," 281-298.
[59] Schilder, *Christus en Cultuur,* 76.
[60] Schilder, *Christus en Cultuur,* 77.
[61] Schilder, *Christus en Cultuur,* 79.
[62] Schilder, *Christus en Cultuur,* 80.
[63] Schilder, *Christus en Cultuur,* 83.
[64] Schilder, *Christus en Cultuur,* 83.

으로 추구해야 하는 것은 손에 잡히는 어떤 것으로 정량화할 수 있는 것이라기보다는 교회가 자신이 자리하고 있는 도시와의 관계에서 도시의 정신을 추구하는 것에 대하여 적대감을 갖고, 삶의 모든 차원에서 그리스도 예수를 중심에 두고 도덕적으로나 윤리적으로나 혹은 영적으로 가치 있는 삶을 추구하는 태도를 더 강조하고 있는 것이 아닌가 싶다. 로마라는 당시의 제국 안으로 들어가는 바울의 삶의 태도가 그 시대의 정신을 추구하는 사람들에게, 그런 사람들이 모여 있는 도시에 큰 도전이 되지 않았겠느냐는 스킬더의 외침에서 그런 정신을 엿보게 되는 것이다. 얼른 생각하면 나그네와 행인 같은 우리의 삶의 실존을 노래하는 베드로나 히브리서 기자의 삶의 정신에 잘 부합하는 것처럼 보인다. 그러나 구조적인 이원론의 그림자가 드리우고 있다는 사실을 간과할 수 없을 것이다.

## 4. 한국 교회와 기독교 문화

스킬더가 추구하는 기독교 문화의 중심에는 그리스도 예수를 머리로 하는 교회가 있다. 그런데 그가 언급하는 교회는 일차적으로는 지역교회를 의미하고, 동시에 예배하는 모임으로서 공동체인 교회를 중요하게 생각한다. 이것을 편의상 "모이는 교회"로 부르기로 하면 스킬더의 사고에서 항상 비판적으로 언급되는 교회가 있는데, 그것이 바로 "흩어지는 교회"이다.[65] 편의상 흩어지는 교회로 부르기로 하고 논의를 시작한다면, 스킬더가 비판하는 흩어지는 교회는 카이퍼가 이야기하는 유기적인 교회(kerk als organisme)[66]를 의미한다. 카이퍼는 교회와 국가와 학교와 시청과 회사와 가정과 문화와 같은 것을 창조질서에서 개시되는 영역으로 간주하고, 각각의 영역의 주권

---

[65] 논문의 구조상 "3.4 모이는 교회인가, 흩어지는 교회인가로 뽑을 수 있는 주제이지만, 논문의 적용적 차원을 살려내기 위하여 의도적으로 다르게 배정하여 다룬다.
[66] Schilder, *Christus en Cultuur*, 109.

은 하나님 자신에게 귀속된다고 주장하였으며, 그리스도인은 각각의 영역에서 삶의 주권을 하나님께 돌리는 삶을 살아가는 것이 매우 중요한 일임을 역설하였다.[67] 바로 그 일을 주도하는 사람이 누구냐고 질문하면 카이퍼는 망설임 없이 그리스도인이 그 중심에 있다고 말할 것이다. 이때 그리스도인은 스킬더가 말하는 모이는 교회의 지체임이 자명하고 동시에 그가 비판하는 흩어지는 교회의 지체이기도 하다.

카이퍼가 각각의 영역이 창조주 하나님에 의해서 제정된 것이며, 따라서 각 영역에서의 주권이 하나님께 직접 귀속된다는 사실을 언급할 때, 스킬더가 우려하는 것처럼 범재신론이나 범신론적인 기반에서 끌어낸 것이 아니라 정확히 기독교적 인식에 기반한 것이다. 하나님과 그 하나님의 창조를 매우 분명하게 인식하고 작업을 전개하는 셈이기 때문이다. 일반은총은 어떤 점에서 그 영역에 대한 주권을 실행하는 하나의 구체적인 방식인 셈이다. 그런 점에서 보면 카이퍼는 큰 틀에서 기독교적인 유신론에 기반한 인식론을 전개하고 있는 것이다. 한편으로 『정치 강령』에서 보여 주었듯이 각 영역에 종사하는 사람들에게 일반계시에 근거한 하나님의 일반은총적인 개입이 있어서 죄가 억제되고 선이 장려되는 일이 일어나고, 다른 한편으로 『영역주권』에서 밝히 말하였듯이 동시에 지역교회에 기반한 예배공동체로서 교회의 지체로서 예배를 통하여 그리스도 예수 안에서 성령을 통하여 우리를 만나시는 아버지 하나님을 기억하면서 베푸신 은혜에 감격하는 고백적인 그리스도인이 그 삶의 영역에 개입하게 되면, 다시 말하여 일반은총과 특별은총이 함께 어우러지게 되면, 하나님의 주권이 더욱 공고하게 세워진다고 말하려고 한 것이 아니겠는가 하는 것이다. 거의 확실히 이것이 교회와 사회를 향한 카이퍼의 비전이었다.

---

[67] 카이퍼의 영역주권에 대한 상세한 이해를 위하여는, C. Veenhof, *Souvereiniteit in eigen kring: Schets van de leer der "souvereiniteit in eigen kring" zooals die door dr A. Kuyper werd ontwikkeld* (Kampen: Kok, 1939)를 보라.

이런 이해의 기저에서 카이퍼는 교회를 모이는 교회와 흩어지는 교회의 범주로 구별하고, 기독교적인 삶이 구현되는 사회를 도모했을 것이다. 이에 대하여 스킬더는 세계대전을 경험하면서 일반은총의 한계를 분명히 목도하였을 것이며, 오히려 일반은총을 볼모로 하여 나치즘을 도모했던 히틀러의 만행과 더불어 일반계시에 기반한 일반은총이 당시 사회에서 갖게 되는 왜곡된 차원을 명확하게 인식하면서 그 당시 사회와 교회의 현실을 보았을 것이다. 동시에 고백교회운동을 통하여 와해된 교회를 재건하는 일이 무엇보다 시급한 일임을 보게 되었을 것이다. 스킬더에게 있어서 우선적인 과제는 교회를 재건하는 일이었다. 예배공동체로서 교회를 올바르게 세워야만 전후 파산된 사회 내에서 가속화되는 인본주의적이고 유물론적인 세속화의 파고를 넘어설 수 있다고 확신했을 것이다. 이 점은 사실 외면할 수 없는 본질적인 과업임에 틀림없다. 그런 면에서 볼 때, 『그리스도와 문화』에서 전개한 그의 착상은 매우 유의미하다. 그럼에도 불구하고 카이퍼는 과연 이런 차원을 간과했는가 하는 질문은 그대로 남는다. 환언하여, 카이퍼가 모여서 예배하는 지역교회의 가치를 경시했겠는가 하는 질문 말이다. 『영역주권』에서 확인하듯이 카이퍼에 대한 그런 판단은 정확히 오해에 속한다.

곰곰이 우리의 삶을 살펴보면, 스킬더의 이런 판단은 한국 교회의 상황에서도 가볍게 여겨서는 안 되는 매우 소중한 것이다. 한국 교회도 위기 가운데 서 있다. 한국 교회는 카이퍼가 활동하던 시대처럼 인구의 대부분이 기독교인으로 채워진 경험을 갖고 있지 않다. 그렇다고 하더라도 한국 사회에서 한국 교회가 갖는 위상과 역할이 결코 과소평가될 수는 없다. 한국의 근대화의 과정에 교회의 역할은 실로 지대했기 때문이다. 그럼에도 불구하고 한국 교회는 두 가지 위기를 직면하고 있다. 하나는 한국 교회 내부의 문제로서 교회의 정체성 혼란을 꼽을 수 있고, 다른 하나는 한국 교회 외부의 문제로서 대사회적인 평가가 매우 좋지 않다는 점이 언급될 수 있다. 한국 교회는 60년대 이후의 성장기를 거치면서 기복주의에 포로가 되었다. 그런 점에서 스킬더의 안내를 따라 그리스도 예수의 십자가와 부활의 복음에 닻을 내리고 자신을 면밀하게 살피는 일에 집중할 필요가 있다. 반면에 한국 교회는 너무 지나치게 교회중심적이다. 소위 모이는 교회에 집중한 반면에 흩어지는 교회의 지체로서 삶의 각 영역에서 어떤 삶을 전개해야 하는가에 대하여 관심을 기울이는 일에 실패하지 않았는가 싶다. 이런 면에서는 카이퍼의 심장을 공유할 필요가 있다.

한국 교회가 언론을 필두로 한 사회적 비판의 대상이 된 것은 카이퍼나 스킬더가 그렇게나 힘주어 비판했던 세속의 정신을 따라 살았기 때문이다. 세속화된 사회가 추구하는 것이나 교회가 추구하는 것이 본질상 다르지 않다는 판단을 하게 되는 동시에 몇몇 대형교회를 중심으로 형성된 이미지를 따라서 그런 흐름의 선두에 서 있는 존재가 마치 교회인 것처럼 비춰지고 만 것이다. 그런 점에서 교회는 예배하는 자신을 돌아볼 필요가 있다. 숨어 계신 하나님이 그리스도 예수 안에서 자신을 밝히 알리셨다면, 그를 머리로 한 교회는 십자가와 부활의 사건에 정초하여 자신의 삶을 형성해야 하는 긴요한 부름 앞에 서 있는 것이 자명하기 때문이다. 그런가 하면 현재 한국 교회는 대사회적인 관계에서 자신의 역량을 충분하게 드러내지 못하는 형국이다. 행사중심의 대사회적인 협력은 있으나, 교회의 정신을 반영하는 삶의 태도가 삶의 가장 기초적인 단위에서 발현되지 않는다는 것이다. 카이퍼가 강조하는 흩어진 교회의 지체로서의 삶을 포기하고 살고 있기 때문이다.

우리가 얼른 생각하면 모이는 교회를 강조해야만 교회의 정체성이 확보될 것 같지만, 사실은 흩어지는 교회와의 관계성을 상실하게 되는 것과 함께 모이는 교회는 나르시시즘에 빠지고 자기 파괴적인 지경에 이를 것이다. 둘 사이의 상호관계성을 상실하는 것은 매우 위험한 일이다. 주일이면 모이는 교회의 지체로서 예배하는 자리에 있어야 한다. 예전으로서 예배를 통하여 자신의 정체성을 분명하게 해야 한다. 교회 공동체 내에서 동료 그리스도인과의 사귐을 통하여 하나님 나라 백성의 삶을 경험해야 한다. 그리고 동시에 그는 이제 월요일부터 금요일까지 생활해야 할 삶의 영역을 고려해야 한다. 예전으로서 예배를 통하여 하나님의 주되심을 경험한 그리스도인은 자신이 몸담고 일해야 하는 직장에서 어떻게 하나님의 주권을 받아들여야 할 것인지 고민하는 그리스도인이 필요한 시점이다. 삶의 각 영역에서의 순종을 꾀하는 삶이 세워져야, 모이는 교회의 예배가 살아난다. 삶의 구체적인 현장에서 비롯되는 벨리알과 그리스도 예수 사이의 긴장이 명확해야, 그리고 둘 사이에 공유할 수 있는 것과 그럴 수 없는 것 사이가 명확해져야, 주일이면 드려지는 예배의 모든 요소에서 주님의 간섭하심을 간구하게 되는 것이다. 예배가 그냥 시간을 보내는 예배가 아니라, 삶의 각 영역에서 비롯된 질문에 대한 답을 하나님께 구하는 간절한 예배로 경험될 수 있는 것이다.

한국 교회와 미국 교회의 일부에서 읽히고 있는 "에스콘디도신학"(Escondido Theology)[68]이 추구하는 것처럼, 주일에 교회에서 만난 주님과 교제하는 삶의 기초와 세속적인 직장에서 대면하는 주님과 교제하는 삶의 기반을 달리 두고 각각 다른 기준을 가지고 살아가는 형태로 그리스도인의 삶을 지도하게 되면, 이중적인 삶의 모습을 가진 그리스도인을 양산하고 말 것이다. 그리스도 예수 안에서 자신을 계시하시는 하나님을 명확히 하되, 그분이 바로 창조의 질서를 회복하기 위하여 오신 분과 동일한 분임을 인식하도록 돕고, 예배 가운데서 죄인인 나를 구원하신 하나님의 은총을 기념하고 축하하며, 바로 그 삶의 동력을 가지고 삶의 각 영역에서 나를 만나 주시는 하나님을 섬기는 삶을 살아가기 위하여, 협력하는 삶이 필요한 것이다. 단순히 한시적으로 "공존"(sunousia)하는 것이 아니라, 그들과 역동적인 교제를 나눔으로써 어디까지 협력하고 어디서부터 새롭게 하는 역할을 수행해야

---

[68] J. M. Frame, *The Escondido Theology. A Reformed Response to Two Kingdoms Theology*(Lakeland: Whitefield Media Productions, 2011).

할지 부단히 고민하는 그리스도인을 형성할 수 있을 때, 한국 교회는 다시 빛처럼 소금처럼 한국 사회에 존립하는 기반을 닦을 수 있을 것이다.

## 5. 나가는 글

하나님은 본성상 사랑이시다. 인간의 범죄에도 불구하고 하나님은 사랑이시며, 그 사랑의 범주 안에서 공의가 작동한다. 하나님이 공의롭다고 할 때, 하나님께서 항상 화가 나 있는 분으로 계신다고 생각하면 곤란하지 않나 싶다. 하나님은 공의를 실현함에 있어서 사랑을 잃지 않으시고, 사랑하심에 있어서 공의를 배제하지 않으신다. 죄를 범한 인간에게 대하여 하나님은 아픔을 갖고 계시고, 비록 구원의 은혜에 참여하도록 이끄시지는 않더라도 그를 선대하기를 원하신다. 하나님은 그리스도 예수 밖에 있는 자들에게도 호흡과 생명과 만물을 선물로 베푸시는 분이다. 이런 소중한 차원들이 스킬더의 신학 안에서 너무 가볍게 취급되고 있다는 사실을 확인하였다. 물론 그가 강조하는 것처럼 하나님의 공의는 최종적으로 설 것이다. 창조주 하나님에 대하여 반역하고 하나님의 창조질서를 훼손하고 훼방한 사람들에 대하여 종말론적인 심판을 행하실 것이다. 이 사실에 대하여 어떤 의심도 있을 수 없다.

공의를 실현하시되 사랑을 잃지 않으시는 하나님께서는 죄인으로 살아가는 인간들에게 죄에도 불구하고 그 사랑을 완전하게 제거하지 않으신다. 카이퍼의 신학에서 확인하였듯이 하나님께서는 구원의 백성이 아닌 자들에게도 은총을 베푸신다. 죄에도 불구하고 인간성을 완전히 박탈하지 않도록 간섭하신다. 잔존하는 인간성에 기반하여 악을 억제하고 동시에 선을 장려하신다. 부모의 사랑 안에서 성장하고, 직장을 갖고, 결혼을 하고, 자녀를 낳으며, 삶의 의미를 반추하도록 은혜를 베푸신다. 죄와 그 비참 가운데서도 위로를 경험하며 살아가도록 배려하는 것이다. 창조와 함께 반영된 창조질서를 깨달으며 그것에 기반하여 규칙을 만들고, 국가를 세우며 교육을 실행하고 문화를 형성하며 살아갈 수 있는 은혜를 베푸신다. 이런 은혜와 나란히 하나님은 죄인을 구원하는 은혜도 베푸신다. 자신을 구원의 하나님이며 동시에 창조의 하나님으로 계시하여, 인간을 자신 안으로 구속하여 내시고 친백성을 삼으신다. 이 두 다른 근원을 가진 백성을 공존하게 하실 뿐만 아니라, 서로 관계를 맺으며 영향을 주고받으며 살아가도록 하신다. 이들은 서로 공유하는 가치와 공유하지 못하는 가치 사이를 보면서, 살아가는 지혜를 터득한다.

카이퍼와 스킬더 사이에 존재하는 이러한 신학적 긴장은, 공공의 가치가 무엇인지를 보면서 서로 영향을 주고받지만, 보다 근원적인 가치를 발견한 사람들이 더 깊은 차원에서 주변 사람들을 섬기는 일을 수행하도록 시야를 열어 주었다. 교회 공동체의 예배를 통하여 하나님은 부단히 자신을 명확하게 알리시고, 명확한 요구를 주신다. 교회는 일반은총에도 불구하고 죄의 소욕이 요동치는 인류 가운데서 탄식하는 가운데 하나님의 사랑을 드러내기 위하여 마음을 모으고 집중하지 않을 수 없다. 왜냐하면 하나님의 심정을 아는 사람들이기 때문이다. 이런 과정에서 그리스도인이 아닌 누군가와 더불어 창조질서가 반영된 문화를 이루기도 하고, 회복된 창조질서를 교회와 가정에서 실현하기 위하여 애쓰기도 한다. 그리스도 예수 안에서 자신을 새롭게 발견한 사람에게는 성찬상에서 나눠지는 성찬이나 밥상에서 나누는 빵과 우유가 달리 보이지 않기 때문이다. 범사가 주님 안에서 새롭게 인식되기 때문이다. 교회와 삶의 현장이 모두 한 주 예수 그리스도 안에서 자신을 계시하신 하나님 앞에서 파악되기 때문이다. 바로 그 마음을 가지고 일상을 접한다. 일상 가운데서 만나는 모든 사람과의 관계에서 바로 이 정신을 추구하고 구현하기 위하여 애를 쓴다.

말 못 할 고민이 많다. 더 분명하게 더 명확하게 삶의 핵심을 파악하고 주변을 보기 때문에, 그 고민이 보통 사람들보다 훨씬 더 깊다. 이 고민의 한가운데서 주일이면 교회를 찾는다. 예배의 전체 과정에서, 기도에서, 설교에서, 찬양에서 자신의 삶 가운데 비추시는 하나님의 지혜를 구한다. 예배하는 가운데 하나님을 경험한다. 그리고 그 하나님의 임재 안에서 세상을 향한다. 그리곤 그 삶의 흔적을 가지고 다시 교회로 나온다. 이 과정에서 두 은혜의 시혜자이신 하나님께서 이 세계를 자신의 뜻 가운데로 총괄해 가시는 것이다. 죄에도 불구하고 세계는 하나님의 장중(掌中)에 있다. 하나님은 당신이 만드신 세상 한가운데서 뜻을 두고 행하시는 분이다. 하나님께서는 죄에도 불구하고 당신 자신의 일을 이루어 가신다. 인간과 더불어 당신의 창조를 완성해 가시는 것이다. 하나님은 당신의 형상 담지자들의 수고를 무로 돌리지 않고, 선용하실 것이다. 불로써 정화하심으로 말이다. 한국 교회 그리스도인들은 한국적인 특성을 가지고 그 완성된 나라의 어느 한 지점을 점유하게 될 것이다. 하나님은 자신의 방식으로 자신의 뜻을 이루어 가시고, 역사의 마지막 순간에 마침내 그리스도 예수의 재림과 함께 이 모든 것을 평가하여 만유를 총괄하실 것이다. 만유 안에 만유가 되실 것이다.

# 18 이야기로 풀어보는 종말론

## 1. 죽음 그 이후

기독교적 종말론을 이야기할 때 개인의 종말과 우주적 종말을 나누는 것이 일반적인데,[1] 이렇게 하는 데는 이유가 없지 않다. 무엇보다도 천국과 지옥과 관련한 논의의 우주적 특성 때문이다. 천국과 지옥은 그리스도 예수의 재림과 재림 직후 있을 최후의 심판과 함께 인간이 궁극적으로 상속하게 될 것과 연결된 주제인데, 개인의 종말과 함께 인간이 가게 될 곳은 어디이며, 그곳이 궁극적으로 천국 혹은 지옥과는 어떤 관계가 있는지, 지금 살고 있는 이곳과 천국은 연결되는 지점이 있는지 여부와 같은 복잡한 질문이 뒤따르지 않을 수 없다. 이런 이유로 개인의 종말과 우주적 종말을 나누어 설명하는 방법을 택하는 것이다.

개인의 종말은 죽음에서 시작된다. 개인의 종말로서 죽음은 육체와 영혼의 분리에서 성립한다. 육체와 영혼의 분리로서 죽음은 그리스도인이나 비그리스도인 모두에게 일어나는 일이다. 이제 죽음 이후에는 어떤 일이 일어

---

[1] 이러한 사실은 최근에 번역된 비네마의 책 목차에서도 확인할 수 있는 바, 개인의 죽음을 다루는 중간기 상태와 그리스도의 미래를 다루는 재림으로 종말론이 크게 대별되어 있다. 이를 위하여, C. P. Venema, *The Promise of the Future*, 박승민 역, 『개혁주의 종말론 탐구』(서울: 부흥과개혁사, 2014)를 참고하라.

나는가? 육체는 흙으로 돌아간다. 육체는 정상적인 사망인 경우 무덤에 놓이거나, 화장의 경우 신체의 일부를 구성했던 뼛가루는 공기 중으로나 바다나 혹은 강물에 뿌려지거나, 혹은 바다에서 의도하지 않은 사고로 인해 죽은 후 사체가 수습되지 않아 바다에서 유실되거나 하는 방식으로 흙으로 돌아간다. 그러면 육체로부터 분리된 영혼은 어떻게 될까? 유교에서 이야기하듯, 죽은 후 영혼이 살던 집 주변을 3년 정도 떠도는 신세가 되는가? 혹은 이런 착상을 가져다가 악용하여 누군가 주장하였듯이, 인간이 본래 수명이 120년인데 다 못 채우고 죽은 경우 나머지 기간 동안 구천을 떠돌다가 다른 사람에게 들어가 귀신 노릇하며 살면서 그 기간을 채우기라도 하는 것인가?

여기서 생각을 조금 정리하고 이야기를 계속할 필요가 있을 것이다. 그리스도인이든 비그리스도인이든 죽음과 함께 처하는 상태를 "하데스"라고 한다. 그러니까 인간의 영혼과 육체가 분리되는 시점이 하데스의 상태에 들어가는 시점이다. 그리스어 하데스는 히브리어로는 "쉐올"인데, 국역성경에서는 일반적으로 음부라고 번역되곤 한다. 그러니까 죽은 자는 음부의 상태에 들어간 것이라고 보면 된다. 그런데 음부에는 두 구별된 영역이 있다는 사실을 또한 주의력을 가지고 이해할 필요가 있다. 하나가 "파라데이소스"이고, 다른 하나가 "게헨나"이다. 파라데이소스는 죽은 그리스도인의 영혼이 들어가는 상태이고, 게헨나는 죽은 비그리스도인의 영혼이 직면하는 상태이다. 그러면 영혼은 이곳에 언제 들어가는가? 개혁교회의 신앙고백서인 하이델베르크 신앙교육서는 아주 명쾌하게 죽은 그리스도인의 영혼은 육체로부터 분리되자마자 "즉시" 파라데이소스에 들어간다고 고백한다.[2] 비록 동일한 신앙고백서가 불신자의 영혼에 대하여 직접 언급하진 않았지만 동일하게 죽음과 함께 즉시 게헨나로 들어가게 될 것이다.

---

2 제 57문: "육신의 부활"은 당신에게 어떠한 위로를 줍니까?
  답: 이 생명이 끝나는 즉시 나의 영혼은 머리 되신 그리스도에게 올려질 것입니다. 또한 나의 육신도 그리스도의 능력으로 일으킴을 받아 나의 영혼과 다시 결합되어 그리스도의 영광스러운 몸과 같이 될 것입니다. 김명순,『하이델베르크 요리문답』(서울: 성약출판사, 2004), 92에서 취함.

그러나 이곳은 죽은 자들의 영혼이 거하는 영원한 상태는 아니다. 이곳에 거하는 기간은 그리스도인의 영혼이나 비그리스도인의 영혼이나 제한되어 있다. 일종의 "막간의 기간"이라고나 할까? 이곳에 거하는 기간은 개인이 죽은 날로부터 그리스도 예수의 재림 때까지라고 보아야 한다. 그리스도 예수가 재림할 때에 파라데이소스에 있는 영혼이 무덤에 있는 자신의 육체와 연합하여 부활에 참여하게 된다. 그리고 그리스도 예수 안에서 믿음으로 살고 있는 그리스도인들이 홀연히 변화하여 부활한 그리스도인과 같은 상태를 누리게 된다. 그 후에 게헨나에 있던 비그리스도인의 영혼이 각각 제 몸과 연합되어 부활에 참여하게 된다. 그리고 그 당시에 살아 있던 비그리스도인이 홀연히 변화하여 부활의 몸을 갖게 된다. 그러고는 곧바로 그리스도 예수가 친히 재판하는 최후의 심판에 참여하게 된다. 그러니까 인간은 죽음과 함께 영으로 파라데이소스 혹은 게헨나에 들어가 있다가 그리스도 예수의 재림이 있을 때에 그 상태에서 나와서 육체와 하나가 된다는 것이다. 이런 점에서 이 기간은 잠정적인 성격을 갖는다고 할 수 있으며, 그런 이유로 중간기 상태 혹은 잠정적인 상태라고 부른다.

그러나 파라데이소스나 게헨나에 거하는 영혼들은 각 상태의 특징에 따라 안식을 취하거나 혹은 죄악으로 인한 고통을 경험하게 된다. 안식과 고통은 어떤 의미에서는 나중에 완성된 천국과 지옥에서 경험하게 될 그것과 질적으로 연속된다고 말할 수 있다. 그런 그림은 부자와 나사로의 비유 가운데 주어져 있다. 물론 이 비유는 사실관계를 언급하는 것이라기보다는 예화인 것이 사실이지만 그럼에도 불구하고 주의력을 가지고 생각해야 하는 것은, 예수의 비유가 그 자체로 거짓된 내용을 끌어들이지는 않는다는 점이다. 또한 문맥상 파라데이소스와 게헨나를 설명하려는 것이 초점은 아니지만 그럼에도 불구하고 사후상태라는 그림을 차용하여 설명되어야만 했다는 사실은 간과될 수 없다. 이런 전제를 가지고 부자와 나사로 이야기를 읽어 보면 나사로가 거하는 곳에는 안식이, 부자가 거하는 곳에는 고통이 하나의 실재로서 경험되고 있다는 사실만큼은 분명하다는 것이다.

뿐만 아니라 영혼이 그곳에 들어가게 되면 다시 나와서 활동할 수 있는 여지도 제공되지 않는다는 사실을 알게 된다. 그러니까 죽음과 함께 영혼이 각각 제 갈 곳으로 들어간 후에는 패자부활전과 같은 기회가 주어지지 않는다는 것이다. 이것은 각각 육체를 입고 살아갈 때에만 사후의 삶을 위한 기회를 가질 수 있을 뿐, 사후에는 사후의 삶을 다시 바꿀 수 있는 기회가 영영 다시 제공되지 않는다는 것이다. 이곳에 살고 있을 때, 이곳에서 복음을 가지고 수고하는 분들이 선포하는 말씀을 주의력을 가지고 듣고, 올바르게 반응하는 길만이 사후의 삶을 결정할 수 있는 유일한 기회인 셈이다. 그런 점에서 파라데이소스나 게헨나는 독특한 곳임이 분명하다.

그리고 파라데이소스나 게헨나 사이는 건너가거나 혹은 건너오거나 할 수 있는 곳이 아니다. 그곳은 각각 다른 질서가 지배하는 곳이어서 뒤섞일 수 없는 영역인 것이다. 파라데이소스에는 하나님이 악하고 음란한 세대에서 주님의 이름을 귀히 여기고 주님의 백성으로 산 삶을 위로하고 안식으로 보상하는 반면에, 게헨나에는 마귀와 그의 졸개들이 그동안 거짓으로 꾀어낸 사람들의 분노와 폭압이 지배할 뿐 자비로운 하나님의 일반은총조차도 제공되지 않아서 목마르고 고통스러운 곳일 뿐이다. 그러니 서로 다른 질서를 향유하는 사람들이 오가며 삶을 연대할 수 있는 길은 없다고 보아야 한다.

그러나 그럼에도 불구하고, 파라데이소스와 게헨나는 그 자체로 천국과 지옥은 아니다. 천국과 지옥은 부활한 몸을 가진 사람들이 최종적으로 혹은 종말론적으로 상속받는 곳이기 때문이다. 부활은 고린도교인들이 오해했던 것처럼 순수한 영으로서 영원히 존속하는 것을 의미하지 않는다.[3] 오히

---

[3] 고린도전서 15:12-19.

려 바울은 인간은 부활의 날에 썩을 몸을 벗고 썩지 않을 몸을 입으며, 욕된 몸을 벗고 영광스러운 몸을 갖게 되며, 병약한 몸을 벗고 강한 몸을 갖게 되며, 육신의 소욕이 거하는 몸을 벗고 성령이 완전히 지배하는 몸을 입게 된다고 말한다.[4] 그러니까 부활한 몸은 지금과 연속된 차원을 가지면서 동시에 불연속된 새로운 차원을 갖는 실제적인 몸인 것이다.[5] 천국과 지옥은 바로 이런 부활의 몸을 갖고 있는 자들이 상속하게 되는 영원한 삶의 처소를 의미하는 것이다. 이런 점에서 바울이 디모데에게 보낸 편지에서 언급했던 바 자신이 죽음으로써 들어가게 될 그 천국(딤후 4:18)도 중간기 상태를 언급하는 것으로 이해하는 것이 바를 것이다.

바로 이런 문제 때문에 천국과 지옥은 장소성을 갖는다는 사실을 강조하지 않을 수 없다. 파라데이소스나 게헨나는 아직 몸을 갖고 있지 않기 때문에 구체적인 장소라고 할 수는 없고 다만 상태라고만 해도 심각한 문제가 되지 않는다. 하지만 부활 이후에는 상황이 많이 달라진다. 부활한 몸을 갖고 있기 때문에 구체적인 장소성을 피해갈 수 없게 된다는 것이다. 그러면 천국은 어디인가? 그리고 지옥은 어디에 있게 될 것인가? 성경을 읽어 가면서 흥미로운 것은 그리스도인의 부활과 그들이 거할 장소에 대하여는 비교적 분명하게 말하는 반면에, 비그리스도인의 부활의 실체와 거할 장소에 관하여는 그렇게 구체적으로 언급한 곳이 많지가 않다는 사실이다. 이런 성경의 일반적인 특징을 잘 고려하면서 성경이 안내하는 곳까지 따라가면서 천국과 지옥에 대한 생각을 정리할 필요가 있을 뿐이다.

여기서 깊이 생각해야 하는 것은 천국이 과연 무엇인가 하는 근원적인 물음이다. 하늘의 나라, 곧 천국(天國)이라는 표현은 사실 마태복음에서 거의

---

[4] 고린도전서 15:42-44.
[5] 이와 관련한 상세한 논의를 위해서 A. van de Beek, *God doet recht. Eshcatologie als christologie* (Meinema: Zoetermeer, 2008), 64-79를 보라.

예외적으로 등장하는 표현이라고 할 수 있다. 다른 곳에서는 지배적으로 하나님의 나라, 곧 신국(神國)이라고 기록되어 있다. 그런데 마태복음은 유대인들을 주요 청중으로 삼고 기록된 성경이라는 사실에서, 신명(神名)과 관련한 유대인의 일반적인 관습을 잠시 기억하고 가는 것이 좋을 것 같다. 유대인은 하나님의 이름을 직접 부르는 것을 불경하다고 여겼고, 따라서 하나님을 하늘로 부르는 습관이 생겨났다. 이런 견지에서 보자면, 마태복음의 하늘나라라는 표현은 하나님 나라와 같은 표현인 셈이다. 이런 논의를 하는 이유는 결국 성경은 하늘 어딘가에 있는 나라라는 의미로 천국을 생각하지 않는다는 것이다. 천국은 2,000~4,000억 개에 이르는 은하 밖의 어느 공간이라든지 혹은 태양계 밖의 어느 특정 공간을 의미하는 것이 아니라, 하나님이 왕으로서 다스리고 인간이 그분의 백성이 되기로 자처하는 곳을 의미하며 그 공간은 여기든 아니면 다른 공간이든 하등 상관이 없다는 것이다.

아이작 뉴턴의 시대만 해도 상대공간과 절대공간이라는 구별을 유지했다. 상대공간을 벗어난 공간이 절대공간이 되고 그곳이 바로 천국일 것이라고 생각했던 때였다. 쉽게 말하면, 내 연구실이 자리한 방배동은 서울이라는 상대공간 안에 있고, 서울은 대한민국이라는 상대공간 안에, 대한민국은 아시아란 상대공간 안에, 아시아는 지구라는 상대공간 안에, 지구는 태양계라는 상대공간 안에, 태양계는 다른 은하라는 상대공간 안에, 그 은하는 또 다른 은하의 상대공간 안에 있는 것으로 이어지고, 그 상대공간이 끝나는 지점이 절대공간이 시작되는 지점이고, 그곳이 바로 천국이라고 믿었다는 것이다. 그러나 이제는 누구도 그런 식으로 공간을 생각하지 않는다.

아인슈타인을 거쳐 스티븐 호킹에 이르는 일련의 과정을 거치면서 인간은 공간개념을 상대와 절대라는 개념에서 차원개념으로 전환해 버렸다. 그러니까 그리스도 예수의 재림 이후로 최후의 심판을 받고 인류가 다른 어떤 것으로 옮겨 가는 것이 아니라, 하나님이 창조한 이 공간 안에 거하게 된다는 기본적인 생각을 유지할 수밖에 없다. 그런데 문제는 이 공간이 지금 현재 우리가 가진 몸으로 경험할 수 있는 3차원의 삶만을 열어 보여 주는 곳이 아니라는 것이다. 현재의 우주는 무려 9차원 혹은 12차원까지 확장되어 이해되고 있는 실정이다. 그리스도 예수의 재림과 함께 부활한 인간의 몸은 3차원은 기본이고 4, 5, 6, 7, 8, 9차원에까지 참여하는 존재로 변화된다는 것이다. 그러니까 공간개념이 지금 현재의 개념에서는 거의 상상하기 힘들만큼 확장된다는 것이다. 적어도 하나님이 창조하신 우주는 부활의 몸에 상응하는 조건으로 변화되고 또 그렇게 경험되어야만 한다. 그래야 서로 상응하는 관계를 유지할 수 있기 때문이다.

이와 관련하여 사도 요한이나[6] 베드로나[7] 바울이나[8] 심지어 예수조차도[9] 한목소리로 현재 우리가 살고 있는 창조세계가 변화될 것을 언급하고 있다는 사실에 주목할 필요가 있을 것이다. 일반적으로 상상하는 것과는 달리, 성경은 현재 우리가 살고 있는 삶의 정황이 명확한 변화를 겪게 될 것이라고 말한다. 변화의 하나는 죄가 창조세계에서 제거된다는 점이고, 다른 하나는 창조세계가 홀연히 새로워지게 된다는 것이다. 베드로나 요한이나 바울이나 예수까지도 한목소리로, 다른 말로 성경은 일관되게 만물이 변화되어 그 영광의 극치에 이를 것을 예견하고 있다. 그러니까 그리스도 예수의 재림 이후로 죄는 이 세상에서 사라지고 만물은 홀연히 변화되어 비참을 벗고 그 영광의 극치를 드러내게 됨으로써 부활한 그리스도인이 살기에 적합한 구조로 상응하게 된다는 것이다.

그러니까 장소가 어디냐가 궁극적인 관심사가 아니라 누가 중심이 되는 세상이냐가 관심사가 되는 것이다. 그리스도 예수의 재림 이후 하늘의 예루

---

[6] 요한계시록 21:1-4.
[7] 베드로후서 3:10-13, 사도행전 3:21.
[8] 에베소서 1:10.
[9] 마태복음 19:28.

살렘이 이 땅으로 내려오고 하나님의 장막이 사람들과 함께 있게 되고, 하나님이 친히 왕이 되어 다스림으로써 사망이나 애곡하는 것이나 눈물이나 아픈 것이 다시 있지 않은 곳으로 변화되고, 인간은 그 하나님을 왕으로 인정하면서 스스로를 신하와 백성으로 인정하는 일이 일어나게 될 것이다.[10] 그야말로 하나님이 왕이 되어 자신의 백성인 인간을 다스리는, 인간은 진정한 왕을 모시고 그 왕이 베푸는 끊임없이 지속하는 은혜를 풍성히 받아 누리는 상태로 하나님께서 창조한 이 우주에서 살게 될 것이라는 것, 이것이 성경이 열어 보여주는 천국에 대한 구체적인 비전이다.

그러면 지옥은 어디인가? 사실 이에 대하여 성경은 그렇게 구체적인 언급을 제공하지 않는다. 그럼에도 불구하고 분명한 것은 구체적인 장소라는 점과 그 장소에서 마귀와 그 졸개들과 그들을 섬겼던 악한 부활에 참여한 사람들이 영원한 형벌 가운데 거하게 된다는 사실 만큼은 부인할 수 없는 방식으로 성경에 제시되어 있다. 우리는 성경이 인도하는 데까지 가고 성경이 멈추는 곳에서 멈출 수밖에 없다는 점에서 지옥과 관련한 논의는 한계를 지닐 수밖에 없다. 이런 면에서 성경이 우리에게 열어 보여 주는 지점까지 성실하게 따라가고, 하나님은 우리 모두가 구원을 얻는 것을 기뻐하신다는 것[11]을 기억하면서, 복음을 전하는 일에 열심을 내어야 한다.[12]

## 2. 그리스도 예수의 재림의 의미

그리스도 예수의 재림은 모든 진실한 그리스도인들이 간절히 소망하는 기독교 신앙의 본질적인 요소이다. 이런 특징 때문인지 교회의 역사에서 어

---

10 요한계시록 21:1-4.
11 디모데전서 2:4.
12 디모데전서 2:5-6.

떤 자들은 이미 임했다고 주장하면서 영적인 열광주의에 빠지기도 하고, 또 어떤 사람들은 아직 오지 않았을 뿐만 아니라 우리가 이 세상은 여상하니 앞으로도 오지 않을 것이라는 주장을 하기도 했다. 그리스도 예수의 초림이 참으로 긴 세월을 소요했듯이 그리스도 예수의 재림도 어쩌면 일반적으로 예상하는 것보다 조금 더 늦을 수도 있으리라. 그럼에도 불구하고 구약의 그리스도인들이 그리스도 예수의 오심의 소망 가운데 살았듯이, 신약의 그리스도인들도 소망 중에 그리스도 예수의 다시 오심을 기뻐하며 살아가야 할 것이다.

그렇다면 그리스도 예수의 재림은 아무런 징조도 없이 불현듯 임하는 것인가? 성경은 그리스도 예수의 재림과 관련하여 몇 가지 징조가 있을 것임을 보여 준다.[13] 아마도 인류가 살아가는 지구 환경은 갈수록 나빠질 것이다. 제1,2 열역학 법칙에 따르면 지구의 에너지의 구조는 유지되지만 그 에너지의 질은 점차로 나빠지게 될 것이다. 지구를 둘러싼 환경이 악화되면서 기상이변과 같은 자연재해들이 빈번하게 발생할 가능성이 높아지고, 따라서 경작을 통하여 산출되는 생산량이 절대적으로 감소하는 일이 일어날 것이다. 더 큰 힘을 가진 세력은 시장을 장악하려 들 것이고, 이로 인한 힘의 다툼이 일어나 나라와 나라 사이에 난리와 전쟁이 일어날 가능성이 커질 수 있다. 이런 와중에 권력을 잡은 세력이 경제적인 거래구조를 틀어쥐고 세상을 일방적으로 통치할 가능성도 발생할 것이고, 이것과 짝을 이루면서 사람들의 마음을 움켜쥐는 종교지도자들이 일어날 수 있다. 겉으로는 건전한 종교적인 모습을 하지만 속으로는 권력과 재물에 치심하면서 대중을 속이는 일이 일어날 것인데, 대표적인 수단으로 표적과 기사와 같은 괄목할 만한 일을 꾸며낼 것이다. 물론, 그 배후에는 정사와 권세와 어둠의 세상 주관자들인 마귀와 그의 졸개들이 활동하게 된다.

---

[13] C. P. Venema, 『개혁주의 종말론 탐구』, 157.

이런 와중에도 교회는 부단히 복음을 전할 것이며, 어둠 가운데서도 빛으로 온 예수님을 선포하고 그의 백성으로서 신앙을 고백하고 성만찬에 참여하면서 주님의 밥상에서 나온 음식을 먹고 살아가는 신실한 모습을 유지하게 될 것이다. 눈에 보이는 삶이 전부가 아니며 오히려 눈에 보이지 않지만 모순과 부조리의 역사 가운데서 자신의 삶을 섬광처럼 세상 가운데로 비추는 하나님의 살아 계심을 신뢰하고 그분이 언젠가 이 부조리한 역사를 끝내기 위하여 역사 안으로 뚫고 들어올 것에 대한 깊은 확신을 가지고 삶을 살아내는 그리스도인들이 반드시 계속될 것이다. 적그리스도와 정치세력이 연합하여 신실한 그리스도인이 마땅히 영위해야 할 삶을 살아가지 못하도록 다양한 방식의 박해가 있을 수 있지만 그럼에도 불구하고 악하고 음란한 이 세대 가운데서 그리스도 예수의 이름을 인정하는 무리들이 있기 때문이다. 이들을 통하여 복음은 땅 끝까지 전파되고 이방인의 충만한 수가 채워지는 일이 일어나게 될 것이다. 뿐만 아니라 이스라엘 땅에도 그리스도 예수의 이름과 그 사역의 참된 의미가 파악되는 복음화의 길이 열릴 것이다. 이들의 구원을 위한 특별한 장치나 과정이 있지는 않을 것이고, 다만 이방인들에게 복음이 전파되었듯이 그들에게도 복음이 전파되고 믿는 일이 일어나게 될 것이다.

이로써 자기 백성을 형성하고자 하는 하나님의 궁극적인 의도는 채워지게 되고, 마침내 이 역사를 종결하고 그분이 가져오는 역사가 이 역사를 덮어쓰는 일이 일어날 것인데, 그 결정적인 날이 바로 그리스도 예수의 재림의 날이다. 그리스도 예수의 재림은 초림처럼 은밀하게 일어나지 않는다. 그리스도 예수의 재림은 천사장의 나팔소리와 함께 영광 가운데 일어날 것이다. 그날에는 아무도 주를 피하지 못할 것이다. 그리스도인들만이 재림하는 예수를 보는 것이 아니다. 그를 찌른 자들과 그리스도 예수를 믿지 않고 살았던 사람들도 보게 될 것이다. 이런 의미에서 그리스도 예수의 재림은, 사이비 이단 종파들이 간혹 대중을 꾀는 것처럼 어떤 특권층의 소수들에게

만 배타적으로 보이는 일로 이해되어서는 안 된다. 이것은 공적인 사건이기 때문이다. 뿐만 아니라 그리스도 예수 자신이 부활한 몸으로 임하는 것이기에 간 방식대로 올 것이다.

그리스도 예수의 재림이 있을 때에, 그리스도 예수 안에서 죽은 자들이 먼저 일어나고, 이어서 그리스도 예수 안에서 신앙을 고백하고 살아가던 사람들이 홀연히 변화하는 일이 일어날 것이다. 환언하여, 그리스도 예수 안에서 죽어 육체와 영혼이 분리된 상태에서 육체는 무덤에, 영혼은 파라데이소스에 있던 그 분리의 잠정적인 시기를 끝내고 육체와 영혼이 다시 하나가 되는 일이 일어나게 된다. 쉽게 말하여, 부활하게 된다. 이것이야말로 그리스도인들이 오랫동안 고대해 오던 바로 그 일이 아니겠는가! 그래서 그리스도 예수의 재림은 그리스도인들에게 진정한 위로를 가져오는 일이다. 십자가의 수난과 고통 가운데 영혼이 돌아간 예수가 부활하여 잠자는 자들의 첫 열매가 되었고, 신앙의 선배들은 죽음 앞에 직면하여 부활의 소망을 가지고 잠들지 않았던가! 십자가에 못 박힌 그리스도 예수와 연합하여 죄 용서에 참여하고 동시에 부활한 그분의 영광에 참여할 그날을 소망하면서 이 악하고 음란한 세대를 살아오지 않았는가! 바로 그 삶에 대한 진정한 위로로써 그리스도 예수의 재림이 있는 것이다. 그래서 그날에 바로 그 고대하던 부활의 영광에 함께 참여하게 되는 것이다. 그리스도 예수의 재림의 날에 살아 있던 그리스도인들도 예외가 아니다. 신실하게 그리스도 예수의 십자가의 죽음에 참여하고 부활의 소망 가운데 살아온 그리스도인들에게도 부활의 실체에 참여하는 은총이 베풀어진다. 그들도 눈 깜짝할 사이에 부활체와 동일한 몸으로 변화하게 될 것이기 때문이다.

이와 함께 그리스도 예수의 재림의 날에 그리스도 예수 밖에 살았던 사람들도 부활에 참여하게 된다. 죽음과 함께 분리되었던 육체는 무덤에서 나오고 죽음과 함께 마귀와 그 졸개들이 사는 게헨나에 들어갔던 영혼들이 나와서 하나가 되는 일이 일어난다. 이것이 악한 자들의 부활이다. 이 일도 그리스도 예수께서 영광 가운데 재림하시는 날에 일어난다. 뿐만 아니라 그리스도 예수와 상관없이 살던 사람들도 그리스도 예수의 재림의 날에 홀연히 변화를 받게 된다. 악한 자의 부활과 같은 변화에 참여하게 될 것이다. 이날에 이들의 슬픔은 극에 달할 것이다. 그들의 애통함은 깊어질 것이다. 그들은 매우 당혹스러워할 것이다. 이 세상이 전부인 것처럼 조장하던 마귀와 그 졸개들에게 미혹되어서 빵만을 추구하고, 명예의 덫에 걸려 허우적거리고, 세상을 호령하는 권력을 위하여 자기에게 주어진 삶 전부를 써버린 자들이 홀연히 영광 가운데 다시 오는 그리스도 예수를 보면서 가슴을 치게 될 것이다. 정확히 그리스도 예수가 광야에서 40일을 주렸을 때 나타나 예수를 유혹했던 삶을 살았던 자들이 이것이 궁극적으로 추구해야 하는 삶의 내용이 아니구나 하는 사실을 친히 눈으로 보면서, 땅을 치는 일이 일어날 것이다. 그리스도 예수와 더불어 하나님의 은혜로운 통치를 받아들이는 삶을 지금 여기서 시작했어야 하는데라는 장탄식이 그들의 입술을 터치고 나올 것이다.

그리스도 예수의 재림은 초림을 궁극적으로 완성하는 사건이다. 그런 점에서 재림의 깊은 의미를 파악하기 위해서는 초림의 가치를 정확히 알아야만 한다. 그리스도 예수의 초림은 마지막 아담으로서 옴과 분리될 수 없다. 그리고 마지막 아담은 첫째 아담을 보게 만드는 중요한 기능을 수행한다. 태초에 하나님은 천지 곧 우주를 창조하셨다. 하나님은 자신의 창조행위의 절정에 인간이 등장하도록 배려한 구조를 갖고 창조하였다. 창조의 맨 마지막 날에 동물을 창조하고 이어서 아담을 창조하여, 아담이야말로 동물들의 머리며 주라는 사실을 이름을 짓는 행위를 통하여 일깨워 주었다. 아담은 하나님이 지금까지 창조해 온 하늘의 새와 땅에 살아 있는 것들과 바다의 물고기와 같은 것을 다스리는 존귀하고 영광스러운 존재로 자신을 세움을 알 수 있었다.[14] 이 확신을 가진 아담에게 하나님은 하와를 창조하여 이끌어내고 혼인하게 함으로써 자녀를 생산할 수 있도록 하였다. 하나님의 형상을 따라 창조된 아담은 창조의 전 과정에 명확하게 계시된 하나님의 말씀을 읽을 수 있는 힘도 있었다. 이 광활한 우주를 창조한 하나님의 이 행동의 초점에 자신을 향한 사랑이 작동하고 있었다는 사실을 깨달을 수 있었고, 동시에 자신의 마음에서부터 하나님을 알아차리도록 역사하는 성령의 내주를 갖고 있었다. 그래서 아담은 그 아내와 함께 이렇게 고마운 일을 행한 하나님을 향하여 존귀와 영광을 돌려야 할 존재임을 알았다.

여기에서 중요한 사실 하나를 언급할 필요가 있다. 하나님은 창조와 함께 자신의 사랑을 입은 아담과 하와가 자녀를 낳아 기르면서, "우리가 이렇게 아름다운 세상에서 이런 삶을 누릴 수 있는 것은 다 우리를 창조하고 생육하고 번성하도록 축복한 하나님 때문이란다. 하나님이 없었으면 이런 삶을 누릴 수 없지 않겠니? 그러니 우리 함께 이렇게 선한 일을 행하신 하나님을 경배하도록 하자. 그분은 우리의 왕이란다. 아주 선하고 능력 있는 왕이란다. 그리고 우리는 그분의 백성이란다. 그분의 신하들인 것이지. 그래서 우리가 왕이신 하나님을 기뻐하고 즐거워하면서 살아가야 하는 거란다"라고 고백하기를 희망하였다. 그러니까 하나님을 왕으로, 자신을 그 왕의 백성으로 간주하면서 이 아름다운 우주에 동거하는 꿈을 하나님이 창조와 함께 꾸었던 것이다. 사실 이것이 하나님의 나라이다. 그러니까 하나님의 나라는 세상의 끝에 비로소 등장하는 것이 아니라 오히려 맨 처음부터 등장하는 것이다.

이처럼 특별한 사랑을 입었음에도 불구하고 아담과 하와가 창조주 하나님에게 배은망덕한 죄를 범하였다. 하나님을 왕으로 삼은 것이 아니라 오히

---

[14] 시편 8:3-8.

려 하나님을 향하여 자신을 높이고 자신의 주인됨을 주장하다가 쫓겨난 마귀를 왕으로 삼는 일을 행한 것이다. 바로 이 일을 처리하기 위하여 온 마지막 아담이 바로 그리스도 예수인 것이다. 마귀를 제압할 사람과 방법을 하나님은 타락이 발생한 바로 직후에 밝혔었는데, 그것이 여인에게서 난 남자와 죄로 인하여 부끄러움에 내던져진 인류의 부끄러움을 덮어주는 가죽옷이다. 쉽게 말하여 여인에게서 난 남자가 자신의 피를 흘려서 인류의 부끄러움을 덮을 뿐만 아니라 마귀의 머리를 깨서 부수는 일을 할 것임을 예고했고, 그 예언을 궁극적으로 성취하면서 등장하는 분이 바로 마지막 아담 그리스도 예수인 것이다. 그리스도 예수는 십자가에서 우리를 대신하여 죄의 형벌을 받음으로써 마귀가 사용하는 치명적인 무기인 사망을 믿는 자에게서 제거하였고, 마귀의 등뼈를 부러뜨려서 천하를 미혹하는 기운을 부리지 못하게 그 힘을 현저하게 제한하였다.[15] 뿐만 아니라 첫째 아담과 달리 하나님의 말씀에 순종하고 그분의 왕임을 온전하게 인정하고 살아냄으로써 그를 믿는 자들에게 제공할 의와 영생을 확보하였다. 그래서 그리스도 예수를 믿는다고 할 때 그 믿음의 핵심적인 내용은 "예수의 십자가 안에서 죄의 삯인 사망에서 궁극적으로 해방되었으며, 부활 안에서 의와 영생이 내 몫으로 정해졌음"에서 구성되는 것이다. 바로 그 선물이 초림에서 우리 몫으로 정해졌고, 그 은혜 가운데 지금 여기서의 삶을 살며, 그 궁극적인 성취가 재림의 날에 이루어질 것을 소망하며 살아가고 있는 것이다.

그러니까 그리스도 예수의 재림은 초림에서 이루어진 일을 믿음으로 받아들이며 그 예수와 연합된 삶을 살아온 사람들을 향한 궁극적인 위로의 순간이며, 동시에 그것을 믿음으로 받아들이지 않고 그리스도 예수와 상관없는 삶을 살아온 사람들의 민낯을 드러내게 만드는 날이기도 하다. 그래서 가장 비극적인 일은 재림하는 그리스도 예수가 초림했던 그분이 아닌 경우

---

[15] 요한계시록 20:1-3, 요한복음 12:31.

에서 일어난다. 우리의 죄를 대신하여 십자가에 못 박혀 죽고, 부활하여 영광의 보좌에 앉으심으로써 우리를 죄와 사망의 법에서 해방하여 자유의 아들로서의 삶을 살아가도록 도전할 뿐만 아니라 부활하여 보좌 우편에 앉은 분과 함께 보좌에 앉혀진 우리를 기억하는 바로 그분이 오지 않는다면, 그리스도 예수의 재림은 우리에게 하등 위로의 사건이 될 수 없는 것이다. 바로 그 일이 그리스도 예수 안에서 일어났다는 사실을 알고, 그리고 그분이 다시 와서 궁극적으로 나를 구원할 것이라는 소망 가운데서 그리스도인은 이 세상의 정신을 분별하여 따르지 않고 오직 마음을 새롭게 하여 변화를 받아 하나님의 선하시고 기뻐하시고 온전하신 뜻을 찾아 자신의 일상의 삶을 형성해 왔는데, 그것을 알지 못하는 생면부지의 그리스도 예수가 온다면 헛수고가 되지 않겠는가! 지금까지 그 믿음 안에서 살아온 그리스도인들의 삶을 인정하고 그 외롭고 고된 삶을 궁극적으로 위로할 분이 와야, 그 이해 당사자가 와야만 말할 수 없는 기쁨이 완성되지 않겠는가![16] 그런 의미에서 그리스도 예수의 재림은 신실한 그리스도인을 위로하는 사건이면서 동시에 하나님 나라의 영광을 회복하는 결정적인 사건이기도 한 것이다.

### 3. 산 자와 죽은 자를 심판하러 오시리라

재림한 그리스도 예수가 즉각적으로 행하는 결정적인 일은 최후의 심판을 진행하는 것이다. 최후의 심판의 자리에 앉아서 심판을 집행하는 분은 다른 어떤 존재가 아니라 바로 그리스도 예수이다. 만일 다른 어떤 분이 앉

---

[16] 제 52문 : 그리스도께서 "살아 있는 자들과 죽은 자들을 심판하러 오실 것"은 당신에게 어떠한 위로를 줍니까?
답 : 내가 어떠한 슬픔과 핍박을 당하더라도 전에 나를 대신하여 하나님의 심판대 앞에 서시사 내게 임한 모든 저주를 제거하신 바로 그분이 심판자로서 하늘로부터 오시기를 머리 들어 기다립니다. 그가 그의 모든 원수들 곧 나의 원수들을 영원히 멸망으로 형벌하실 것이며 나는 그의 택함을 받은 모든 사람들과 함께 하늘의 기쁨과 영광 가운데 그에게로 이끌어 들이실 것입니다. 김명순, 『하이델베르크 요리문답』, 81-82에서 취함.

는다면 낭패스럽지 않을까 싶다. 최후의 심판의 자리에 아담으로부터 재림 바로 직전에 마지막으로 출생한 아이까지 인류 모두가 소환될 것이다. 단 한 사람도 최후의 심판의 자리에서 열외가 될 수 없다. 악한 부활에 참여한 사람들만이 서는 것이 아니라, 선한 부활에 참여한 사람들도 서게 된다. 이런 점에서 최후의 심판은 인류의 삶에 대한 궁극적인 심판이다.

여기서 간과되기 쉽지만 꼭 생각해 보아야 할 한 주제가 있는데 그것은 부활한 인간이 기억을 가지고 있을 것인가이다. 만일 기억이 없다면, 어떻게 될까? 생긴 모습은 나인데, 아무런 기억도 갖지 않은 존재라면 진정한 나라고 할 수 없을 것이다. 그런 면에서 부활은 나의 부활이며, 따라서 기억을 갖고 부활한다고 보아야 한다. 이런 이유로 찬양 가운데, "나팔 불 때 … 나의 이름 부를 때"라는 가사가 유의미하지 않을까 싶다. 조금 더 구체적으로 말한다면, 그리스도 예수를 향한 신앙고백의 기억과 자신의 삶의 구체적인 사실 관계에 관한 기억을 가진 존재로 부활하게 될 것이다. 각 사람이 자신의 이름과 자신의 삶에 대한 기억을 갖고 있을 때에만 최후의 심판이 진정성 있게 진행될 수 있다.

최후의 심판은 세 요소를 포함하는데,[17] 첫째는 사실의 심리, 둘째는 심리에 따른 판결의 선고, 그리고 셋째는 판결의 집행이다. 그리스도인과 비그리스도인 모두를 향한 사실심리는 행위언약에 근거하여 이루어진다. 행위언약은 창조가 완결되면서 창조주 하나님이 피조물인 아담에게 제안한 것에서 시작되는데, 그것은 선악과를 취하여 먹는 여부와 관련된 일이다. 사실 선악과는 율법과 같은 기능을 수행한다고 보아야 한다. 선악과는 하나님과 인간과의 관계를 설정하는 중요한 기능을 수행하기 때문인데, 그 관계의 핵심은 나는 왕이고 너는 백성임에서 성립한다. 왕인 하나님이 백성인 인간

---

[17] L. Berkhof, *Systematic Theology* (London: The Banner of Truth Trust, 1971), 734.

에게 선악과/율법을 제시하고 그 율법 안에서 왕과 백성됨의 관계를 명확히 하고자 했기 때문이다. 물론 선악과로 상징된 율법 안에 머물면 하나님이 왕 노릇 하여 사망과 애통과 눈물이 없는 삶을 인류에게 제공하는 일이기에 선악과는 하나님의 심술보로 해석되어서는 안 된다. 오히려 인격적인 하나님이 인격적인 방식으로 인격적인 존재인 인간과 관계를 맺고자 제안한 것이기 때문이다.

율법 안에 거하면 영생이, 그렇지 않으면 죽음이 그 결과로 주어진다고 약속되었던 것처럼 율법을 범한 인류는 행위언약의 저주인 사망 아래 갇히게 되었다. 그런데 그 행위언약은 아담을 통하여 깨트려졌음에도 불구하고 지금껏 폐기되지 않았다. 지금도 행위언약은 존속된다. 그래서 누구든지 율법에 기록된 대로 혹은 본성에 기록된 율법의 요구인 양심의 요구를 따라서 온전한 삶을 살아가면 그 삶을 통해서 영생을 얻을 수 있다.[18] 원칙상 그렇다는 말이다. 하지만 어떤 인간도 율법의 요구나 양심의 요구를 따라 완전한 삶을 형성할 수 없기 때문에, 사실상 행위언약의 저주 아래 있는 것이다. 행위언약이 존속되고 또한 기능하고 있기 때문에, 심지어는 시내산에서 두 돌판에 새겨진 실정법이 주어지기 전에조차도 죄가 죄로 여겨지고 실제적인 사망에 이르는 일이 일어나는 것이다.[19] 행위언약은 심지어 최후의 심판의 자리에서도 기본적으로 작동한다. 최후의 심판의 자리에서 사실심리를 진행할 때, 환언하여 그리스도인뿐만 아니라 비그리스도인의 실제적인 삶을 심리할 때 행위언약이 근거가 되어 진행될 것이다. 이 언약에 따르면 인류는 자신의 기억에 따라 죄인으로 판명이 나고, 사실심리에 근거한 죄를 따라서 심판이 언도될 것이다. 행위언약을 따라서는 율법을 가졌던 유대인들도, 양심의 서판에 쓰인 율법을 가졌던 이방인들도, 율법을 삶의 법으로 가졌던 그리스도인들도 모두 다 유죄판결을 피할 수 없게 될 것이다.

---

18 로마서 2:6-7.
19 로마서 5:14.

그런데 여기서 주목해야 하는 것은 재판석에 앉은 그리스도 예수라는 재판장이다. 그리스도 예수는 마지막 아담으로서 행위언약과 직접 관련된 분이다. 쉽게 말하여, 그리스도 예수는 실패한 첫째 아담을 대체하는 둘째이자 마지막 아담으로서 행위언약의 실체로서 율법준수를 완전히 이루었다. 죽기까지 순종함을 통하여 하나님의 뜻을 다 이루었다. 이 행위의 결과로서 행위언약이 약속한 결과를 손에 넣었으니 그것이 바로 의와 영생이다. 뿐만 아니라 마지막 아담 그리스도 예수는 첫째 아담이 인류에게 상속한 죄를 대신 걸머지되 특별히 선택된 자들을 위한 죄를 완전히 걸머지고 십자가에서 죽음으로써 죄의 삯인 사망을 제거한 분이다. 그러니까 그리스도 예수는 행위언약의 요구와 심판을 자신 안에서 완성한 분이라고 할 수 있다.

재판석에 앉은 그리스도 예수는 사실심리를 통하여 드러난 죄 가운데서 예수가 바로 그런 약속을 담지한 자인 것을 알고 그 예수 안에서 삶을 살았던 사람들의 죄에 대하여는 무죄판결을 내릴 수 있는 자격을 갖고 있다고 해야 한다. 그리스도 예수 안에서 행위언약이 궁극적으로 성취되는 일이 시작되었기 때문에, 주어진 시간을 그분과의 연합을 통하여 형성해 온 그리스도의 사람들에게는 사실심리에서 확인된 행위언약의 저주로부터 궁극적으로 해방되는 일이 일어나는 것이 자연스럽다. 이런 점에서 그리스도인들은 최후의 심판의 자리에 소환되되 그것이 자신의 죄를 통하여 정죄받는 계기가 아닌 궁극적인 용서의 선언을 확인하는 자리가 되는 셈이다. 이로써 이들은 그리스도 예수 안에서 약속된 의와 영생의 나라를 상속하는 판결을 받게 되고 실제로 상속하게 된다.

하지만 그리스도 예수 안에서 일어난 그 일을 방해했던 마귀와 그의 졸개들, 그리고 마귀가 주는 재물과 명예와 권력의 술에 취하여 자신의 삶을 마귀를 위한 삶으로 살아온 자들에게는 행위언약의 저주로부터 해방되는 일이 일어나지 않는다. 그리스도 예수가 약속했듯이 악하고 음란한 세대의 사람들 앞에서 예수의 이름을 시인한 자들을 위해서는 하나님 아버지 앞에서도 중보를 하겠지만, 그렇지 않은 자들을 위해서는 그리하지 않겠다던 예수의 약속이 정확히 최후의 심판의 자리에서 일어나는 것이다. 이들은 어떤 은총도 입을 수 없고, 사실심리에 근거하여 다만 자신의 행위에 해당하는 합당한 죄의 판결을 얻게 되고, 결과적으로 그 죄에 대한 심판에 처해지게 되는데, 그것이 행위언약의 저주인 영원한 사망인 것이다. 성경적인 의미에서 사망은 하나님과의 분리에서 기인하는 온갖 형태의 비참과 고난을 의미하는데, 그것이 일차적으로는 육체와 영혼의 분리의 형태로, 궁극적으로는 부활을 통하여 육체와 영혼이 하나가 되되 그 상태에서 하나님과 완전한 분리를 경험하는 형태로 나타난다. 여기서 하나님과의 분리라는 것은 하나님과 상관없는 어떤 악의 실체로서 영원히 존재하게 된다는 의미가 아니다. 오히려 이것은 선하신 하나님으로부터 어떤 은혜도 제공받을 수 없는 그런 상태로 떨어짐을 의미한다. 하나님의 선한 은혜로부터는 완전히 단절되되, 악을 분리된 실체로 용인하지 않는 하나님은 그들을 공의로 통치하게 될 것인데, 그곳이 바로 지옥인 것이다.

사람에 대한 최후의 심판이 진행되는 과정의 마지막에, 그러니까 마귀와 그의 졸개들 그리고 그에게 속하여 경배하고 그로부터 나오는 양식을 먹고 살았던 자들이 궁극적인 심판에 이르게 될 때, 하나님이 창조한 세계로부터 죄와 악이 완전히 제거되는 일이 일어난다. 소위 말하는 우주적인 갱신의 일이 일어나게 된다는 말이다. 천국과 지옥이라는 주제를 다루면서 조금 내비친 이야기의 다른 측면을 구체적으로 말할 때가 된 듯하다. 천국이 구체적으로 어디인가라는 질문에 대하여 개혁교회는 거의 한목소리로 하나님이 창조한 우주를 지목했다. 매우 구체적으로 벨직신앙고백서 혹은 네덜란드신앙고백서(Confessio Belgica) 맨 마지막 장에는 "그리스도께서는 불과 불꽃으로써 이 낡은 세계를 태워 깨끗하게 하실 것이다"라고 최후의 심판의 큰 맥락을 그리고 있다.[20] 그러니까 새 하늘과 새 땅이라는 표현은 이곳이 아닌 다른 곳을 의미하는 것으로 읽혀서는 안 된다는 확신을 갖고 있었던 것이다. 물론 이것은 신학자들이 고안해 낸 생각은 아니다. 오히려 앞에서 간략하게 언급했듯이 요한과 베드로와 바울과 예수가 일관되게 말하는 사실에 근거하여 형성된 종말론적인 이해인 것이다. 베드로는 새 하늘과 새 땅으로 전환되는 과정에 불로 인한 심판이 있을 것을 내다본다. 불로 인한 심판은 죄에 대한 정화의 행위로서 심판을 의미할 것이다. 사실, 지구와 우주 그 어느 곳에서도 죄를 땅을 파서 발견해 낼 수는 없다. 왜냐하면 죄와 사망은 창조 때부터 비롯된 우주의 구성요소가 아니라, 오히려 인격적인 존재인 마귀와 인간이 하나님에게 반역함으로 생겨난 윤리적인 성격을 띤 것이기 때문이다. 따라서 제거될 수 있다. 실제로 마귀와 그 잔당들과 그에게 속한 자들이 격리되어 영원히 다시 놓여 활동하지 못하게 됨으로써 그리스도 예수를 머리로 하여 새롭게 형성된 하나님의 백성들이 살아가는 삶의 자리 그 어느 곳에서도 죄와 그 죄로 인한 사망이 나타날 수는 없기 때문이다.

이렇게 하여 최후의 심판의 마지막 순간에 하나님은 보좌로부터 "내가 만물을 새롭게 하노라"라는 외침을 발하게 된다.[21] 죄와 오물로 더럽혀진 창조세계가 이제 죄와 오물을 벗고 그 영광의 극치를 드러내게 된다. 사실, 하나님이 창조한 우주는 그 자체로 선한 곳이었지만 또한 인류를 통하여 개발되어야 할 공간이기도 했다. 그런 면에서 생육하고 번성하여 땅에 충만하고 땅을 정복하고 다스리라는 문화명령이 주어진 것일 게다. 문화를 건설함으로써 하나님이 창조와 함께 선물한 우주는 더 풍성한 삶의 터전으로 개발되어 내재된 가능성이 완연하게 꽃피우는 그날을 향하여 서 있는 셈이다. 그런데 그렇게 약속된 그것이 만물을 새롭게 하는 날에 일어난다고 보아야 한

---

20 Confessio Belgica Article 37, "He will burn this old world in fire and flame, in order to cleanse it." 김학모,『개혁주의 신앙고백』(서울: 부흥과개혁사, 2015), 120에서 취함.
21 요한계시록 21:5.

다. 원 창조는 어떤 의미에서는 더 영광스러운 창조로 개방되었던 셈이다.

그렇다면 그 영광은 어떤 성격을 가질 것인가? 사실 이런 질문에 대하여 어떤 구체적인 답을 꺼내 놓는다는 것은 쉽지 않은 일일 것이다. 그럼에도 불구하고 생각을 전개할 중요한 턱은 바로 부활의 정체성이다. 사도 바울은 부활한 몸을 설명하면서 현재의 몸과 미래의 몸 사이의 강한 대조를 상정하는 측면이 있기 때문이다. 썩을 몸이 썩지 않을 몸으로, 욕된 몸이 영광스러운 몸으로, 병약한 몸이 강한 몸으로, 육신의 소욕이 지배하는 몸이 성령이 완전히 거주하는 몸으로 변화될 것을 명확히 하고 있는 데서 그 사실을 확인할 수 있다. 이렇게 부활한 자들이 최후의 심판을 거쳐서 영원한 삶을 살아야 할 공간을 상속받는데 이것이 변화된 우주라면, 그 우주도 역시 부활한 몸을 담을 수 있는 성격을 지녀야 하지 않겠는가 싶은 것이다.[22] 이런 면에서 궁극적으로 인류가 거하게 될 공간은 한편으로 하나님의 형상의 담지자인 인간에게 주어진 문화명령을 좇아서 창조질서를 반영하여 이루어 온 삶의 흔적을 배제하지 않는 매우 구체적인 공간이되, 다른 한편으로 부활의 영광에 상응하는 영광스러운 공간이 될 것임을 예견할 수 있다.

중요한 것은 최후의 심판이 끝나고 하나님의 백성이 향유하게 되는 삶은 새롭게 된 하늘과 새롭게 된 땅에서 이루어진다는 점이다. 그리고 더 중요한 것은 이렇게 변화된 창조세계에서 하나님과 인간이 더불어 살게 된다는 것이다. 하나님은 왕으로서 그리스도인은 백성으로서 더불어 살아간다. 이 날에는 모든 사람들의 마음에 율법이 새겨지며, 성령이 진리의 교사가 되어 인간의 마음에 영원히 그리고 완전하게 내주하는 일이 일어난다. 그래서 누구도 누구를 가르치거나 배우거나 하지 않지만, 그리스도인 안에 내주하는 성령을 통하여 하나님의 뜻을 알고 그 뜻을 기뻐 순종함으로써 하나님을 즐

---

[22] A. van de Beek, *God doet recht. Eshcatologie als christologie*, 64-82.

거워하고 기뻐하는 일이 일어나게 될 것이다. 이것이 바로 최후의 심판 이후에 경험하게 될 삶의 구체적인 모습이다. 비로소 창조와 함께 열렸던 하나님의 나라가 완성되는 것이다. 진정한 왕이 다스리는 나라가 임하는 것이다. 진선미가 구현되는 진정한 통치가 이루어진다. 그 안에서 백성들은 참된 자기됨에 이르게 된다. 사실 인간이 참 불행한 것은 아직 한 번도 진정한 의미에서 인간으로 살아본 경험이 없다는 것이다. 진정한 사람됨의 깊이를 아직 충분히 맛보고 누리지 못한 바로 이것이 인간의 불행인데, 그 삶이 최후의 심판 이후에 제공된다. 물론 이 인간은 하나님을 향하여 독립선언문을 낭독한 그 인간이 아니다. 호된 교훈을 통하여 하나님 안에 거하는 것이 온전한 인간됨의 길임을 확실히 깨달은 인간이다. 뿐만 아니라 하나님과 인간 사이의 중보자인 그리스도 예수의 인성이 영원하기 때문에, 우리의 맏형인 그리스도 예수와 함께 하나님과의 변치 않는 영원한 관계 안에서 살게 될 것이다. 그런 의미에서 최후의 심판과 함께 인류가 상속할 삶은 맨 처음 창조에로의 복귀(restoration)가 아니라, 맨 처음 창조가 약속한 그 궁극적인 완성(*recapitulatio mundi* or *consummatio saeculi*)에로의 삶인 것을 깊이 묵상해야 할 것이다. 이 점에서 그리스도 예수는 인류의 영원한 소망인 것이다.

## 4. 그러면 어떻게 살 것인가?

엄밀한 의미에서 종말은 그리스도 예수의 초림에서 이미 시작되었다는 사실을 앞에서 언급하였다. 종말은 어느 날 갑자기 돌연히 임하는 것이기도 하지만 이미 시작된 것이기도 하다. 이것을 조금 더 구체적이고 자극적으로 말한다면, 재림은 초림에서 주어진 질서와 구조를 떠나서 무엇인가를 약속하거나 혹은 성취하는 것이 아니다. 엄밀한 의미에서 초림에서 약속된 것을 재림을 통하여 성취하는 것으로 읽어야 한다. 수년 전에 요한계시록을 전공한 한 신학자와의 대화에서 "요한계시록의 내용이 근본적인 구조와 내용의 면에서 예수님의 종말훈화보다 더 진전된 것이 있습니까?"라는 질문을 한 적이 있었다. 다양한 논란이 있을 수 있으나 사실은 없다.[23] 이런 면에서 볼 때 앞으로 있을 예수의 재림은 이미 있었던 초림의 예수가 하신 약속의 빛에서 읽어 가는 것이 맞다.

초림의 기간이 거의 꽉 차 간다는 사실을 인지한 예수가 제자들에게 이와 관련한 언급을 하신 일이 있다. 그 내용이 마태복음 25장의 세 가지 비유이다. 특별히 마태복음 24장은 곧 떠나갈 예수가 자신의 상황을 이야기 구조에서 그려내는 본문이다. 이제 예수는 죽음과 부활을 거쳐 승천할 때가 임박했다. 예수가 다시 올 상황으로 급전환이 이루어지는 시점에, 예수는 제자들을 바라보면서 "충성되고 지혜 있는 종이 되어 주인에게 그 집 사람들을 맡아 때를 따라 양식을 나눠 줄 자가 누구냐?"라는 의미심장한 질문을 던졌다.[24] 아마도 이 질문은 일차적인 청자들인 제자들을 당연히 포함하지만 동시에 모든 그리스도인에게 던진 질문으로 읽어야 할 것이다. 초림과 재림 사이의 시간 "이미"와 "아직 아니"의 종말론적인 시간을 어떻게 이해하고 무엇을 하며, 어떤 자세로 지내야 하는가?

그 막간의 시간에, 난리와 난리의 소문이, 처처에 기근이, 곳곳에서 지진이 일어나고, 불법이 성하여져서 신뢰가 허물어지고 자연스레 사랑은 식어지는, 게다가 자기 배만을 섬기는 거짓 종교지도자들이 일어나 사람들의 마음을 빼앗는 일이 다반사로 일어나는 때에 어떤 삶을 살아가야 하는가? 마음이 부패하여 진리를 잃어버려 경건을 이익의 재료로 생각하는 직업적인 종교인들이 일어나는 시대에 어떤 목회를 꿈꾸어야 하는가? 자기를 사랑하며 돈을 사랑하며 자긍하며 교만하며 훼방하며 부모를 거역하며 감사하지

---

23 요한계시록의 구조와 내용과 관련해서는 신은철, 『요한계시록 시간 여행』(서울: 도서출판 그리심, 2013)을 참고하시오.
24 마태복음 24:42-46.

아니하며 거룩하지 아니하며 무정하며 원통함을 풀지 아니하며 참소하며 절제하지 못하며 사나우며 선한 것을 좋아하지 아니하며 배반하며 조급하며 자고하며 쾌락을 사랑하기를 하나님 사랑하는 것보다 더하며 경건의 모양은 있으나 경건의 능력을 부인하는 자들이 넘쳐나는 이 시대[25]를 어떻게 살아가야 하는가?

마태복음 25장에서 예수는 큰 범주에서 세 가지 다른, 하지만 통합된 이야기를 하였다. 첫째로, 시간을 분별하라는 것이다. 그 이야기는 열 처녀 비유[26]를 통하여 구체화된다. 사실 이 비유의 핵심은 "시간"에 관한 것이다. 당시 일반적으로 하늘로 간 예수가 속히 다시 오리라는 기대를 했던 것으로 알려진다. 그러나 베드로의 서신 가운데서 발견하듯이, 세상은 여상하고 주님은 다시 오지 않고 있다는 이방인들의 조롱에서 보듯이[27] 예수의 재림은 일어나지 않았다. 그런데 성경을 주의력을 가지고 읽어 보면, 예수 자신이 이미 자신의 다시 옴이 그렇게 이르지 않을 것임을 예고했으니, 그것이 바로 열 처녀 비유이다. 이 비유에서 사고는 열 처녀 가운데 다섯이 친 것이 아니다. 오히려 합리적이고 정상적인 친구들이었다. 당시에 무슨 교통 혼잡이 있었을 리도 없고, 사실 어떤 의미에서 신랑이 늦을 수 있는 경우는 거의 없다. 그런데 당연히 제시간에 와야 할 신랑이 오지 않은 것처럼 예수의 재림도 늦어질 수 있다는 것이다. 종말의 이 시간성을 인식하고 살아가는 자가 바로 지혜로운 자인 것이다.

둘째로, 이 시간에 무엇을 하면서 살아가야 하는가? 예수의 재림이 기대보다 늦어지는 것이 당연한 것이라면 주어진 시간을 어떻게 보내야 하는가? 이 질문에 대하여 예수가 답을 탑재한 비유가 달란트 비유[28]이다. 초림

---

[25] 디모데후서 3:1-5.
[26] 마태복음 25:1-13.
[27] 베드로후서 3:3-4.
[28] 마태복음 25:14-30.

과 재림 사이의 이 기간에 무엇을 해야 하는가? 재림이 임박하다는 사실만을 강조하게 되면 일상적인 삶이 중요치 않은 것으로 간주될 것이다. 이장림 사태에서 보았듯이 임박한 종말을 예고하게 되면 일상을 중요치 않은 것으로 내팽개칠 가능성이 매우 크다. 하지만 재림이 늦어질 수도 있다는 생각에 사로잡히면, 예수가 마태복음 24장에서 예로 언급했듯이 술친구로 더불어 먹고 마시는 일에 빠져 버릴 수도 있지 않겠는가? 바로 그런 양 극단의 삶을 지양하고 올바른 방향을 보게끔 하는 비유가 달란트 비유이다. 이 비유의 핵심은 존재하는 자는 누구나 자신에게 고유한 달란트, 즉 은사를 갖고 있다는 것이다. 예수의 공동체도 다양한 은사를 지닌 지체들의 모임이었다. 요한, 베드로, 야고보가 그렇다. 그 자체로 각각 달란트를 지닌 자들이다. 따라서 요한은 요한의 방식대로, 베드로는 베드로의 방식대로, 야고보는 야고보의 방식대로 받은 은사를 활용하면 된다는 것이다. 그 받은바 은사를 충성스럽게 활용하는 삶을 살아가는 것, 그것이 그리스도인들이 주어진 시간에 지향해야 할 삶이라는 것이다.

예수의 재림이 빨리 있게 되든지 혹은 늦게 있게 되든지 그것이 중요한 관심사가 아니라는 것이다. 사실 주님이 빨리 오지 않아도 별 문제가 없다. 왜냐하면 인간의 수명이 70이요 강건하면 80이지만, 이것이 날아가는 화살처럼 신속하게 가기 때문이다. 예수의 재림이 지연되더라도 그 예수와 연합된 사람의 삶은 길어야 그 정도이기 때문에 그리스도 예수에게 가서 보면 된다. 그리스도와의 관계에서 누리는 실제적인 복은 몸 안에 있으나 몸 밖에 있으나 본질적인 차이가 없기 때문에,[29] 늦게 오면 빨리 가서 만나면 되는 셈이다. 하지만 중요한 것은 주어진 시간 동안 무엇을 하며 살아가야 하는 것인가에 있다. 무슨 특별한 일을 기획할 필요도 없다. 대다수의 경우, 재림을 기대하는 그리스도인은 일상적인 일을 버리고 무슨 특별한 미션을

---

[29] 빌립보서 1:21-24.

가지고 어떤 새로운 일을 시작하는 것이 아니다. 이미 주어진 일을 그리스도 예수의 죽음과 부활을 통하여, 새롭게, 그리고 구속하신 하나님의 영광을 위하여 하면 되는 것이다.[30] 환언하여, 이 세대를 본받지 말고 마음을 새롭게 하여 변화를 받아, 앞에서 언급했던 붕괴된 삶의 현실 속에서도 삶의 모든 영역이 하나님의 주권에 귀속되어 있음을 믿으며 그 안에서 하나님이 기뻐하시는 온전한 일을 하면 되는 것이다.[31]

마지막 셋째로, 이렇게 주어진 시간 가운데 주어진 은사를 자신이 속한 일상의 영역에서 활용하며 삶을 살아가야 하는데, 그러면 어떤 태도로 이 삶을 살아가야 할 것인가? 제공된 시간에 주어진 일을 하면서 살아가는 일은 어찌 보면 당연한 일일 수도 있다. 하지만 한 가지 남겨진 이슈는 이 시간을 어떻게 활용하고 맡겨진 일을 어떤 태도로 감당해야 하는가이다. 이와 관련해서 예수가 제자들에게 들려준 비유가 양과 염소의 비유[32]이다. 이 비유는 어떤 종말론적인 문맥에서 읽어 내느냐에 따라서 그 의미가 상당히 달라질 수 있다. 하지만 근접 문맥에서 볼 때는 이것은 사역자 혹은 그리스도인의 삶의 태도와 긴밀히 관련되어 있다. 이 비유에서 공통된 것은 목마를 때, 나그네 되었을 때, 벗었을 때, 병들었을 때, 옥에 갇혔을 때에 양의 편에 선 자들이나 염소의 편에 선 자들이 모두 동일한 일을 했다는 것이다. 그러나 이 비유에서 공통되지 않는 것은, 주인의 관점에서 파악된 태도와 긴밀하게 연관되어 있다.

염소의 편에 선 자들은 자신들의 관점에서는 이 곤경에 처한 자들에게 도움을 베풀었다고 항변하는 반면에, 양의 편에 선 사람들은 그런 일을 한 기억이 없다고 어리둥절해한다는 사실에서 비유의 핵심이 선명하게 드러난

---

30 고린도전서 10:31.
31 로마서 12:1-3.
32 마태복음 25:31-46.

다. 아마도 짐작하건데, 염소 편에 선 자들은 언론이나 다른 사람들의 시선이 머무는 곳에서 주로 이런 일을 한 것으로 보인다. 하지만 양의 편에 선 사람들은 주목받는 자리에서, 이름을 알릴 수 있는 자리에서, 혹은 이런 일들을 행함으로써 어떤 반대급부를 얻어 낼 수 있는 자리에서 일한 사람들이 아닌 것이 분명하다. 오히려 이들은 소외되고 주목받지 못한 곳에서 숨은 봉사를 한 것으로 보인다. 왼손이 한 일을 오른손이 모르게 행했던 사람들로 보인다. 이름도 없이 빛도 없이 자신에게 주어진 일을 묵묵히 하나님 앞에서 행한 사람들이다. 진정한 의미에서 하나님 면전 의식이 있었던 사람들이었다. 사람들의 평가 기준보다도 하나님의 평가 기준이 무엇인지에 더 깊은 관심을 두었던 것이다. 하나님의 마음이 고아와 과부들에게 더욱 깊이 다가선다는 사실[33]을 하나님과의 교제를 통하여 공감했던 사람들이었던 것이다.

어떤 의미에서 본다면, 사탄이 예수를 시험했던 빵, 명예, 그리고 권력은 교묘한 방식으로 신앙고백공동체를 좀먹기도 한다. 그리스도 예수와 연합하여 십자가에 못 박혀 자신의 죄와 세상의 정욕에 대하여 죽은 자라고 공언하지만, 매일의 삶 속에서 다시 새롭게 그 삶의 가치를 향하여 실제로 살아나지 않는다면 그 공언은 공허하지 않겠는가! 그래서 소위 경건이라고 이름하는 다양한 신앙과 행위의 목록들 안에 사실은 교활한 뱀의 혀가 날름거리고 있을 수 있다는 것이다. 설교에서도, 양육에서도, 기도에서도, 예배에서도, 봉사에서도 그런 양상은 쉼 없이 파고드는 것이다. "경성하라" "깨어라"는 사도의 외침은 사실 우는 사자의 난폭한 모습에서만 유의미한 것은 아니다. 아주 당연시하는, 익숙한 신앙의 어떤 양상 속에서도 새롭게 들려져야 하는 것임을 예수가 제자들에게 경고하고 있는 것이다.

---

[33] 야고보서 1:27.

인간은 본성상 자기를 사랑하는 성향을 갖고 있기 때문에, 또한 성령으로 말미암아 거듭난 자도 그런 성향의 움직임을 경험하기 때문에, 신앙적인 싸움이 매우 중요하다.[34] "이미"와 "아직 아니"의 막간의 시간을 살아가는 그리스도인은 그 시선을 그리스도 예수 한 분에게 고정해야 한다. 그분에게서 시선이 멀어지면 안 된다. 무엇보다도 십자가에 못 박히고 부활하신 그리스도 예수의 삶에 깊이 참여해야 한다. 십자가에 못 박힌 분의 부활을 기억해야 한다. 부활만을 고집하여 영광의 신학으로 빠져나가서 다시 빵과 명예와 권력을 끌어들이면 안 된다. 십자가만을 고집하여 염세적인 태도를 취하는 것으로는 부족하다. 자연스러운 순서를 따라야 한다. 십자가에서 부활로. 그러나 그 부활의 영광은 세상성을 상대화하는 능력에서 찾아야 한다. 일차적으로 십자가에서 자신의 정과 욕심을 못 박아야 하고, 그리고 이차적으로 그리스도 예수와 합하여 의와 영생을 향하여 살아나야 한다. 부활하신 그리스도 예수와 더불어 참여하는 의와 영생, 즉 종말론적인 미래적 삶의 선취적 실재는 마귀가 약속하는 돈과 명예와 권력과 동일시될 수 없는 가치를 지닌다.

오히려 그것은 그리스도 예수 안에서 이미 이곳에 뚫고 들어와 활동하는 미래의 종말론적인 삶을 성취하는 성령을 따르는 삶에서 그 본래적인 모습을 드러낸다. 사랑과 희락과 화평과 오래 참음과 자비와 양선과 충성과 온유와 절제와 같은 것으로 그 모습을 드러낸다.[35] 아우구스티누스가 불후의 명작인 『신의 도성』에서 온 삶의 고백에 근거하여 묘사했듯이, 그리스도인은 이 세상에 살되 다른 가치를 가지고 사는 사람들이다. 창조질서를 포괄하여 구원의 질서를 따라서 살아가는 사람들이다. 로마 황제가 다스리는 세상에 있되, 로마 황제의 신하로서 사는 것이 아니라 올 세대의 왕인 그리스도 예수의 신하로 산다. 로마 제국이 비록 눈에 보이는 황제의 손에 있지만

---

[34] 야고보서 3:13-18.
[35] 야고보서 4:1-5, 갈라디아서 5:22-26.

그럼에도 불구하고 그 로마 황제를 세우기도 하고 폐하기도 하는 진정한 우주의 왕이 하나님임을 인식하면서 산다. 따라서 범사에 육을 폐하지만 영혼을 폐하지 못하는 황제가 아니라 육과 함께 영혼을 폐하는 진정한 왕을 마음에 모시고 그를 섬기며 살아간다. 이런 세계를 향하여 안목이 열려 있고, 뿐만 아니라 그 삶의 현실로 잡아끄는 성령을 따르기 때문이다.

그래서 제국의 황제가 하나님의 뜻 안에 견고히 서기를 위하여 배려하고 기도하며 진심으로 돕는다. 하지만 그가 하나님의 진정한 왕권을 인정하지 않을 때, 그래서 의도적으로 왜곡된 길을 걸어갈 때, 그리스도인은 자연스레 진정한 왕인 하나님의 신하로 자처하지 않을 수 없게 된다. 교회 안에서 뿐만 아니라 교회 밖에서도 창조의 질서를 존중하며 온전한 삶을 부단히 꾀할 수밖에 없기 때문이다. 이것은 일종의 신앙고백 행위이다. 로마 황제의 빵과 그가 주는 명예와 권력의 술에 취하여 살지 않고, 진정한 왕인 그리스도 예수가 베푼 만찬을 즐기며 그분의 다시 오심을 소망하며 자신의 삶을 추스르는 과정을 밟는다. 그리스도 예수와의 이 깊은 교제에서 나오는 힘으로 악하고 음란한 세상의 정신을 딛고 선다. 평화로운 시기에는 평화로운 방식으로, 그러나 극단의 시기에는 극단의 방법으로 다가선다. 그러나 그 어느 상황에서도 실제의 삶에서는 성령의 열매를 맺는다. 폭력적인 저항이나 어떤 비윤리적인 행위를 통하여 의중을 드러내지 않는다. 극단의 경우에는 목숨을 내놓기까지조차 감당한다.[36]

---

[36] 요한계시록 2:13.

# Epilogue
# 에필로그

그리스도인은 첫 아담이 벌려 놓은 이 세대를 배경으로 자신의 삶을 전개하지 않을 수 없다. 이런 점에서 이 땅의 모든 인간은 모두 동일한 조건을 상속하고 살아갈 수밖에 없다. 소위 아담적 실존이요, 에덴의 동편을 배회하는 실존이어서 끝없는 에덴에로의 향수를 느낄 수밖에 없는 인간일 뿐이다. 존재와 실존의 괴리를 경험한다. 에덴에서 발원하는 이상이 있고 꿈이 있고 비전이 있으나, 에덴 밖에서는 현실로 이루어 낼 수 없는 것이기 때문이다. 존재로부터 실존이 분리되는 일, 곧 온갖 형태의 변화로 인하여 괴로움을 겪어야만 하는 인간의 현실이 늘 문제가 되곤 한다.

현대인이 겪는 허무와 소외와 허탈과 무력감은 사실은 어느 특정한 나이 대에서 경험되는 것만도 아니다. 사회적 존재로서 발돋움하는 유치원에서부터 인간은 알게 모르게 그런 경험과 함께 형성되어 간다. 다만 시간의 흐름과 함께 비가역적인 자신의 실존을 돌아볼 때 그것이 심화될 뿐이다. 생의 말년에 이르러서야 수고와 슬픔으로 가득한 자신의 삶을 직면했던 어느 노 시인의 시구에서 보듯이 말이다(시 90:10). 그런 면에서 보면 시간은 만인에게 공평하지 않을까 싶기도 하다. 오래 살든 그렇지 않든, 누리며 살든 그렇지 않든, 건강하게 살든 그렇지 않든, 성취한 것이 많든 그렇지 않든 간에 세월의 삯은 고단함과 허무함일 것이다. 이것이 흙으로 왔다가 흙으로 돌아가는 인생이라면 더욱더 절실하게 다가오지 않을까 싶다.

그러나 마지막 아담 그리스도 예수와 연합한 그리스도인의 삶에서는 시간의 구속이 필요하다. 시간을 되사내는 일이 필요하다는 것이다. 시간을 허무와 슬픔이라는 구렁텅이로부터 불러내는 것이다. 이 세대가 단순히 죄로 인한 허무와 슬픔에 굴종하는 것이 아니라 생명과 의로 가득한 올 세대에로 참여하는 길이 있기 때문이다. 시간이 구속되는 일이 일어나기 때문이다. 비록 70이요 80인 생을 살아가지만 그 생이 수고와 슬픔으로 귀결되지 않는 일이 이 세대 한가운데서 일어나기 때문이다. 변화와 후패함으로 점철되는 이 세대 안에서 생명과 의로 가득한 삶을 이루어 갈 수 있기 때문이다. 세월을 아껴야 할 필요를 발견하기 때문이다(엡 5:16).

또한 공간의 구속이 필요하다. 빌립보서 1장 27절에는 "복음에 합당하게 시민 노릇하라"는 말씀이 기록되어 있다. 빌립보라는 도시는 로마 제국 당시의 정복전쟁에서 승리한 퇴역 장교들을 위하여 마련된 특별한 의미를 가진 곳이다. 빌립보는 로마 시내를 본떠서 지은 도시로서, 빌립보에서 살아가는 사람들은 마치 로마 시내에서 사는 것 같은 자부심을 갖도록 의도되었다고 한다. 바울은 이런 배경에서 빌립보에 살고 있으나 올 세대에 참여한 그리스도인을 향하여 복음에 약속된 하나님 나라의 시민으로서 그 나라의 시민 노릇하며 살았으면 좋겠다는 의중을 드러낸 것이다.

우리 그리스도인은 그리스도 예수 안에서 시간의 구속에 참여하였고, 공간의 구속에도 참여한 자들이다. 동일하게 주어진 70이요 80인 생을 살아가도 허무와 비참과 슬픔으로 자신의 생을 채우지 않는 비결을 터득하여 알고 있으며, 지구인으로서 동일한 공간을 점유하고 살아가지만, 다른 나라의 시민으로서 자신의 삶을 구현하며 살아감으로써 쇠하지 않고 멸하지 않는 나라를 지향하며 살아간다. 어디로부터 와서, 무엇을 하다가, 어디로 가야 하는 존재인지 명확하게 알고 살아가기 때문이다. 만물이 주로부터 나와 주를 통하여 다시 주께로 돌아감을 알기 때문이다(롬 11:36). 그리스도 예수 안에서 시·공간을 새롭게 붙잡았던 그리스도인이 바로 바울이다. 그는 이런 고백을 한다.

> "우리가 이 보배를 질그릇에 가졌으니 이는 능력의 심히 큰 것이 하나님께 있고 우리에게 있지 아니함을 알게 하려 함이라 우리가 사방으로 욱여쌈을 당하여도 싸이지 아니하며 답답한 일을 당하여도 낙심하지 아니하며 핍박을 받아도 버린바 되지 아니하며 거꾸러뜨림을 당하여도 망하지 아니하고 우리가 항상 예수 죽인 것을 몸에 짊어짐은 예수의 생명도 우리 몸에 나타나게 하려 함이라 우리 산 자가 항상 예수를 위하여 죽음에 넘기움은 예수의 생명이 또한 우리 죽을 육체에 나타나게 하려 함이니라"(고후 4:7-11).

바울은 선교사로, 목회자로, 신학자로서의 삶을 살아갔다면, 오늘을 살아가는 우리 그리스도인은 가정에서, 교회에서, 직장에서, 공공의 장에서 바로 이 생명을 짊어진 자로서 시간과 공간을 되사내는 삶을 살아가야 할 것이다. 모든 사람들과 더불어 화평을 추구하며 하나님의 선하심을 드러내는 이런 삶은 단순한 실천적 삼단논법을 따라서가 아니라, 성령론적인 삼단논법을 따르는 삶을 통해서 구현되어야 할 것이다. 연약함과 실수가 없지 않으나 그럼에도 불구하고 우리의 실수와 연약함의 현실보다 더 깊숙한 곳에서부터 우리를 부르시고 일깨우시는 성령의 인도를 경험하는 삶이 더 소중하고 더욱 견고한 기초이기 때문이다(롬 8:26-30).

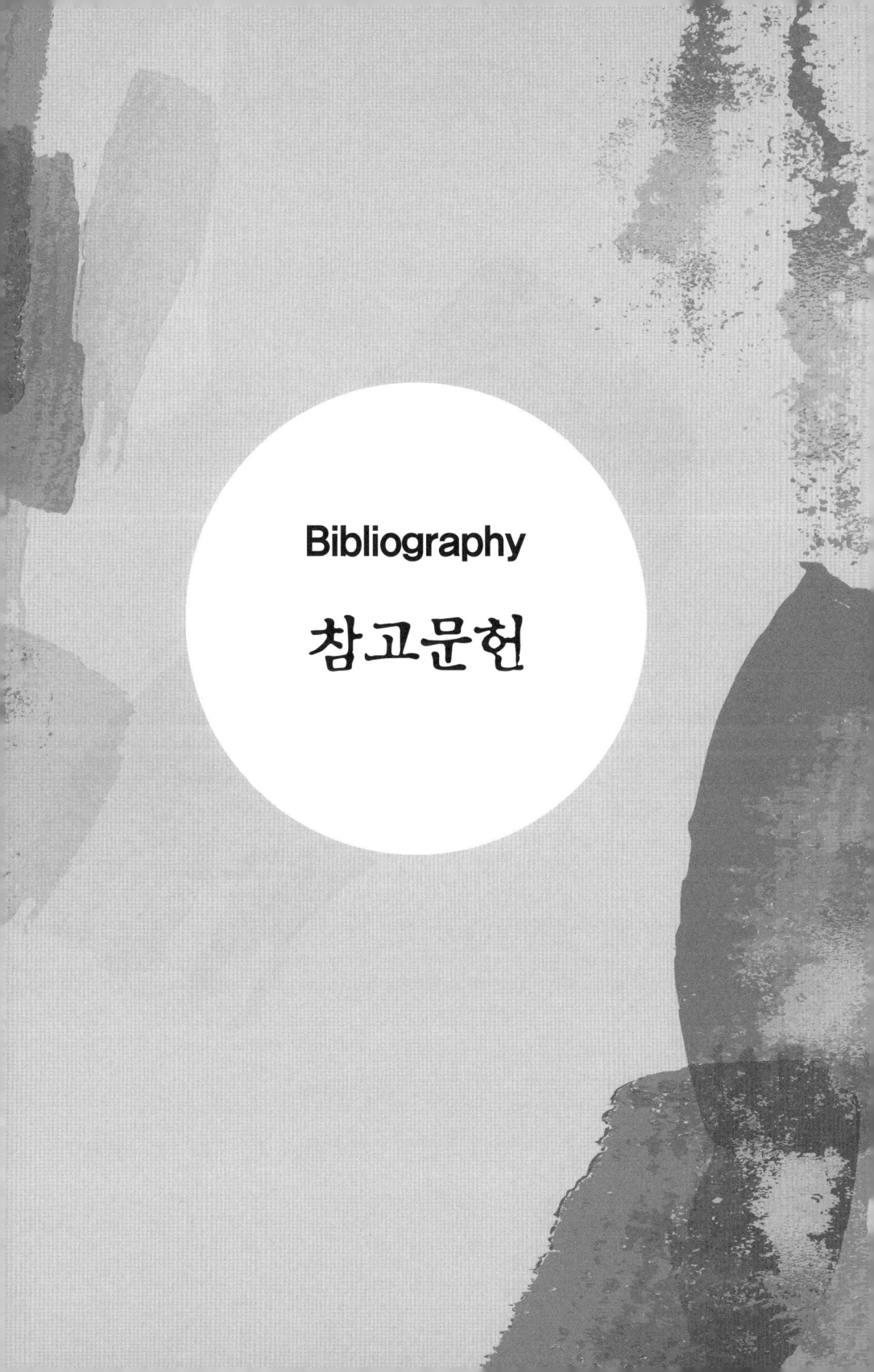

Bibliography
참고문헌

# Bibliography
# 참고문헌

## 1. 국내서적

김명순.『하이델베르크 요리문답』. 서울: 성약출판사, 2004.
김요한.『지렁이의 기도』. 서울: 새물결플러스, 2017.
김재윤.『개혁주의문화관』. 서울: SFC, 2015.
김지하.『김지하의 이야기 모음 밥』. 서울: 분도출판사, 1990.
_____,『생명과 자치』. 서울: 솔, 1996.
_____,『생명학1』. 서울: 화남, 2004.
김학모.『개혁주의신앙고백』. 서울: 부흥과개혁사, 2015.
독립개신교회 교육위원회.『하이델베르크 요리문답』. 서울: 성약출판사, 2004.
신은철.『요한계시록시간여행』. 서울: 도서출판 그리심, 2013.
유태화.『삼위일체론적 구원론』. 서울: 도서출판대서, 2010.
이경숙 공저.『한국 생명 사상의 뿌리』. 서울: 이화여대출판부, 2001.
조종남.『로잔언약』. 서울: 생명의말씀사, 1986.

## 2. 번역서

Althaus, Paul.『마르틴 루터의 신학』. 구영철 역. 서울: 성광문화사, 1994.
Bavinck, Herman.『개혁교의학』I. 박태현 역. 서울: 부흥과개혁사, 2011.
Beale, Gregory K.『성전신학』. 강성열 역. 서울: 새물결플러스, 2016.
Busch, Eberhard.『위대한 열정』. 박성규 역. 서울: 새물결플러스, 2017.
Chan, Simon.『영성신학』. 김병오 역. 서울: IVP, 2002.
Cooper, John W.『철학자들의 신과 성서의 하나님』. 김재영 역. 서울: 새물결플러스, 2011.
Jones, Peter.『교회와 사탄의 마지막 영적전쟁』. 이광식 역. 서울: 진흥, 2001.
Jonker, W. D.『자유에로 초대하는 진리』. 유태화 역. 서울: 도서출판대서, 2008.
Kuyper, Abraham.『일반은혜』I. 임원주 역. 서울: 부흥과개혁사, 2017.

Lohfink, Gerhard. 『예수는 어떤 공동체를 원했나? 그리스도 신앙의 사회적 차원』. 정한교 역. 경북: 분도출판사, 2003.
Migliore, Daniel L. 『기독교조직신학개론』. 장경철 역. 서울: 장로교출판사, 2001.
Noll, Mark A. 『포스트모던 세계에서의 기독교 신학과 신앙』. David F. Wells 편. 이승구 역. 서울: 도서출판 엠마오, 1994.
Packer, J. I. 『하나님을 아는 지식』. 정옥배 역. 서울: IVP, 2008.
Schilder, Klaas. 『그리스도와 문화』. 손성은 역. 서울: 지평서원, 2017.
VanDrunen, David. 『하나님의 두 나라 국민으로 살아가기』. 윤석인 역. 서울: 부흥과개혁사, 2012.
Venema, C. P. 『개혁주의종말론탐구』. 박승민 역. 서울: 부흥과개혁사, 2014.
Wolters, Albert M. 『창조, 타락, 구속』. 양성만 역. 서울: IVP, 1992.
Wright, Tom. 『칭의를 말하다』. 최현만 역. 평택: 에클레시아북스, 2013.

## 3. 외국서적

Albright, W. F. *Yahweh and the Gods of Canaan*. Indiana: Eisenbrauns, 1994.
Balke, W. *Calvijn en de doperse radikalen*. Amsterdam: Bolland, 1977.
Bauckham, Richard. "Eschatology in THE COMING OF GOD," in *GOD WILL BE ALL IN ALL. The Eschatology of Jürgen Moltmann*. Edinburgh: T&T Clark, 1999.
Bavinck, H. *Gereformeerde Dogmatiek* II. Kampen: Kok, 1998.
Berkhof, L. *Systematic Theology*. London: The Banner of Truth Trust, 1971.
Calvin, J. *Institution of the Christian Religion*. Philadelphia: The Westminster Press, 1961.
Cranfield, C. E. B. *A Critical and Exegetical Commentary on the Epistle to the Romans I*. Edinburgh: T&T Clark, 1975.
Douma, J. *Algemene Genade: uiteenzetting en vergeliiking en beoordeling van de opvattingen van A. Kuyper, K. Schilder en Joh. Calvijn over 'algemene Genade'*. Goes: Ooster Baan & Le Cointre, 1981.
Frame, J. M. *Cornelius VanTil: An Analysis of His Thought*. New Jersey: Presbyterian and Reformed Publishing Company, 1995.
_____. *The Escondido Theology. A Reformed Response to Two Kingdoms Theology*. Lakeland: Whitefield Media Productions, 2011.
Grenz, Stanley J. & Olson, Roger E. *20th Century Theology. God and the World in a*

*Transitional Age*. Illinois: InterVarsity Press, 1992.
Heyns, J. A. *Die Kerk*. Pretoria: N. G. Kerkboekhandel, 1977.
Jones, C., G. Wainwright, and E. Yarnonld. (Eds.), *The Study of Spirituality*. New York, Oxford: Oxford University Press, 1986.
Kuyper, A. *Het Calvinisme. Zes Stone-Lezingen*. Amsterdam/Pretoria: Höverker & Wormser, 1898.
_____. *De Gemeene Gratie* I. Leiden: D. Donner, 1902.
_____. *De Gemeene Gratie* II. Amsterdam/Pretoria: Höveker & Wormser, 1903.
_____. *De Gemeene Gratie* III. Amsterdam/Pretoria: Höveker & Wormser, 1903.
_____. *Locus De Deo* (장소: 출판사, 연도 미상)
Lohfink, Gerhard. *Wie hat Jesus Gemeinde Gewollt? Zur gesellschaftlichen Dimension des christlichen Glaubens*. Freiburg: Herder, 1982.
Long, P. Asphodel. *The Absent Mother: Restoring the Goddess to Judaism and Christianity*. Edited by A. Pirani. London: Mandala, 1991.
Longenecker, R. *New Testament Social Ethics for Today*. Grand Rapids: Eerdmann, 1984.
McGrath, A. E. *Christian Theology. An Introduction*. Oxford: Blackwell Publishers Ltd, 2001.
Moltmann, J. *Gott in der Schöpfung*. Gütersloh: Chr. Kaiser Verlag, 1985.
_____. *Der Geist des Lebens*. Munchen: Chr. Kaiser Verlag, 1991.
Morris, L. *The Apostolic Preaching of the Cross*. London: Tyndale, 1965.
Nee, Watchman. *Love not the World*. London: Victory, 1976.
Newman, A. H. *A Manual of Church History* Vol. I. Vally Forge: The Judson Press, 1976.
Noordmans, O. "Het Koninkrijk der Hemelen," in *Verzaam Werken* II. Nijkerk: Callenbach, 1979.
Schilder, K. *Christus en Cultuur*. Franeker: T Wever, 1953.
Suh, C. W. *The Creation-Mediatorship of Jesus Christ. A Study in the Relation of the Incarnation and the Creation*. Amsterdam: Rodopi, 1982.
Van de Beek, A. *God doet recht. Eshcatologie als christologie*. Meinema: Zoetermeer, 2008.
Van der Kooi, C. "A Theology of Culture. A Critical Appraisal of Kuyper's Doctrine of Common Grace," in: *Kuyper Reconsidered Aspects of his Life and Work*. Edited by C. van der Kooi & Jan de Bruijn. Amsterdam: VU Uitgeverij, 1999.
Van Ruler, A. *A. Kuypers Idee Eener Christelijke Cultuur*. Nijkerk: Callenbach,

1940.

_____. "Das Leben und Werk Calvins," in: *Calvinstudien*. Neukirchen: Neukirchener Verlag, 1959.

Veenhof, C. *Souvereiniteit in eigen kring: Schets van de leer der "souverreiniteit in eigen kring", zooals die door dr A. Kuyper werd ontwikkeld*. Kampen: Kok, 1939.

## 4. 국내 학술 논문

변종길. "화란 개혁교회의 영성과 경건—Gisberitus Voetius를 중심으로—."『교회와 문화』6 (2001): 57-80.

유태화. "헤르만 바빙크의 인식론 연구—인식론의 구조와 인간 정신의 기능을 중심으로."『한국개혁신학』44 (2014): 202-233.

## 6. 국외 학술 논문

Mouw, R. J. "Klaas Schilder as Public Theologian." *Calvin Theological Journal* 38 (2003): 281-298.

## 5. 인터넷 자료

https://www.facebook.com/jipyung/videos/1729925310368639/ 2017년 1월 6일 오후 5시 51분 접속